Max Kruse
wurde in Bad Kösen an der Saale geboren, er verbrachte viele Kindheitsjahre im Haus seiner Eltern auf der Insel Hiddensee bei Rügen. Nach dem Krieg baute er die Puppenwerkstätten seiner Mutter Käthe Kruse erfolgreich in Westdeutschland wieder auf. Später erfüllte er sich seinen Jugendtraum: Bücher zu schreiben. Max Kruse ist heute einer der bekanntesten deutschsprachigen Autoren. Viele seiner Kinderbücher sind Klassiker geworden, wurden vertont und verfilmt. Max Kruse lebt als freier Schriftsteller in Penzberg, Oberbayern.

Max Kruse

Die Inselponys

Schneider Buch

Die Deutsche Bibliothek – CIP-Einheitsaufnahme

Kruse, Max:
Die Inselponys / Max Kruse. – München : Egmont Schneider, 2002
ISBN 3-505-11752-8

Dieses Buch wurde auf umweltfreundlich
hergestelltes Papier gedruckt.

Der Schneider Verlag im Internet:
http://www.schneiderbuch.de

Originaltitel der Serie: Die Ponys von der Insel
Dieser Sammelband enthält folgende Titel:
Sternenauge (1995)
Goldhaar (1997)
Silberfell (1999)
Umschlagfoto: Okapia, München
Herstellung: Gabi König
Satz: Ludwig Auer GmbH, Donauwörth
Druck/Bindung: Clausen & Bosse, Leck
ISBN 3-505-11752-8

02 03/8 7 6 5 4 3 2

INHALT

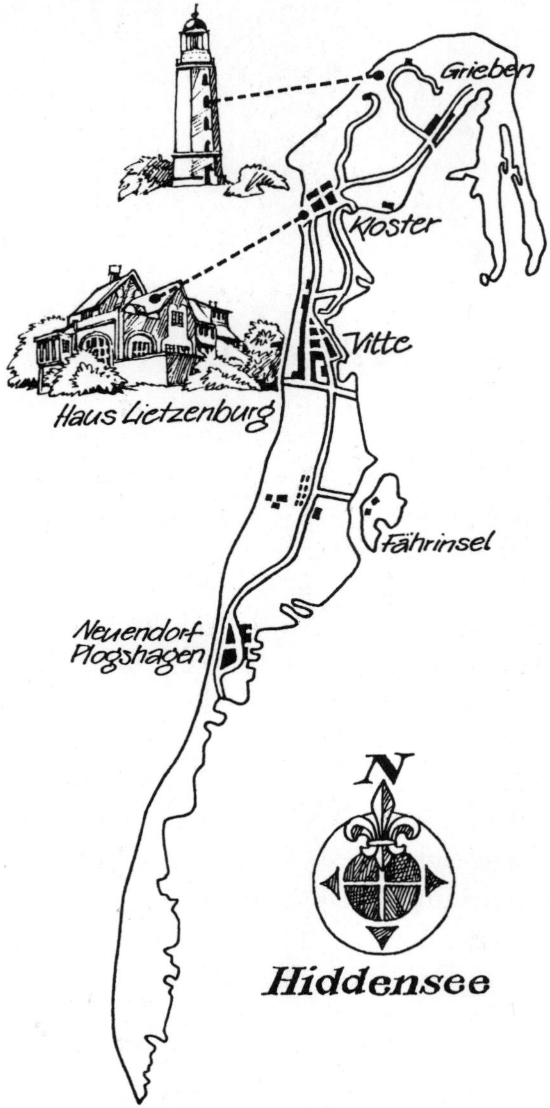
Grieben
Kloster
Vitte
Haus Lietzenburg
Fährinsel
Neuendorf
Plogshagen
N
Hiddensee

Sternenauge

„Ach, Frido, wie lange dauert das denn noch?", fragte Sylvie ihren Vater. Sie stand neben dem großen hageren Mann am Bollwerk und schaute nach dem Dampfer aus, der sich langsam, so langsam wie eine Schnecke, über die grausilbrige Wasserfläche näherte. Der Dampfer kam aus Stralsund, aber er hatte vorher schon im Fischerdorf Vitte angelegt und war nun in großer Schleife unterwegs nach dem Hafen von Kloster auf Hiddensee.

Das Mädchen reckte sich auf die Zehenspitzen, um besser sehen zu können, obwohl das gar keinen Zweck hatte. Sylvie stand so dicht an der vordersten Kante, wo tief unten das Wasser an die Mole klatschte, dass ihr Vater nach ihrer Hand griff und sie rasch zurückzog. „Du wirst noch hineinfallen", rief er lachend. Und fügte hinzu: „Hab doch Geduld, Spatz!"

Geduld haben, das fiel Sylvie schwer. Wenn sie sich

etwas in den Kopf gesetzt hatte, dann musste sie es immer sofort bekommen, was es auch war. Jetzt wartete sie fieberhaft auf ihren Vetter Kai, der über die Ferien von ihrem Vater eingeladen worden war. Aber obwohl sie das toll fand, noch wunderbarer war es, dass Kai etwas mitbrachte, das ihre kühnsten Träume übertraf: ein richtiges lebendiges Pony. Sylvie kannte die hübsche kleine Ponystute schon, denn sie hatte Kai und seine Familie einmal besucht und hatte damals reiten gelernt. Aber es waren eben nur wenige Wochen gewesen, dass sie hatte reiten dürfen.

Auf der Insel Hiddensee, wo sie seit vier Jahren lebte, gab es keine Ponys, und in Berlin, wo Sylvie die ersten vier Jahre ihres Lebens verbracht hatte, waren auch keine Pferde in der Nähe gewesen. Nun ja, da gab es jede Menge Hunde, Katzen und Vögel – zwischen all den Häusern, Straßen und Autos. Es gab Kutschpferde, und sicher gab es auch irgendwo Ponys im Zoo, in Reitställen, vielleicht sogar in dem einen oder anderen Hinterhof, aber natürlich standen sie nicht überall an den Straßenecken. Sylvie konnte sich jedenfalls an kein einziges Pony in der Stadt erinnern.

Jetzt war sie acht Jahre alt! Und in vier Wochen wurde sie neun, am 28. August. Darauf freute sie sich schon, obwohl erst Ende Juli war. Sie musste also noch vier Wochen warten.

Im Augenblick wurde aber sogar der Gedanke an ihren Geburtstag verdrängt von dieser wunderbaren Vorfreude auf Kai und sein Pony.

Kai hieß eigentlich Karl und mit Nachnamen Krukow. Seine Mutter war die einzige Schwester von Sylvies Vater. Sie lebte mit ihrem Mann, mit Kai und der kleineren Tochter Anna auf einem kleinen Hof in Devin bei Stralsund. Kai war gerade zwölf geworden, ein schmaler, zierlicher Junge. Und weil die Eltern mit seiner jüngeren Schwester Annchen im Sommer zu Verwandten nach Amerika fliegen wollten, war verabredet worden, dass Kai während dieser Zeit Sylvie und Frido in Kloster auf Hiddensee besuchen sollte.

Vorher hatte es eine Auseinandersetzung im Haus Krukow gegeben. „Ohne Sternenauge fahre ich nicht!“, hatte Kai erklärt. „Ich besuche Frido und Sylvie gern! Ich freue mich auf Hiddensee, auf den Strand, aufs Schwimmen im Meer und aufs Reiten. Aber ohne Sternenauge fahre ich nicht weg. Ich lasse sie nicht allein zurück. Sie ist an mich gewöhnt. Ferien ohne Sternenauge sind keine Ferien! Außerdem ist es mein letzter Sommer mit ihr. Nächstes Jahr bin ich zu groß für ein Pony, bald reite ich schon ein Großpferd!“

Dann sollte seine Schwester Anna Sternenauge bekommen, das hatten die Eltern versprochen.

Kai liebte sein Pony wie nichts sonst auf der Welt. Und obwohl er auch stolz war, dass er bald ein Pferd reiten durfte, hing er an dem kleinen Tier, mit dem er sich viel beschäftigte. Kai war im Grunde seines Herzens noch sehr kindlich, aber er wurde doch langsam erwachsen. Dass er gerade in diesem Sommer auf

Hiddensee einen entscheidenden Schritt in seiner Entwicklung machen sollte, ahnte er jetzt noch nicht.

Also, das Pony Sternenauge musste mit! Es wurde telefoniert zwischen Kloster auf Hiddensee und Devin bei Stralsund. Und als Sylvie davon hörte, dass Kai und vielleicht auch Sternenauge kommen würden, da war sie ganz aus dem Häuschen! Sie drängelte und bat so lange, bis Vater Frido nachgab. Sie würden einen Platz für das Pony finden, und Kai würde Sternenauge selbst versorgen – das tat er immer.

Das *Haus Schwalbennest,* in dem Vater Frido und Sylvie wohnten, stand mitten in einer großen, umzäunten Wiese, und neben dem Haus gab es einen alten Holzschuppen, der nicht benutzt wurde. Der war wie geschaffen als Stall für ein Pony, man musste ihn nur ein bisschen aufräumen und Stroh reinbringen, trocken war der Schuppen. Meistens würde Sternenauge draußen sein. „Unser Ökoparadies", wie Frido den Garten nannte, bestand nur aus einer üppigen grünen Wiese, auf der das Pony weiden konnte. Wasser gab es auch; Hafer, Heu und Stroh konnten im Klostergut beschafft werden – also, warum sollte Sternenauge nicht mitkommen? Für Sylvie war es sicher nicht nur sehr schön, sondern auch richtig, sich um ein Tier zu kümmern und Verantwortung zu übernehmen. Das hatte Vater Frido jedenfalls gedacht.

Jetzt waren also Kai und das Pony Sternenauge unterwegs. Den Dampfer sahen sie schon. Wenn

Sylvie nicht so zappelig gewesen wäre, dann hätte sie auch erkennen können, wie das Schiff näher kam und langsam größer wurde. Aus seinem Schornstein stieg eine Rauchfahne, die sich hinter ihm breit aufs Wasser legte. Es suchte sich seinen Weg in der schmalen, ausgebaggerten Fahrrinne, die durch beidseitig eingerammte Stangen bezeichnet war. Auf ihnen hockten Kormorane, die großen schwarzen Vögel, geschickte Fischfänger.

Endlich, endlich wurden auch die Menschen auf dem Dampfer erkennbar, die sich vorn versammelt hatten. Besser gesagt, Sylvie konnte ihre Köpfe sehen, noch klein wie Punkte. Auch sie schauten nach den Leuten auf dem Bollwerk aus, die auf den Dampfer warteten. Viele hatten sich versammelt, denn es passierte nicht gerade viel auf der Insel; da war die tägliche Ankunft am Abend, wenn die neuen Gäste ausstiegen, eine willkommene Abwechslung. Dazu kamen viele Urlauber, die auf der Insel Ruhe und Erholung suchten. Viele Menschen hielten Hiddensee für ein kleines Paradies auf Erden. Dann standen da die Hausdiener der verschiedenen Hotels und Pensionen mit ihren Schubkarren bereit, um die Gäste abzuholen, vom *Hotel Dornbusch*, vom *Haus am Hügel*, vom *Haus am Meer* und vom *Haus Lietzenburg*. Besonders in der *Lietzenburg* wohnten immer viele Künstler, Regisseure und Schauspieler von Film und Theater, Maler, Schriftsteller oder Musiker. Auch ein reicher Hamburger war gerade da, der eine große Reederei besaß und Schiffe baute. Er war ein sehr dicker Mann, der sich auf einen dünnen Spazierstock stützte. Neben ihm wirkte ein Junge, der fast so groß wie Sylvie war, richtig klein und schmal. Strohblonde, wirre Haare hingen ihm in die Stirn; er war ziemlich mager und steckte in einer langen, zerknautschten Latzhose.

Näher und näher kam der Dampfer. Nun erblickten Vater Frido und Sylvie auch Kai, und er sah sie. Er winkte ihnen zu, sein Arm bewegte sich heftig über den wehenden Haaren. „Wo ist das Pony?“, schrie Sylvie. Einen Augenblick fürchtete sie, Kai hätte Sternenauge vielleicht doch daheim gelassen. Dann wären ihr die ganzen Ferien verdorben gewesen.

Aber er rief zurück: „Hier! Auf Deck!“

Sylvie konnte ihn kaum verstehen.

Als der Dampfer endlich anlegte, drehte sich die Schraube auf der Stelle und wirbelte das Wasser auf. Die Taue wurden ausgeworfen und festgemacht. Dann kam das Schiff zur Ruhe, der Steg, der die Verbindung vom Dampfer zum Bollwerk bildete, wurde hinübergeschoben und die Eisentür geöffnet. Die ersten Gäste drängten herab. Kai war nicht zu sehen.

„Warum kommt er nicht?“, fragte Sylvie, sie hüpfte ungeduldig auf einem Fuß herum.

„Aber Spatz, er muss natürlich warten, bis alle anderen von Bord gegangen sind“, meinte Vater Frido – richtig: Fridolin Perlmann. „Erst wenn kein Mensch mehr auf dem Steg ist, kann das Pony herauskommen!“

Kai kümmerte sich wohl im Vorderschiff um Sternenauge. Noch immer kamen Menschen, eine lange Schlange von Körpern und Köpfen. Sylvie schenkte ihnen keinen Blick. Nur der Vater musterte sie flüchtig. Es waren viele Leute in Freizeitkleidung dabei, Männer, Frauen und Kinder, alle trugen Reisetaschen oder Koffer. Eine junge Frau in einem gut sitzenden bastfarbenen Kostüm hielt Ausschau nach den Hausdienern. Ihre Haare waren tiefschwarz und fielen lockig über die Schultern. Vater Fridos Künstleraugen blickten die junge Frau aufmerksam an. Ein interessantes, reizvolles Gesicht, dachte er. Die würde ich gern malen.

Da hatte die junge Frau den Hausdiener von *Haus Lietzenburg* entdeckt und winkte ihm. Bruno rollte seine blaue Schiebkarre zu ihr hin und kümmerte sich um ihr Gepäck, den Koffer und zwei bunte Taschen. Dann hob er die Griffe an und ging davon, dem Gast den Weg weisend, am *Hotel Dornbusch* vorbei, an der kleinen Post, am Kaufmann Dittmann, und dann den Hügel empor.

Vater Frido sah der jungen Frau kurz nach, denn nun riss sich Sylvie von ihm los und stürzte auf den Steg. Oben war Kai erschienen, und er führte das Shetlandpony am Halfter. Sternenauge war schwarzweiß gescheckt, mit dichter Mähne und langem Schweif. Sie war ziemlich rund, wohlgenährt, ihr Fell glänzte wie frisch gebürstet. Ein dichter Stirnschopf reichte ihr bis zu den Augen, und diese Augen schimmerten wie die schönsten Edelsteine. Nein, nicht wie Steine, dachte Sylvie, denn Steine sind ja unlebendig. Aber diese Ponyaugen lebten. Sternenauge schaute aufmerksam auf die Menschen unten am Bollwerk und auf den Steg, über den sie jetzt gehen sollte, vor dem sie sich aber zu fürchten schien.

Sylvie war schon bei ihr, sie begrüßte ihren Vetter Kai kaum. „Ach, Sternenauge, Sternenauge!“, rief sie und streckte die Hand aus. „Kennst du mich noch? Wie geht es dir?“ Leise fuhr sie fort: „Und du hast immer noch die kleinen Sterne in den Augen!“ Aber die konnte außer Sylvie niemand sehen.

Das Pony stand abwartend da, dann streckte es zögernd den Kopf vor. Entzückt spürte Sylvie den warmen Atem, der aus den Nüstern drang, spürte die weichen Lippen, die über ihre empfindliche Handfläche schnoberten, wobei die feinen Haare und das Ponymaul sie kitzelten.

Vater Frido freute sich über Sylvies verzaubertes Gesicht und ihre leuchtenden Augen, und er ärgerte sich, wie so oft, dass er keinen Fotoapparat mitgenommen hatte.

„Nun lass uns mal runter“, rief Kai ungeduldig und schob Sylvie zur Seite. „Ich bin froh, wenn ich Sternenauge auf festem Boden habe!“

Wieder wich das Pony vor dem unbekannten, schmalen Steg zurück, vielleicht fürchtete es die leicht abschüssige Fläche. Unruhig tänzelte es und drängte zurück, wobei es den Kopf aufwarf. Kai sprach ihm beruhigend zu und zog es sanft, aber energisch vorwärts. „Ruhig, ruhig, Sternenauge“, er ließ dem Tier Zeit. Da war es gut, dass niemand mehr nachkommen wollte. Der Junge ging langsam voraus, und das Pony folgte ihm schließlich widerstrebend. Als es spürte, dass der Steg fest war, stapfte es weiter, seine Hufe klangen dumpf wie Hammerschläge auf dem Holz, und das machte es wieder unsicher. Aber Kai hielt den Führstrick fest und sicher, und so kam es schließlich doch vom Schiff.

Als beide festen Boden spürten, atmete Kai auf und seufzte leise: „Uff!“

Das Pony stand neben ihm und spielte aufgeregt mit den Ohren.

„Aber es zittert ja!“, rief Sylvie erschrocken.

„Kein Wunder“, meinte Kai. „Die Überfahrt war zwar ruhig, aber der Dampfer hat dauernd vibriert und gerüttelt. Das muss Sternenauge erst vergessen. Es wird bald vorbei sein!“ Kai klopfte die Flanke des Ponys.

Kai war klein für sein Alter und ziemlich mager. Wäre er größer und schwerer gewesen, hätte er ja das Pony nicht mehr reiten dürfen. Da er auf dem Krukowschen Gutshof viel im Freien war, hatte er eine gebräunte Haut und sah frisch und gesund aus. Seine Haare standen, vom Seewind zerzaust, störrisch ab; er hätte wie Struwwelpeter ausgesehen, wären sie nicht kurz geschnitten gewesen. Unter dem Haarschopf lachten seine dunklen Augen, die sein Gesicht munter und lebendig machten. Er trug Jeans und einen braunen Baumwollpullover.

„Na, dann kommt mal“, sagte Vater Frido, der Sternenauge zur Begrüßung den Hals klopfte. „Ihr habt also beide die Fahrt gut überstanden!“

Kai nickte.

„Wir haben einen kleinen Wagen für dein Gepäck“, fuhr Frido fort.

Kai reichte Sylvie die Zügel, rief ihr zu: „Halte mal!“, und lief, um seine Sachen vom Schiff zu holen. Sylvies Gesicht leuchtete. Sie war froh, dass Sternenauge da war.

Da kam der Junge herbei, der bisher stumm, aber mit staunend aufgerissenen Augen zugeschaut hatte. „Du, Sylvie“, rief er und ging auf das Pony zu. „Toll! Ist das deins?“ Er kraulte es am Stirnschopf, wobei Sternenauge den Kopf aufwarf und ein paar Schritte zurückwich.

„Hau bloß ab, Uwe“, zischte Sylvie ihn an. „Mach, dass du wegkommst! Und fass das Pony nicht an!“

„Nanu?“, sagte Vater Frido. „Ich denke, Uwe ist dein Freund!“

„Der? Das ist ein Dösmann, ein ganz blöder!“

„Früher wart ihr doch ein Herz und eine Seele. Was hat er denn so Schlimmes gemacht?“

Sylvie starrte zu Boden. „Er hat mich neulich bei der Rechenarbeit nicht abschreiben lassen, der Saukopf!“, sagte sie leise.

„Na, das finde ich nun nicht so schlimm! Obwohl es

nicht sehr kameradschaftlich ist!", meinte der Vater und ging Kai entgegen.

Frido hatte Recht, eigentlich mochte Sylvie Uwe ganz gern. Er ging mit ihr, obwohl er ein Jahr jünger war, in die gleiche Schule in Vitte, in der alle Schüler in einer Klasse gemeinsam unterrichtet wurden. Aber jetzt war sie wütend auf ihn, und sie hatte sich vorgenommen, nie wieder mit ihm zu reden. Jedenfalls vorläufig nicht!

Uwe war zurückgetreten. „Nun hab dich mal nicht!", stotterte er und starrte Sylvie verwundert und auch gekränkt an.

Dann kam Kai, von Vater Frido begleitet; gemeinsam trugen sie seinen Koffer. Kai hatte einen Rucksack auf dem Rücken und seinen Sattel über die Schulter gehängt, sodass die Steigbügel nicht herabbaumeln konnten.

„Warte nur", zischte Sylvie Uwe zu. „Kai ist Karatemeister! Der wird's dir schon zeigen!"

Uwe zuckte die Achseln, zog sich aber etwas zurück.

Vater Frido verstaute Kais Gepäck und den Sattel auf dem Leiterwagen. Und dann vergaß Sylvie Uwe sofort. Zu dritt gingen sie los, wobei Frido den Wagen zuerst allein zog, während Kai Sternenauge führte und Sylvie auf der anderen Seite des Ponys ging, ihre Hand in seiner Mähne. Als der sandige Weg zum *Haus Schwalbennest,* das halb auf dem Hügel lag, anstieg, half Kai seinem Onkel. Da war Sylvie froh, dass sie Sternenauge allein führen durfte. Das kleine Tier ging brav neben ihr her. Immer wieder streichelte sie seinen Kopf und klopfte ihm den Hals. Selten war sie so glücklich gewesen.

Uwe folgte ihnen, aber er hielt sich so, dass sie ihn nicht bemerkten. Unsicher nagte er an seiner Unterlippe.

Haus Schwalbennest war eines jener weißen Häuser, deren Dächer tief herabreichten wie eine Mütze, die man in die Stirn gezogen hat. Diese Dächer waren mit einer dicken, grünbraunen Schicht Reet gedeckt, das wie feste Strohhalme oder Schilf aussah. Es machte einen gemütlichen Eindruck. Vor vier Jahren hatte Fridolin Perlmann das Haus gekauft, einige Monate nach dem schrecklichen Autounfall, bei dem Sylvies Mutter ums Leben gekommen war. Sie war allein gefahren und sofort tot gewesen.

Das war ein tiefer Schmerz für ihn und die kleine Sylvie, der immer noch nicht vergangen war. Frido mochte damals nicht länger mehr in der gemeinsamen Stadtwohnung leben, er ertrug den Anblick der Räume nicht mehr, in denen ihn alles an Sylvies Mutter erinnerte – er suchte die Einsamkeit. Nur fort von allem, fort von den gemeinsamen Freunden, fort von den vielen Erinnerungen. Da schien ihm die Insel Hiddensee die ideale Zuflucht zu sein. Als er durch einen Zufall erfuhr, dass dort ein Haus zu verkaufen war, hatte er sofort zugegriffen.

Fridolin Perlmann war Maler, keiner von den ganz berühmten, aber wer etwas von Malerei verstand, der kannte ihn doch. Für sich persönlich malte er nur, was er wollte, aber um ihr Leben zu finanzieren, pinselte er – so nannte er es dann – auch Ansichten von Hiddensee: die kleinen Häuser, die Hucke – den steilen Abhang am Meer –, Sonnenuntergänge und Wellen, Segelboote im Wind und Fischer bei der Arbeit. Diese Bilder wurden gern von Sommergästen gekauft; Frido brachte sie in die kleine Inselgalerie, wo es auch sonst jede Menge Andenken gab.

Als sie von Berlin fortzogen, hatte sich Sylvie rasch umgewöhnt. Doch das Bild der Mutter war nicht so schnell verblasst. Mit der Zeit aber kannte sie die Mutter fast nur noch von dem großen Porträt, das ihr Vater gemalt hatte. Es hing nun im Kaminzimmer. Aber wenn Sylvie sich auch nicht mehr richtig an sie erinnerte, die Sehnsucht nach ihrer Wärme war immer geblieben. Daran vermochte auch Vater Frido nichts zu ändern, obwohl er ihr alles gab, was ein Vater seiner Tochter geben kann. Das war viel, denn Frido war ein liebevoller und zärtlicher Mensch.

An all das dachte Sylvie nicht, als sie an diesem Abend nach dem Essen mit Kai im Garten stand. Sie reichte dem Pony Apfelstücke auf der flachen Hand. Das kleine Tier hatte die ganze Wiese für sich. Die Nacht war warm und sternenklar, Sternenauge blieb im Freien. Der große Garten war sicher eingezäunt. Für Regentage und schlechtes Wetter war der Schuppen da, versehen mit allem Nötigen, denn der Klostergutshof hatte ausgeholfen. Sauberes Stroh war aufgeschüttet, der gefüllte Wassereimer stand neben der Futterkrippe, Sattel und Zaumzeug hingen auf Haken an der Stallwand.

Kai streichelte Sternenauges lange Mähne. Das Shetlandpony reckte den Hals, um die Apfelstücke von Sylvies Hand zu pflücken, wirklich, das ist der richtige Ausdruck, so behutsam tat die kleine Stute es. Wieder spürte Sylvie die weichen Lippen. Leise sagte sie: „Ich möchte auch ein Pony haben! Eins, das bei mir bleibt und nicht wieder wegmuss!"

„Weißt du, dass Sternenauge eine Prinzessin ist?", fragte Kai, ohne darauf einzugehen. „Annchen sagt es!"

„Wirklich?" Sylvie lachte.

„Ja, sie wurde verzaubert! Vorher trug sie seidene Kleider, darum hat sie jetzt so ein seidiges Fell. Vorher hatte sie lange Haare, und deshalb hat sie auch jetzt noch eine so dichte, lange Mähne. Vorher trug sie die feinsten Pantoffeln, und darum hat sie auch jetzt noch so zierliche Hufe. Und alle Menschen waren verzaubert von ihrer Schönheit. Schau ihr nur in die Augen, dann verstehst du es, denn so schöne Augen kann nur eine verwunschene Prinzessin haben!"

Sylvie glaubte ihm aufs Wort. „Ich sehe die Sterne in ihren Augen", flüsterte sie. Und so war es. Auf der blanken Wölbung leuchteten kleine Lichtpünktchen, wie Goldkörner.

„Ja, das sind verzauberte Edelsteine“, erklärte Kai. „Sie leuchten nachts in ihren Augen!“

„Und am Tag, wenn die Sonne scheint“, ergänzte Sylvie, „dann strahlen sie auch!“

„Klar, doch am schönsten spiegelt sich der Vollmond darin“, sagte Kai und lachte.

„Aber warum wurde die Prinzessin verzaubert?“, fragte Sylvie. „Und wie hieß sie?“

„Ihr Name ist ihr Geheimnis; wer ihn erraten kann, wird sie erlösen. Aber dazu muss er viele Abenteuer bestehen: Er wird in der Wüste dursten und auf dem Meer in Seenot geraten. Er wird mit Riesen und Unholden kämpfen. Und verzaubert wurde die Prinzessin … weil, na, das ist eine lange Geschichte, die erzählt dir Annchen besser!“

Da rief Vater Frido von der Terrasse: „Kinder, kommt rein, ins Bett!“ Er wirkte wie ein Scherenschnitt vor dem hellen Viereck der Tür.

„So früh schon“, seufzte Sylvie. Aber sie gingen doch.

Sie hatten nicht bemerkt, dass sich eine kleine Gestalt am Gartentor verborgen gehalten hatte, ein Junge, der jetzt vorsichtig die Tür öffnete und geduckt in den Garten schlich. In einiger Entfernung vor dem Pony blieb er stehen und starrte das Tier an. Die weißen Flecken auf seinem Fell schimmerten. Sternenauge schaute nur kurz auf, und als sich der

Junge nicht rührte, beugte sie ihren Kopf wieder herab, rupfte Gras und kaute mahlend.

Da schob der Junge seine Hand in die Hosentasche und zog ein Stück Würfelzucker heraus. Das hielt er ihr hin. Er lockte Sternenauge: „Komm, Prinzessin, komm!“

Nun hob sie den Kopf und äugte zu ihm hinüber. Langsam sog sie die Luft ein, zögernd bewegte sie die runden kleinen Hufe unter den schmalen Fesseln. Der Junge stand ganz still und schob seine Hand vor. Sie schnoberte darüber hin und nahm endlich das Zuckerstück.

„Siehst du“, flüsterte Uwe, „du wirst dich bald an mich gewöhnen! Ich besuch dich eben nachts, Prinzessin, wenn ich es am Tag nicht darf. Nachts gehörst du mir!“

Haus Schwalbennest bot viel Platz. Es war eigentlich fast zu groß für zwei Personen, denn es war ein Haus, in dem früher viele Menschen gewohnt hatten und das darüber hinaus auch noch Sommergäste aufgenommen hatte. So kam es, dass Frido den ganzen unteren Stock für sich einrichten konnte, einen großen Wohnraum, in dem an manchen Abenden ein Kaminfeuer brannte, das Atelier und sein Schlafzimmer. Sylvie hatte ein gemütliches Zimmer unter dem Dach bekommen. Es standen aber noch drei andere Zimmer daneben leer. In einem davon schlief Kai in den Ferien und verwandelte es rasch in ein großes Durcheinander, da er seine Sachen in wilder Unordnung herumwarf.

Heute war Sylvie mit dem ersten Sonnenstrahl wach. Schnell tappte sie zum Fenster, stellte sich auf die nackten Zehen und guckte über die Brüstung. Im Garten graste Sternenauge. Sylvie rief sie, aber das Pony hob nicht einmal den Kopf. Da rannte Sylvie die Treppe hinab in den Garten. Das Gras war feucht, aber das war ja gesund, und es machte ihr sowieso nichts aus. Sie lief zu Sternenauge, legte ihr die dünnen Arme um den Hals und legte ihren Kopf an die Mähne des Ponys. Da vermischte sich Sylvies rotbrauner Wuschelkopf mit Sternenauges dichter Mähne.

Der Vater rief zum Frühstück.

Kai schlurfte herunter, noch nicht richtig angezogen.

Sylvie schlüpfte in ihre Jeans, und als sie zu dritt am Frühstückstisch saßen, fing sie sofort an, Vater Frido zu drängen: „Ich möchte auch ein Pony haben!"

„O Gott", sagte Frido erschrocken, denn er wusste, was das bedeutete: Wenn sich Sylvie einmal etwas in den Kopf gesetzt hatte, dann ließ sie so leicht nicht mehr davon ab. Er legte sein Honigbrötchen auf den Teller zurück und sah sie fast flehend an. „Ich bitte dich, Spatz, sei vernünftig und mach mir das Herz nicht schwer!"

„Aber Kai wird schon bald zu groß für sein Pony sein“, beharrte sie. „Da könnte er mir Sternenauge doch gleich hier lassen!“

„Du spinnst!“, rief Kai empört. „Annchen würde mich umbringen! Sie freut sich schon so auf Sternenauge! Das Pony wird ihr gehören, wenn ich erst ein Pferd habe! Das weißt du doch!“

„Und wer soll sich um dieses Pony kümmern?“, fragte Vater Frido. „Das ist doch so mit euch Kindern, heute wollt ihr unbedingt etwas haben, aber wenn ihr merkt, dass so ein Tier Arbeit macht, und zwar viel Arbeit, dann verliert ihr bald die Lust. So ein Pony muss regelmäßig versorgt werden: gepflegt, geputzt, gebürstet, gestriegelt und gewaschen, die Hufe müssen ausgekratzt und der Stall, Sattel und Zaumzeug in Ordnung gehalten werden. Und dann heißt es: Väterchen, mach du das bitte! Da sehe ich mich schon ausmisten, Sylvie, weil du es vergessen hast ... und nicht nur das!“

„O nein, bestimmt nicht!“, rief Sylvie und setzte betont unschuldig hinzu: „Du solltest mir eine Aufgabe geben, die ich regelmäßig tun kann. Denn ich soll doch lernen, Verantwortung zu übernehmen!“

Vater Frido sah sie mit seinen blauen Augen verdutzt an. „Schau, schau“, murmelte er, „du bist ja ganz schön clever! Ich gebe zu, dass es auch seine Vorteile hätte und sicher gut für dich wäre, wenn du ein Tier hättest, für das du verantwortlich bist. Aber fest steht auch, dass ich keine zusätzliche Arbeit mehr übernehmen kann. Vor allem aber die Kosten! Ja, du wirst sicher alles machen in der ersten Zeit, aber was ist, wenn du wieder in die Schule musst? Und was soll werden, wenn das Pony einmal krank wird? Wenn der Tierarzt und der Hufschmied kommen müssen? Die sind teuer, und außerdem muss man sich regelmäßig um das Tier kümmern. Ja, Sylvie, ich kann nicht auch noch dein Pony versorgen, ich hab genug zu tun. Im Haushalt, mit einer wilden Tochter, mit Malen und Geld verdienen! Schlag dir das aus dem Kopf, und zwar endgültig. Wir leben nun einmal allein, Sylvie!" Er war ernst geworden.

Sylvie senkte den Kopf, sodass ihr die Haare in die Stirn fielen. Frido strich ihr tröstend über den Kopf.

Sie nahm seine Hand und legte ihre Wange daran. „Ich hab doch bald Geburtstag", sagte sie leise. „Und du weißt nie, was du mir schenken sollst!"

„Gott soll mich schützen", stöhnte er und ahnte, dass seine Tochter nicht so rasch aufgeben würde. Dann stand er auf. Er musste arbeiten und zwei seiner Hiddensee-Bilder einpacken, die er gemalt hatte. Er wollte sie zu der kleinen Inselgalerie bringen und hoffte, dass sie bald verkauft werden würden. Das kleine Geschäft lag auf der rechten Seite des Weges, der zum Badestrand führte, kurz vor der Kurve, an der man nach Vitte abbog.

Kai liebte sein Pony über alles. Aber heute, am ersten Tag auf der Insel, freute er sich auch sehr aufs Baden. Das Pony hatte er ja daheim jeden Tag, für Kai waren Tiere so selbstverständlich wie die Luft zum Atmen; er war mit ihnen aufgewachsen.

Das Meer lockte. Die Sonne strahlte, der Himmel spannte sich wie eine riesige Kuppel über die Insel, und von den Wiesen stieg der Duft des wilden Thymians auf. „Ich hol meine Badesachen und geh an den Strand“, rief Kai Sylvie zu. „Kannst du dich um Sternenauge kümmern?“

„Darf ich ausreiten?“, fragte sie.

„Nein, bleib im Garten mit ihr. Wenn etwas passiert, bin ich dran!“

„Was soll schon passieren? Sternenauge ist so sanft! Und du hast versprochen, mir wieder Reitunterricht zu geben, wie damals bei euch!“

Er stöhnte. Sie hatte ja Recht, und ungeschickt angestellt hatte sie sich wirklich nicht. „Also gut“, murrte er. „Aber nur eine halbe Stunde. Zieh eine Hose an, am besten Jeans, das T-Shirt kannst du anbehalten!“

Sie sauste davon, und als sie zurückkam, stand das Pony schon mit Sattel und Zaumzeug auf der Wiese.

„Steig auf“, rief Kai. Zuerst führte er das Pony am langen Zügel. So konnte sich Sylvie auch nicht an den Zügeln festhalten, denn das sollte sie nicht.

Sie musste ein Gefühl für den richtigen Sitz im Gleichgewicht bekommen.

„Tief im Sattel", rief er ihr zu. Er zeigte ihr, wie sie die Schenkel richtig anlegte. Er erklärte ihr, wie sie mit dem Kreuz der Bewegung des Ponys folgen musste. Er führte sie zuerst im langsamen Schritt und ging dann mit Sternenauge in einen leichten Trab über. Da Sylvie das alles nicht ganz neu war, konnte sie es bald ganz gut. Kai ließ sie auch ohne Steigbügel reiten, da war es schon schwieriger, das Gleichgewicht zu halten. Aber es machte Spaß und gab ihr Sicherheit.

„So bekommst du das richtige Reitgefühl", rief Kai ihr zu. Endlich fand er, dass es genug war. „Ich gehe jetzt an den Strand", erklärte er. „Sei brav, reite nicht aus. Sonst kann ich es dir nie wieder erlauben! Du darfst nicht allein im Gelände reiten!"

„Bestimmt nicht", antwortete sie. Bei sich aber dachte sie: Führen kann ich Sternenauge schließlich! Dabei kann uns ja nichts passieren. Vorsichtshalber fragte sie Kai nicht um Erlaubnis. Vielleicht hätte er ihr auch das verboten. Danach wollte sie das Pony dann gut abreiben und bürsten.

Kai holte seine Umhängetasche mit Handtuch und Kamm. Die Badehose zog er gleich unter seine kurze Leinenhose. Die brauchte er dann nur auszuziehen und das über den Gürtel hängende Hemd dazu – und ab ins Wasser. Auf Schuhe verzichtete er, er lief gern barfuß, der weiche Boden der Insel verlockte richtig dazu.

Hiddensee hat zwar einen Sandstrand, der ist aber ziemlich steinig. An der ganzen, sanft geschwungenen Linie zwischen Vitte und Kloster standen unzählige, aus Stroh gefertigte Strandkörbe. Die meisten Leute hatten sie so aufgestellt, dass sie Schutz vor dem Wind und auch Schatten fanden. Und sie hatten den Sand ringsherum aufgehäufelt. Kai suchte sich ein freies Plätzchen dicht an den Dornenbüschen der Dünen, hinter denen der Hang steil aufstieg. Da oben lag die *Lietzenburg*, die Künstlerpension. Ein schmaler, ausgetretener Pfad führte hinauf, die Treppenstufen hatte man mit Brettern befestigt.

Es war sehr heiß. Kai warf seine Hose und das Hemd auf sein Handtuch und lief über den schmalen Sandstreifen ins Meer. Kleine Wellen rollten auf den Strand zu, sie klatschten gegen seine Waden. Er suchte sich die Sandstellen zwischen den Kieseln, denn die spitzen Steine taten weh. Er war schon bis zu den Knien im Wasser, da sah er sie.

Es war ein rothaariges Mädchen, ihre Haare hatte sie zum Schwimmen aufgesteckt, damit sie ihr nicht in den Nacken fielen und nass wurden. Sie trug einen einteiligen, blauen, eng anliegenden Badeanzug und war sehr schlank. Sie gefiel ihm gleich sehr. Sie guckte ihn an, und er guckte sie an. Ihre Augen waren sehr blau. Das Mädchen lachte. „Ist das schön!“, rief sie und rannte ins Wasser. Anscheinend machten ihr die Steine nichts aus. Auch Kai machten die Steine plötzlich nichts mehr aus. Da das Mädchen schnell an ihm vorbei war, musste er sich beeilen. Er rannte ihr in großen Sätzen nach, wobei er die Füße hoch aus dem Wasser hob. Bald war sie schon so weit draußen, dass sie sich mit einem Hechtsprung ins Meer stürzte, unter einer kleinen Welle durchtauchte und danach rasch loskraulte.

Kai musste sich anstrengen, um ihr zu folgen. Er war kein schlechter Schwimmer, jedenfalls hatte er das bis heute geglaubt. Aber sie war ihm überlegen. „Warte doch!“, rief er.

Sie drehte sich um und rief zu ihm zurück: „Ist das herrlich!“

„Ich heiße Kai, wie heißt du?“

„Rate mal!“

„Vielleicht Marika?“ Er lachte.

„Meinetwegen Marika. Schön, ich heiße Marika, solange ich auf Hiddensee bin!“

„Wie lange bleibst du?“

„Über die Ferien. Aber jetzt will ich schwimmen!“ Sie drehte sich wieder dem Meer zu und schwamm zügig. Dabei mochte sie nicht reden. Vor ihnen dehnte sich die silberne Fläche, die ganz weit entfernt in den Himmel überging. Endlich ließ sie sich einmal auf den sanften Wellen treiben. „Ich mag den Salzgeschmack auf den Lippen“, sagte sie. „Zu Hause in Köln schwimme ich nur im Chlorwasser, schrecklich, aber unvermeidlich. Du kannst dir nicht vorstellen, wie ich das hier liebe!“

Er wollte ihr imponieren und sagte: „Ich habe ein Pony!“

„Ach ja? Wie nett!" Es schien keinen Eindruck auf sie zu machen.

„Ich kann's dir zeigen. Und wenn du willst, kannst du es reiten!" Er war sonst nicht so schnell mit solchen Angeboten, im Gegenteil, er hielt andere eher von Sternenauge fern. Wie er nun jedoch Marikas Mädchenkopf vor sich zwischen den Wellen tanzen sah, mit tausend Tropfen bedeckt, wie mit Perlen, die auch auf ihren Lippen blitzten, während ihre roten Haare sich gelöst hatten und hinter ihr schwammen, konnte er nicht anders. Er fühlte, dass er nur noch mit ihr zusammen sein wollte, die ganzen Ferien.

Es zeigte sich, dass sie die reinste Wasserratte war und kaum wieder an Land wollte. Sie erklärte lachend: „Ich bin als Fisch geboren! Aber im Ernst, daheim bin ich im Schwimmverein und trainiere jede Woche. Ich will bei den nächsten Stadtmeisterschaften mitmachen!"

Sie schwamm weit hinaus und war viel ausdauernder als Kai. Schließlich gab er auf und wartete im flachen Wasser. Als sie endlich wiederkam, schüttelte sie sich die Haare aus. Und nun gelang es ihm auch, sie zu überreden, sich sein Pony anzusehen.

„Na, warum nicht", meinte sie. „Ich hab ja sonst nichts vor!"

Das ist wenigstens etwas, dachte Kai.

Ihre Eltern, ein stämmiger Mann und seine platinblonde Frau, hatten nichts dagegen, dass sie mit ihm ging. Die beiden lagen in einem Strandkorb, umgeben von Illustrierten, Zeitungen und grellbunten Büchern, Sonnenölflaschen und Cremedosen, Handtüchern und Badesachen.

Marika zog ein einfaches Baumwollkleid über, das mit Blättern und Blütendolden bedruckt war, Kai schlüpfte in Hose und Hemd, beide gingen barfuß. Kai fantasierte das Blaue vom Himmel herunter, um sich interessant zu machen. Er erzählte von wilden Galoppritten und dass er Turnierreiter werden wollte, vielleicht einmal Weltmeister, mindestens aber Olympiateilnehmer. Marika hörte ihm ruhig zu und sah ihn manchmal belustigt von der Seite an.

In wenig mehr als zehn Minuten hatten sie Haus und Garten erreicht, und da war Kai zuerst enttäuscht, weil weder Sternenauge noch Sylvie zu sehen waren. Aber Marika fand das weiße Haus mit dem dicken, tief herabgezogenen Reetdach schön. Sie ließ sich auf dem Mäuerchen vor der Terrasse nieder, streckte die langen, dünnen Beine aus und faltete die Hände über den Knien.

„Und ich hatte Sylvie ausdrücklich gesagt, nicht auszureiten“, knurrte Kai. Er ärgerte sich nicht nur, er machte sich auch Sorgen. Was würde Frido sagen? Und musste ihn Marika nun nicht für einen Schwindler halten?

Aber andererseits fand er, dass es auch ein Glück war, mit ihr allein zu sein. Er setzte sich neben sie und wollte wieder mit einer wilden Geschichte beginnen, da kam Frido in Begleitung einer jungen Frau, deren tiefschwarze Locken ein feines, auffallend hübsches Gesicht umrahmten. Frido hatte nur Augen für sie und fragte gar nicht nach seiner Tochter Sylvie. Er begrüßte Marika flüchtig lächelnd und ging mit seiner Begleiterin ins Haus.

Gleich darauf kam Sylvie – zu Fuß. Sie führte Sternenauge am Führstrick.

„Gut, dass du endlich kommst!“, rief Kai und sprang auf. „Ich hatte dir doch gesagt, nicht auszureiten!“

Marika blieb sitzen, sie schaute Sylvie und das Pony an. Sylvie wehrte sich. „Ich bin ja gar nicht geritten! Ich hab Sternenauge nur spazieren geführt. Jemand muss das ja machen, sie braucht doch Bewegung! Wenn du dich schon nicht um sie kümmerst!“

Er lenkte ein. „Ist ja schon gut!“ Und laut rief er zur Terrasse hinüber: „Schau, Marika, das ist sie! Sternenauge!“

„Ja, niedlich“, antwortete sie, stand aber nicht auf. Er führte das Pony zu ihr, und Sylvie lief hinterher. Sie spürte Eifersucht auf das fremde Mädchen. Was hatte die mit Sternenauge zu tun?

Das Pony schnupperte über Marikas nackte, sandige Füße. Das Mädchen zog sie zurück.

„Sie tut nichts“, erklärte Kai, und Sylvie streifte Marika mit einem verächtlichen Blick.

„Magst du überhaupt keine Tiere?“, fragte Kai enttäuscht.

Marika antwortete rasch: „Aber natürlich. Unsere Freunde haben alle Hunde oder Katzen. Aber am liebsten habe ich nun mal Wassertiere. Im Zoo gehe ich immer zu den Robben, den Seehunden und Pinguinen. Auch Eisbären mag ich – na, natürlich fasse ich sie nicht an! Aber ihnen allen kann ich stundenlang zusehen. Es gibt keine anderen Tiere, die so fröhlich und so verspielt sind. Und überhaupt – das Wasser und das Schwimmen! Ich bin nun mal eine Wasserratte."

Kai meinte: „Und ich bin mit Pferden groß geworden. Willst du mal reiten?"

Sylvie blies die Backen auf und starrte Marika wütend an. Ihre Augen sprühten Funken, und ihre Blicke schienen zu sagen: Wage es nur nicht! Was willst du überhaupt hier?

Marika spürte, dass Kai von ihr enttäuscht war. Das wollte sie nun auch wieder nicht. „Am liebsten mag ich Delfine und Zwergwale", erklärte sie fröhlich. „Manchmal träume ich von ihnen. Delfine sind so intelligent, vielleicht so intelligent wie wir Menschen."

„Ja, das sagt man!", stimmte er ihr zu, ein wenig enttäuscht, dass sie sich nicht für sein Pony interessierte. Er hätte viel darum gegeben.

Sie redete weiter und strahlte dabei. Wider Willen fand Sylvie, dass sie sehr hübsch aussah. „Über Weihnachten fliege ich mit meinen Eltern nach Neuseeland, da haben wir Verwandte. Dann ist dort Hochsommer, und ich darf mit Delfinen schwimmen. Es sind frei lebende Delfine, die aus Neugier die Boote begleiten. Sie sind es gewöhnt, ja, sie haben es sogar gern, wenn Menschen zwischen ihnen schwimmen. Dann spielen sie mit ihnen – darauf freue ich mich wahnsinnig! Denk mal, von Delfinen nicht nur im Traum begleitet zu werden, sondern richtig, zum Anfassen! Das ist für mich das schönste Geschenk!“

Jetzt schaute Sylvie das fremde Mädchen mit etwas anderen Augen an. Aber sie dachte auch, bleib du nur bei deinen Delfinen und lass mir mein Pony Sternenauge!

Kai lief ins Haus. Er kam mit einem Apfel zurück, den er Marika reichte. „Den kannst du ihr geben!“

„Ach, lass mal“, antwortete sie und zeigte kein Interesse. Sie blickte auf ihre Armbanduhr. „Schon zwölf. Ich muss zum Essen“, erklärte sie und stand auf. Sie drehte sich noch einmal nach Kai um und rief: „Ich bin nach Mittag wieder am Strand. Du kommst doch auch?“

Er nickte. „Klar!“

Ja, geht nur, geht beide, dachte Sylvie.

Kai nahm dem Pony Sattel und Zaumzeug ab. Sylvie klopfte Sternenauge den Hals, dann begann sie, das Pony abzureiben. Später ging sie ins Haus. Durch die halb offene Tür zwischen dem Wohnzimmer und dem Atelier hörte sie ihren Vater mit der fremden Frau reden. Er zeigte ihr seine Bilder. Sylvie hörte ihn sagen: „Ich wäre sehr glücklich, wenn ich Sie malen dürfte!“

Na, dachte Sylvie, gleich glücklich! Ich würde mich

freuen, das würde doch reichen. Es war noch nie vorgekommen, dass ihr Vater einen Feriengast auf der Insel darum gebeten hatte.

„Wenn ich dabei nicht nur still sitzen muss, sondern mir Notizen machen darf? Dann verliere ich weniger Zeit. Ich schreibe nämlich an einem Buch."

Wenn sie keine Zeit hat, hätte sie ja auch Nein sagen können, dachte Sylvie.

„Aber natürlich", erklärte Vater Frido.

Sylvie runzelte die Stirn: Wie begeistert er ist!

Ganz entfernt hörte man den Gong, der mittags vor der *Lietzenburg* geschlagen wurde, um die Pensionsgäste zum Essen zu rufen. Die fremde Frau reichte dem Vater die Hand, und es sah so aus, als wollte er sie gar nicht mehr loslassen. Dann wendete sie sich aber doch zum Gehen. Frido begleitete sie bis zum Gartentor, an Sylvie vorbei; aber er sah seine Tochter kaum an, strich ihr nur geistesabwesend über die Haare.

„Ihre Tochter?", fragte die junge Frau. Sie lächelte Sylvie an.

Sylvie lächelte zögernd zurück. Das musste man ja wohl.

„Ja, das ist Sylvie", antwortete der Vater.

Sylvie deutete eine Art Knicks an, als die junge Frau ihr die Hand reichte. „Ich heiße Susanne", sagte sie. „Aber alle nennen mich Su!" Und als sie in den Garten trat und Sternenauge erblickte, rief sie: „Ist das aber hübsch!" Sie wandte sich Sylvie zu: „Ist es dein Pony?"

Zu gern hätte Sylvie „Ja!“ geantwortet. So aber schüttelte sie den Kopf. „Es gehört Kai!“

„Ach so“, antwortete Susanne.

„Sylvie wünscht sich glühend ein Pony!“, antwortete Vater Frido. „Wie Mädchen so sind!“

„Das kann ich verstehen“, meinte Susanne. „Ich bin mit vielen Tieren aufgewachsen. Leider kann ich jetzt keine haben. Beim Theater und mit einer Einzimmerwohnung in der Stadt geht das nicht. Nun ja, vielleicht später einmal wieder!“ Sie ging zu Sternenauge, die sie mit ihren dunkelbraunen Augen anblickte. Susanne streichelte sie und glättete sanft ihre Mähne.

Sylvie wusste nicht, ob sie sich freuen oder auf die fremde Frau eifersüchtig sein sollte. Nun, sie würde sie bald besser kennen lernen, denn sie kam nun wohl öfter ins Haus. Nett war sie, das musste Sylvie zugeben. Und sie mochte Tiere, das war gut.

Für Sylvie begann eine Zeit des Glücks. Der Sommer spielte mit, er stieg höher und höher, die Tage wurden immer schöner. Die Sonne zog strahlend vom Morgen bis zum Abend, wo sie glutrot im Meer unterging, über die Insel. Der Thymian blühte, und die Wiesen dufteten.

Aber das richtige Glück lag darin, dass sich niemand um Sylvie kümmerte. Sonst hätte sie sich bitter darüber beklagt. Jetzt aber hütete sie sich, auch nur das leiseste Wort zu sagen. Sie machte sich nicht über Kai lustig, der nur noch mit Marika zusammensein wollte und keine Minute von ihrer Seite wich. Er lag neben ihr am Strand, schwamm, wanderte mit ihr über die Hucke hinaus und suchte für sie im Sand Donnerkeile und Muscheln. Und er freute sich kindisch, wenn er einmal ein kleines Stück Bernstein fand. Er schenkte ihr alles, und sie tat es in ein Säckchen aus einem verknoteten Taschentuch. Das schwenkte sie in ihrer baumelnden Hand, mit flatternden Haaren auf langen Beinen im Badeanzug über die Steine hüpfend.

„Na, du Glückskind, nun hast du Sternenauge für dich allein!“, sagte Vater Frido lachend zu Sylvie.

„Wirklich Klasse!“

„Ja, die Liebe“, murmelte er. „Dein Glück, dass Kai so verknallt ist.“

Sylvie dachte: Du etwa nicht?

Die schöne Su kam nun jeden Tag. Frido malte sie; sie saß ihm Modell, trug ein helles Sommerkleid und hatte einen Schreibblock auf den Knien. Manchmal hob sie den Kopf und sah Frido versonnen an. Seine Blicke, mit denen er antwortete, wurden immer länger, aber natürlich wusste man nicht, ob er sie nur mit Maleraugen ansah.

Wenn Sylvie das bemerkte, ging sie schnell zu Sternenauge hinaus. Sie streichelte ihre Mähne, fuhr mit den Fingern durch ihren dichten Stirnschopf und legte den Kopf an den Hals der kleinen Ponystute:

„Du bist meine liebste Freundin!“ Dann vergaß sie alles, was sie an Gesprächsfetzen aufgeschnappt hatte, wenn Su und Vater Frido nach dem Malen im Kaminzimmer saßen und miteinander redeten, immer länger, bis es Abend wurde. Nicht dass Sylvie spioniert hätte, aber sie verschloss auch nicht die Ohren. Sie hörte, dass Susanne auf einem Dorf aufgewachsen war, aber keine Bäuerin werden und keinen Bauer heiraten wollte. Sie war heimlich in die nächste Großstadt gefahren, um Schauspielunterricht zu nehmen. Sie wurde auch, noch ganz jung, an ein Theater engagiert, aber nun war sie in einer Krise. Sie mochte das Leben am Theater nicht mehr, es war ihr zu hektisch. Sie hatte die Konkurrenzkämpfe der Schauspieler so satt, sagte sie, und fand es anstrengend, auf Tournee in die Provinz zu gehen und dauernd unterwegs zu sein.

Sylvie konnte das gut verstehen, dazu hätte sie auch keine Lust gehabt. Da war es im *Schwalbennest* doch tausendmal besser. Einmal kam Sylvie überraschend dazu, wie Susanne und ihr Vater ganz dicht beieinander standen und leise miteinander redeten. Aber als Frido seine Tochter bemerkte, hatte er Susanne rasch losgelassen und Sylvie zugerufen: „Hallo, mein Schatz!“

„Hallo“, antwortete Sylvie mürrisch, während sich Su über die schwarzen Haare strich und lächelte.

So erfuhr Sylvie nach und nach auch, dass Susanne sich auf die *Lietzenburg* zurückgezogen hatte und einen Roman schrieb. Am liebsten würde sie dabeibleiben und nicht mehr ans Theater zurückkehren. „Aber nur vom Schreiben leben, das ist sehr schwer."

„Ja, wie vom Malen", hatte Vater Frido geantwortet, und sie hatten wieder eine Gemeinsamkeit entdeckt.

Das Geheimnis von Sylvies Ferienglück war, dass Kai Sternenauge zwar mitgebracht hatte, aber das Interesse für sie verlor, seit er Marika kennen gelernt hatte. So hatte Sylvie das Shetlandpony ganz für sich allein.

Einige Tage hatte Kai Sternenauge noch geputzt, gesattelt und aufgezäumt, doch bald hatte er ungeduldig gesagt: „Das kannst du nun auch selbst!", und war zum Strand verschwunden. Eine Zeit lang war Sylvie brav im Garten geritten und hatte das Pony höchstens am Führstrick, den ihr Kai dagelassen hatte, ausgeführt. Sie war mit Sternenauge nach Grieben gewandert und bis zum Bassin, wo die Leute nackt badeten und sich zwischen den Dünen sonnten.

Einmal war sie auch nach Vitte gegangen, aber es war ihr bald lästig geworden, dass die Leute riefen: „Wie süß!" und die Kinder das Pony streicheln wollten. Nicht nur, dass Sylvie ständig stehen bleiben und ein freundliches Gesicht machen musste, es hatte ihr auch sonst nicht gefallen. Sternenauge war ihr Pony, und sie mochte es nicht, wenn Fremde sie anfassten. Richtig wütend wurde Sylvie, wenn Leute in ihren

Taschen nach Leckerbissen suchten. Ein paar Mal hatte sie darum gebeten, Sternenauge nicht zu füttern, das sei nicht gut für das Pony, aber viele Leute waren so unvernünftig und sagten: „Ach, so ein Stück Schokolade schadet ihm doch nicht, Kleine!"

Und wie sie es hasste, Kleine genannt zu werden!

Schließlich, nachdem sich Kai daran gewöhnt hatte, dass sie mit Sternenauge fort war und sich Vater Frido auch nicht allzu viel um sie kümmerte, war Sylvie ausgeritten, über die Hügel des Dornbuschs, am Leuchtturm vorbei zum Swantiberg. So weit gingen wenige Leute, da waren sie meist allein, und wenn Sylvie jemanden in der Ferne sah, machte sie einfach einen Bogen. Sternenauge war gehorsam und geduldig.

So konnte sie wunderbar reiten und vor sich hinträumen. Manchmal führte sie Selbstgespräche. Sie murmelte dann: „Su soll Frido in Ruhe lassen! Was will die hier überhaupt? Sie soll bei ihrem Theater bleiben oder wo der Pfeffer wächst!" Dann wieder bewegte sie ihre Lippen zu den Worten: „Na, sicher fährt sie bald wieder weg. Trotzdem, ich kann Frido verstehen, sie ist wirklich nett! O Gott, wie sie sich an den Händen halten und anstarren!" Dann war sie wieder großzügig und murmelte: „Aber getan hat sie mir eigentlich nichts! Trotzdem, wenn ich Sternenauge nicht hätte, würde ich vielleicht richtig ekelhaft zu ihr sein!"

Sie klopfte Sternenauge aufmunternd mit der flachen Hand auf den Hals. „Lauf, Pony, lauf!" Und

Sternenauge trabte los, ganz munter lief sie auf ihren stämmigen Beinchen. Sylvie wurde auf und ab geworfen und vergaß alle dummen Gedanken, sie empfand nur noch das Glück, auf dem Rücken des Ponys zu sitzen. Sie fantasierte lange und immer wilder vor sich hin. Einmal fühlte sie sich als eine Prinzessin, die auf ihrem edlen Pferd die Parade abnahm, dann ließ sie Sternenauge stillstehen und schaute in die blaue Luft, wo niemand war, aber vor ihren Augen die Zuschauer klatschten. Ein andermal war sie als Westernheldin auf einem wilden Ritt über die Prärie zu ihrem Cowboy, da ließ sie Sternenauge galoppieren. Das mochte sie noch lieber als zu traben, da wurde man nicht so geworfen. Oder sie war Dressurreiterin bei den Olympischen Spielen. Die Fahne ging hoch, die Nationalhymne erklang – und Sylvie kamen vor Ergriffenheit die Tränen; es war ein zu schönes Bild, das über Millionen Fernseher flimmerte.

Das waren Träume, dabei sah sie doch eigentlich nur Hügel und Wiesen, über die der Wind strich, und den Leuchtturm auf der Höhe. In der Ferne, über dem Wasserstreifen, leuchtete die Insel Rügen.

Eines Tages stand plötzlich Uwe vor ihr. Er schien auf sie gewartet zu haben. Wahrscheinlich war er ihr in den vergangenen Tagen schon oft heimlich gefolgt. Er hatte sich hinter einem Ginsterbusch versteckt. Sylvie empfand es wie einen Überfall, sie erkannte ihn auch gar nicht sofort.

Er pflanzte sich vor ihr auf und griff in den Zügel.

„Hau ab!“, rief sie ärgerlich. „Lass das Pony los!“ Sie war sehr böse, das kam auch daher, dass sie unsicher wurde. Wie nun, wenn Sternenauge scheute und mit ihr durchging! Schließlich, das hatte sie von Kai gelernt, reagieren Pferde immer mit Flucht, wenn sie Gefahr wittern. Aber zum Glück blieb Sternenauge ganz ruhig, sie hob kaum den Kopf und stand still, während Uwe ihr über das Maul strich und „Brav, brav, Prinzessin!“ murmelte.

„Was weißt du von Prinzessin?“, fragte Sylvie verblüfft.

„Na, so sieht sie doch aus!“, antwortete Uwe. Er gab aber keine richtige Antwort, sondern zog einen Apfel aus der Hosentasche und hielt ihn dem Pony hin.

„Nicht!“, rief Sylvie. „Lass uns vorbei!“

„Lass mich doch auch mal reiten!“, bat Uwe.

Sylvie fand das richtig unverschämt. Es war gerade so schön gewesen, und nun das … Alles war ihr verdorben. Sie ärgerte sich. „Das möchtest du wohl gern!“, fauchte sie. Sie dachte gar nicht daran, abzusteigen und Uwe in den Sattel zu lassen. Wie kam sie dazu? Sternenauge war ihr Pony, sie teilte es mit niemandem. Zugleich fühlte sie sich hilflos. Sie versuchte Sternenauge anzutreiben, aber die kleine Stute dachte gar nicht daran, weiterzugehen. Es war gerade so, wie wenn das Pony mit Uwe gemeinsame Sache machte, und das brachte Sylvie erst richtig in Wut.

„Na warte“, rief er zu allem Überfluss auch noch. „Ich helf dir nie mehr bei den Rechenaufgaben!“

Wütend funkelte sie ihn an: „Du lässt mich doch sowieso nicht abschreiben! Saukopf!“

Er trat einen Schritt näher an sie heran und fasste an ihre Jeans.

Sie dachte, er wollte sie herabziehen. „Weg!“, rief sie und stieß mit dem Fuß nach ihm.

Er versuchte es noch einmal: „Sei doch nicht so“, bat er. „Ich tue dem Pony ja nichts!“

„Und kaum sitzt du im Sattel“, rief sie, „dann stürmst du los und lässt mich hier stehen. Dann kann ich hinter euch herrennen und zu Fuß nach Hause laufen!“

„Bestimmt nicht!“, sagte er. „Warum denn auch?“

„Und überhaupt“, trumpfte sie auf. „Kai hat es mir ausdrücklich verboten. Wenn er es erfährt, haut er dich grün und blau und gibt mir das Pony nie mehr.“

„Ich bin doch dein Freund!“, sagte Uwe jetzt. Bittend sah er sie an.

Das war nun ein Ton, auf den Sylvie sonst vielleicht reagiert hätte. Aber jetzt hatte sie sich so sehr in ihre Ablehnung verrannt, dass sie nicht mehr herausfand. „Das bilde dir nur nicht ein!“

Da rief er: „Ach, mach, was du willst! Du wirst schon sehen, was du davon hast!“ Dabei trat er einen Schritt zurück, und Sylvie schien es, als wolle er sich bücken, um ein Stöckchen oder einen Stein aufzuheben.

Ha, da sollte er sie kennen lernen! „Mit mir nicht!“, schrie sie und nutzte diesen Moment aus, da er das Pony nicht am Zügel hielt. Heftig trieb sie Sternenauge an, mit Schenkeldruck und Zügelzupfen: „Hüh! Los!“

Und nun gehorchte das Pony. Es setzte sich in Trab und fiel gleich darauf in einen langsamen Galopp. Und in dieser fliegenden Bewegung, wie von einem Druck erlöst, begann aller Zorn von Sylvie abzufallen. Sie war wie befreit, sie ritt und ritt, und ihr aufgeregtes Gemüt kam zur Ruhe. Sie schrie: „Ja, mein Pony, ja!“ Sie fühlte sich wie eine große Reiterin, die auf ihr Ziel zustürmt und weiß, dass sie als Siegerin hindurchgehen wird.

Als sie an diesem Abend im Bett lag, hätte sie Vater Frido gern alles erzählt, die ganze dumme Geschichte mit Uwe. Und dass er unbedingt hatte reiten wollen. Aber dann ließ sie es, denn sie schämte sich über sich selbst. Sie fragte nur: „Darf ich noch ein bisschen lesen?“

„Natürlich. Was liest du?“

„Ein Ponybuch“, antwortete sie. „Kai hat mir eins geliehen, damit ich was lerne über Ponys und ihre Pflege.“ Sie gab Frido einen Gutenachtkuss, der zärtlicher war als sonst. Als er hinausgegangen war, kuschelte sie sich ins Kissen und begann zu lesen. Aber bald fielen ihr die Augen zu, und sie knipste das Licht aus.

Als sie am nächsten Morgen früh zu Sternenauge gehen wollte, war das Pony verschwunden.

Sylvie war fröhlich und ausgeschlafen erwacht. Längst war aller Ärger verflogen. Die Sonne strahlte durchs kleine Dachfenster, sie sprang aus dem Bett, huschte ins Bad, wusch sich ganz schnell und putzte die Zähne; dann schlüpfte sie in ihre Jeans und streifte das T-Shirt über. Sie fuhr durch die rotbraunen Wuschelhaare, sodass diese eine Art wirrer Ordnung annahmen, und sauste die Treppe hinab ins Kaminzimmer. Der Frühstückstisch war schon gedeckt, aber weder Vater Frido noch Kai waren zu sehen.

Vielleicht waren sie in der Küche.

Sylvie öffnete die Tür und trat hinaus. Sie blieb auf der Terrasse stehen und schaute sich um. Alles war still und leer. Sie rief, sie lockte: „Sternchen! Sternenauge!“

Nichts! „Nanu, wo bist du denn?“, murmelte sie und lief in den Stall-Schuppen. Auch da war alles leer. Jetzt wurde es Sylvie unheimlich. Ängstlich schaute sie sich um. Sie sah nur Bretter und Stroh, Zaumzeug und Sattel des Ponys, die Krippe und den Wassereimer. Die Fliegen summten.

Sylvie jagte durch den Garten, schaute hinter jeden Busch, hinter jede Ecke. Dann rannte sie ins Haus. „Frido! Frido!“, schrie sie, außer sich. „Kai! Kai!“

Beide kamen aus der Küche, Vater Frido hatte ein Küchentuch in der Hand. „Wo brennt's denn?“

„Sternenauge ist weg!“ Überstürzt berichtete Sylvie.

Ungläubig starrten Frido und Kai sie an. „Sie muss ja irgendwo sein“, meinte der Vater endlich.

Kai stürzte hinaus. Sein erster Blick galt dem Gartentor. „Die Tür ist zu!“, rief er

„Das ist allerdings merkwürdig!“, sagte Vater Frido. „Es bedeutet, dass Sternenauge nicht allein hinausgegangen sein kann, sondern dass sie jemand hinausgelassen hat.“

„Sie wurde gestohlen“, flüsterte Sylvie entsetzt.

„Nicht so schnell“, erwiderte Frido. „Schließlich ist Hiddensee eine Insel, und noch dazu eine recht kleine. Wer sollte hier ein Pony stehlen? Wo könnte er es verstecken – und warum? Man kann das Tier ja auch nicht so einfach fortbringen! Das geht nur mit dem Schiff, und das würde man leicht bemerken.“

„Immerhin, mein Pony ist fort“, sagte Kai mit ernstem Gesicht. „Wir müssen die Polizei anrufen!“

„Herrn Steinberg in Vitte – der weiß gewiss Rat!“, sagte Vater Frido beruhigend. „Es wird sich bald alles aufklären, ihr werdet sehen!“

Sylvie zog ihren Vater zum Telefon, nahm den Hörer ab und hielt ihn ihm hin. „Bitte, mach's gleich!“, drängte sie.

Frido nickte, dann wählte er die Nummer der Polizei in Vitte. Herr Steinberg war am Apparat. Er hörte sich die Sache an und sagte, dass er sowieso nach Kloster hinüberradeln müsse, und dann wolle er auch zu ihnen kommen.

Sylvie und Kai wollten die Zeit nicht ungenutzt lassen. Sie umkreisten das *Haus Schwalbennest*, sie liefen sogar bis zur *Lietzenburg*, aber von Sternenauge war nichts zu sehen.

Bei der *Lietzenburg* trafen sie Susanne. „Was ist denn mit euch los?“, fragte die junge Frau. „Ihr seid ja beide ganz aufgeregt! Ist etwas mit Frido?“

Sylvie schüttelte stumm den Kopf. Kai erzählte, dass Sternenauge verschwunden war. Susanne erklärte, dass sie mit ihnen hinuntergehen wolle.

Als sie zu dritt bei Vater Frido ankamen, lehnte ein Fahrrad am Zaun. Frido hatte Herrn Steinberg bereits alles erklärt.

Der nette Polizeibeamte war der Meinung: „Ich glaube nicht so recht an einen Diebstahl!“ Er telefonierte aber dennoch mit verschiedenen Leuten – zuerst an den Häfen von Vitte und Kloster, er rief auch den Kapitän des Dampfers an, der heute Morgen ausgelaufen war, ebenso die Motorboote, die nach Schaprode gefahren waren. Alles war ergebnislos. Niemand hatte etwas bemerkt, kein Mensch hatte das Shetlandpony gesehen.

„Aber vielleicht wurde Sternenauge schon in der Morgendämmerung oder nachts mit einem Segelboot fortgebracht“, meinte Sylvie.

„Du schaust dir zu viele Krimis an“, brummte der Polizeibeamte.

„Aber wir haben gar kein Fernsehen! Vater findet das nicht gut für mich“, begehrte Sylvie auf.

Nun äußerte sich Susanne: „Ich sehe nur zwei Möglichkeiten. Entweder wollte wirklich jemand das Pony stehlen, dann hält er es auf der Insel versteckt, bis er eine Möglichkeit findet, es wegzubringen. Das ist aber nicht so leicht. Schließlich ist ein lebendiges Tier ja keine kleine Brieftasche mit Geld. Oder es hat jemand das Gartentor aufgemacht, dann gibt es wieder zwei Möglichkeiten. Entweder tat er es absichtlich und hat das Pony fortgeführt, oder er ließ das Tor aus Versehen offen, und das Pony ist von allein hinausgegangen und grast jetzt irgendwo auf einer Wiese!"

„Das wäre möglich", meinte Herr Steinberg. „Ich werde auf jeden Fall in der *Waldgaststätte Klausner* anrufen, die liegt ziemlich einsam, und auch auf dem Leuchtturm frage ich. Und natürlich erkundige ich mich noch einmal bei meinen Kollegen von der Polizei in Vitte. Obwohl … wenn dort schon eine Meldung eingegangen wäre, hätte man mich hier gleich verständigt!"

Herr Steinberg telefonierte mehrmals, aber immer ohne Erfolg. Er rieb sich das Kinn und murmelte: „Wie auch immer – die Insel kann so ein Pony ja nicht verschlucken. Wenn es nicht fortgebracht wurde, was ich für unwahrscheinlich halte, dann ist das Tier noch hier. Ich glaube, es wird plötzlich irgendwo auftauchen. Fest steht für mich nur eins: War das Gartentor heute morgen wirklich geschlossen, dann wurde das Pony von einem Menschen hinausgelassen, denn allein konnte es das Tor nicht öffnen. Und noch weniger selbst wieder hinter sich schließen."

„Aber wer kann das gewesen sein? Und warum? Ja, da müssen wir jetzt Geduld haben. Sternenauge wird bald gefunden werden, ihr werdet sehen!" Er versuchte Sylvie und Kai zu beruhigen, hatte damit aber wenig Erfolg.

Sylvie starrte trübsinnig vor sich hin; endlich aber riss sie sich zusammen und rief: „Ich gehe Sternchen suchen, und wenn ich bis nach Neuendorf laufen muss!" Und als Kai nichts sagte, fuhr sie ihn zornig an: „Du kannst dich ja zu deiner Marika in den Sand legen!"

„Warum bist du so giftig?", fragte Kai. „Sternenauge ist immer noch mein Pony!" Die allgemeine Aufregung und Sorge wandelten sich in gegenseitige Angriffe. Kai wurde auch deshalb böse, weil Sylvie seinen empfindlichsten Punkt getroffen hatte. Nicht, dass er wirklich bei Marika am Strand hätte sein wollen, schwimmen, Ball spielen oder Bernstein suchen, aber es war ihm doch durch den Kopf gegangen, ob er sie nicht holen konnte, damit sie mit nach seinem Pony suchte. Er knurrte: „Vier Augen sehen schließlich mehr als zwei!"

„Ach, die sieht doch nur Delfine!", meinte Sylvie wegwerfend.

Vater Frido sah seine Tochter verwundert an. „Sag mal, Spatz, bist du etwa eifersüchtig?"

„Ph", machte sie. „Auf die doch nicht!" Ganz unvermutet, für sie selbst überraschend, kamen ihr die Tränen und kollerten über ihre Wangen.

„Ach, Kind“, sagte Susanne. Sie nahm Sylvie in die Arme und drückte sie an sich. „Sei nicht so traurig! Wir werden das Pony bestimmt bald finden! Da bin ich ganz sicher. Und dann hat es uns etwas zu erzählen, pass mal auf!“

Sylvie empfand die Wärme und das Mitgefühl der schönen, jungen Frau und schmiegte sich leicht an sie. Sie legte die Arme um Susanne und drückte ihren Kopf an ihr Kleid. Sie merkte nicht, dass ihr Vater sie ansah und dabei dachte: Was für ein schönes Bild! Ihm wurde warm ums Herz.

Da stand plötzlich Uwe im Zimmer, in seinem zerknitterten Latzanzug. Niemand hatte bemerkt, dass er langsam durch den Garten gekommen war und jetzt zögernd durch die Terrassentür trat. Dabei war das ziemlich ungewöhnlich, denn er hatte sich ja in den vergangenen Tagen nicht sehen lassen. Aber jetzt waren alle nur mit sich und dem verschwundenen Pony beschäftigt. Uwe trat zu Sylvie und stieß sie.

Da schaute sie auf, machte sich los und fauchte ihn an: „Du hast uns gerade noch gefehlt! Was willst du?“

„Aber Spatz“, tadelte Vater Frido. „Vielleicht weiß Uwe etwas?“

„Der doch nicht!“

Der Vater erkannte, dass Uwe bedrückt aussah. Auch der Polizeibeamte, Herr Steinberg, musterte ihn aufmerksam. „Willst du uns etwas sagen?“ Er legte die Hand auf die schmale Schulter des Jungen.

„Ich weiß, dass euer Pony weg ist“, erklärte Uwe. „So was spricht sich schnell rum!“

„Ist das alles?“, fragte Sylvie.

Nun fasste der Polizist ihn an beiden Armen und sagte aufmunternd: „Komm, Junge. Hast du das Pony gesehen? Oder hast du es fortgebracht?“

„Nein“, brachte Uwe heraus. „Aber …“

Sylvie hing an seinen Lippen. Und auch Kai hatte nur noch Augen für Uwe. Der spürte, dass er plötzlich im Mittelpunkt der Aufmerksamkeit stand, und begann sich sehr unbehaglich zu fühlen.

„Vielleicht ist es weggelaufen!“, murmelte er undeutlich. „Könnte doch sein!“

Sylvie war enttäuscht. „Ich hab ja gewusst, dass du nichts weißt! Du machst dich doch bloß wichtig!“

Susanne beugte sich ein wenig zu Uwe vor und lächelte ihn aufmunternd an. „Es passiert nichts, das verspreche ich dir! Sag, was du weißt!“

„Ich kann eigentlich nichts dafür“, stieß Uwe stockend hervor. „Weil mir doch Kai verboten hatte … das Pony anzufassen … und weil auch Sylvie immer so grässlich zu mir war, seit das Pony hier ist. Aber ich fand Sternenauge auch nett, also – hier gibt es ja doch sonst kein anderes Pony! Und ich mag Tiere sehr. Ich habe gehört, wie Kai gesagt hat, es wäre eine verzauberte Prinzessin, also, da bin ich eben manchmal nachts hergekommen …“

„Ach Gott, und du hast gedacht, du bist der Prinz, der sie erlösen will, was?“, fragte Sylvie empört.

Uwe druckste herum, dann sprach er weiter: „Ich bin in den Garten geschlichen, das war ja nicht schwer, das Tor war ja nie verschlossen, und da hab ich dem Pony eben Äpfel mitgebracht und Mohrrüben; ich hab es gestreichelt und mit ihm geredet, leise, damit ihr nicht aufwacht. Das hat es bestimmt gern gehabt, und ich hab auch mit ihm gespielt!“

„Ich hab dir gesagt, ich brech dir alle Knochen“, schrie Kai ihn an.

„Aber Kai, so kenne ich dich ja gar nicht“, rief Vater Frido erstaunt.

Herr Steinberg sagte beruhigend zu Uwe: „Sprich nur weiter. Kai meint das nicht so!“ Er wandte sich Frido zu: „Ich weiß auch nicht, warum die Kinder heutzutage so rüde miteinander umgehen. Ich meine, das kommt von der Glotze mit all den Grausamkeiten und der Gewalt, die sie zu sehen kriegen!“

„Ich hab wirklich sonst nichts gemacht, bestimmt nicht“, fuhr Uwe fort. „Das Pony hat sich auch immer gefreut, wenn ich gekommen bin. Es ist mir entgegengegangen und hat mich angestupst. Na, und gestern Nacht war ich wieder hier. Aber da war ich ziemlich wütend, weil mich Sylvie nicht reiten lassen wollte! Jedenfalls, als ich wegging, muss ich wohl vergessen haben, das Tor wieder zuzumachen …“ Er stockte.

„Das hast du Mistkerl doch absichtlich aufgelassen!“, rief Sylvie. „Du wolltest mir eins auswischen, weil du dich über mich geärgert hattest!“ Sie war empört.

„Nein“, sagte Uwe. „Ich war ja gar nicht mehr wütend, weil … na, nachts gehörte das Pony ja mir, und davon hast du nie etwas gemerkt!“

„Und das hat dir Spaß gemacht!“

„Klar! Ich dachte, dass ich mir von dir doch nicht den Spaß verderben lasse! Ich wollte Sternenauge ja nur sehen. Gestern Nacht ging ich dann wieder nach Hause, aber dann, als ich schon ein ganzes Stück weit gegangen war, fiel mir plötzlich ein, dass ich das Tor nicht wieder zugemacht hatte!“

„Ja, so etwas passiert mir auch manchmal!“, meinte Vater Frido.

„Ich bin sofort umgedreht und zurückgelaufen, aber das Pony war nicht mehr da. Ich habe es überall gesucht, lange, aber im Dunkeln ist das ziemlich schwierig. Ich hab nur gehofft, dass es nicht weit gelaufen ist und bald wieder zurückkommen würde!“

„Also, ich finde es sehr mutig von dir, dass du zu uns gekommen bist und uns alles erzählt hast!“, erklärte Vater Frido. „Du hast nichts Schlimmes gemacht.“

„Na“, motzte Sylvie. „Wehe, wenn mir das passiert wäre! Dann hätte ich vielleicht was zu hören gekriegt!“

„Ja“, Vater Frido lachte. „Du wirst wirklich immer sehr ungerecht behandelt, Spatz!“

Sie senkte den Kopf. „Aber Sternenauge ist immer noch verschwunden. Wer weiß, wo sie herumirrt. Am Steilhang könnte sie sogar abstürzen, es ist gefährlich dort!“

„Das glaube ich nicht, ein Pony hat einen sicheren Instinkt“, sagte die schöne Su. Und Vater Frido meinte ruhig: „Die Insel ist ja nicht so groß, das Pony wird bald durstig werden. Zu fressen findet es überall etwas, Gras und Büsche. Aber Wasser ... das Meer ist salzig, Seen und Bäche gibt es nicht. Also muss es irgendwann wieder auftauchen.“

„Hoffentlich“, seufzte Sylvie. „Ach, Paps, ich kann unmöglich zu Hause bleiben, ich muss nach Sternenauge suchen.“

„Na, dann lauf los“, entschied der Vater. „Wie wäre es denn, wenn du mit Uwe gingest? Das wäre doch besser, als allein zu suchen! Lauft zum *Klausner* und zum Leuchtturm, wo ihr oft gewesen seid!“

„Mit Uwe?“ Sylvie war gar nicht begeistert. „Mit dem doch nicht! Ich geh allein!“

„Nein, Sylvie“, entschied der Vater. „Das möchte ich nicht. Geht ihr beiden nach Norden! Kai könnte südwärts in Richtung Vitte gehen, mit Marika, wenn sie ihn begleiten mag. Ich bleibe daheim, nicht nur, weil ich zu arbeiten habe, sondern auch, weil jemand zu Hause sein muss, falls Sternenauge hier auftaucht oder wenn angerufen wird. Auch ihr könnt immer von unterwegs aus anrufen. Sonst irrt ihr vielleicht stundenlang unnötig herum!“

Kai nickte. Er freute sich sogar auf den Gang mit Marika. Auf dem Weg nach Vitte musste er am Strand vorbei, da konnte er zu ihr laufen und sie fragen. Er hoffte, dass sie mitkommen würde.

Sylvie wollte nun nur schnell weg. Da nahm sie sogar Uwe in Kauf. Nur eins machte ihr Sorgen: „Was ist mit Grieben und dem Bassin? Wer kann dort hingehen?“

„Ich mache das“, bot sich Susanne an.

Sylvie glaubte, Enttäuschung in Vater Fridos Augen zu sehen. Sicher hatte er gehofft, die schöne Su würde bei ihm bleiben.

Sie spürte das wohl, denn sie sagte schnell zu ihm: „Glaub mir, es ist gut, wenn ich mitsuche – für das Kind. Und wir verschieben unser Zusammensein auf später. Ich gehe bis zum Enddorn – dort können mir Sylvie und Uwe entgegenkommen, vom Leuchtturm und Swantiberg herab. Dann haben wir gemeinsam einen richtigen Kreis abgesucht!“

Sylvie zog sich rasch um, feste Schuhe und ihre Jeans. Als sie fertig war, waren Kai und Susanne schon fort, jeder in eine andere Richtung. Auch Herr Steinberg hatte sich auf den Rückweg nach Vitte gemacht.

„Tschüss, Paps“, rief Sylvie ihrem Vater zu. „Komm, Uwe!“

Sie stapften los, den Hügel empor, wo es nach Gras und Thymian duftete. Der Wind fuhr ihnen freundlich, fast zärtlich durchs Haar; es war der milde Seewind, wie er meist über die Insel streicht.

„Und alles nur deinetwegen", motzte Sylvie noch einmal. „Du bist vielleicht ein Idiot!"

„Ich hab's ja nicht absichtlich getan!", wehrte sich Uwe.

„Pah! Du wolltest mir eins auswischen!"

„Nein, bestimmt nicht. Ich hab nur vergessen, das Gartentor zuzumachen. Obwohl …" Er verstummte, und sie spürte, dass er etwas verschwieg.

„Was meinst du? Rede schon!"

„Sternenauge hat mir gesagt, dass sie rauswollte!"

„Du spinnst doch! Wer hat dir das gesagt?"

„Na, die Prinzessin natürlich!"

„Woher weißt du überhaupt, dass Sternchen eine Prinzessin ist?"

„Von ihr selbst natürlich. Hast du noch nie gehört, wie sie flüstert? Mit einem ganz warmen Atem. So leise kann das nur eine echte Prinzessin!"

„Ich weiß, du hast uns belauscht! Ich glaube niemals, dass Sternenauge mit dir gesprochen hat. Mit dir doch nicht!"

„Doch, sie hat immer mit mir geredet!"

„Spinner! Was hat sie denn gesagt?"

„Na, von ihrem Vater, dem König, hat sie erzählt, dass er eine Krone voller Edelsteine trägt, die in der Abendsonne funkeln, darunter ist ein Diamant, der so groß ist wie ein Vogelei. Er fuhr sie täglich in einer goldenen Kutsche aus. Und jetzt grämt er sich, weil sie nicht mehr bei ihm ist. Er wollte sie mit einem reichen Prinzen verheiraten, den sie aber nicht mochte, weil sie sich in einen Fischerjungen verliebt hatte …"

„In einen Fischerjungen? Du meinst wohl dich? Wo hast du denn diesen Quatsch gelesen? Sternenauge verliebt sich niemals in dich, und in einen anderen Fischerjungen auch nicht! Sie kann nur einen echten Prinzen lieben, der so fein ist, dass er nicht schlafen kann, wenn auch nur eine Erbse unter zwölf Matratzen versteckt ist."

„Ph! So einen Prinzen willst du vielleicht. So ein Pflänzchen Rührmichnichtan! Einen Prinzen, der gleich kaputtgeht, wenn man ihn anstupst. Da ist Sternenauge klüger! Die weiß, wer sie wirklich mag – und wer sie vergessen hat und sich gar nicht mehr um sie kümmert!"

Sylvie sah ihn schnell an. „Na, wenn du das so genau weißt, dann sag mir mal, wie der Prinz hieß, den sie nicht heiraten wollte!"

„Er hieß Prinz Kai von der spitzen Nase!"

„Er hat gar keine spitze Nase!"

„Hat er doch! Und außerdem ist er verliebt in eine feuerrote Hexe vom Rhein!"

„Das könnte stimmen“, gab Sylvie zu. „Du Spinner“, jetzt lachte sie ihn an. Ihre schlechte Laune verflog.

Und Uwe lachte auch. „Du kannst mir alles glauben. Und ich werde dir beweisen, dass sie mich liebt, wenn wir Sternenauge erst wieder gefunden haben!“

Sie kamen in den Kiefernwald und liefen den schmalen Weg zur *Waldgaststätte Klausner* entlang. Es war dämmerig, hoch über ihnen bildeten die Baumwipfel ein Dach, durch dessen Gitter der blaue Himmel leuchtete. Manchmal kamen ihnen Spaziergänger entgegen, die fragte Sylvie: „Haben Sie vielleicht ein Shetlandpony gesehen? Irgendwo hier in der Nähe?“

Dann schüttelten die Leute den Kopf. Niemand hatte Sternenauge gesehen.

Dann bogen sie um eine weitere Hecke und kamen zum *Klausner*. Aber auch hier hatte niemand das Pony gesehen.

Sylvie telefonierte mit Vater Frido – aber Sternenauge war auch noch nicht heimgekehrt! Und auch von Kai hatte Frido keine Nachricht.

„Wir müssen weiter zum Leuchtturm!“, erklärte Sylvie.

Uwe nickte.

Es war nicht weit. Bald standen sie auf dem kahlen Hügel, windumweht, am Fuße des grauen Turmes. Da die Tür nicht verschlossen war, gingen sie hinein und kletterten die gewundene Treppe empor. Niemand war in der Stube der Leuchtturmwärter. Als sie ganz oben an der Laterne waren, konnten sie in der Mitte die große Lichtquelle sehen, deren Strahlen von stark geschliffenen Linsen zusammengefasst wurden, die sie weit übers Meer und auf der anderen Seite über Rügen hin blinken ließen. Der Leuchtturmwächter war dabei, das Glas zu putzen. Sylvie fragte nach dem Pony.

Der Mann schüttelte den Kopf.

„Ein Pony? Nein, da hat doch die Polizei heute schon mal angerufen. Und ich kann mich auch nicht erinnern, dass das schon jemals vorgekommen ist. Nett wäre das, wenn hierher ein Pony käme! Hunde, Katzen und jede Menge Vögel, Möwen und Sturmkrähen, die kommen hierher – aber ein Pony noch nie. Aber schaut euch trotzdem um, vielleicht entdeckt ihr eine Spur!“

Sylvie und Uwe drückten ihre Nasen an den Glasscheiben platt, ähnlich wie auf einem Fernsehturm. Im Norden und Westen schauten sie über die graue See, auf der einzelne Fischkutter wie winziges Spielzeug zu sehen waren. Die Kutter schienen ganz still auf dem Wasser zu liegen, unbeweglich. Aber das war eine Täuschung. Nach Osten schauten sie über die Insel, über die weiten Wiesen und sanften Hügel von Hiddensee.

„Wir gehen lieber“, entschied Sylvie endlich. „Vielleicht hat Susanne Sternenauge inzwischen gefunden!“ Sie kletterten die Treppe hinunter.

Nach einem weiteren Fußmarsch kamen sie endlich zum Enddorn hinab. Da saß Susanne auf einer Erhebung, die Beine angezogen und die Hände um die Knie gelegt. Sie schaute in die entgegengesetzte Richtung, dort waren die Türme von Stralsund ganz klein im hellen Licht zu sehen. Susanne schien die Kinder nicht zu bemerken, denn sie rührte sich nicht, offenbar war sie tief in Gedanken versunken.

Erst als Sylvie und Uwe dicht herangekommen waren, blickte sie auf. „Ach, da seid ihr ja!“, sagte sie. Es klang, als käme sie aus einer anderen Welt. „Na, ihr kommt allein. Auch ich hab nichts erreicht. Aber ich habe allen Leuten in Grieben Fridos Telefonnummer gegeben. Wenn Sternenauge hier gesehen wird, erfahren wir es sofort. Inzwischen gibt es sicher kaum einen Menschen mehr auf der Insel, der nicht Bescheid weiß. Macht euch keine Sorgen. Kommt, wir gehen heim. Vielleicht ist sie schon dort angekommen!“

Die Sonne brannte vom Himmel. „Hoffentlich verdurstet Sternenauge nicht“, murmelte Sylvie. Irgendwie geriet ihre Hand in die von Susanne. Sie war da eingebettet wie etwas ganz Zartes, sie war spontan hineingerutscht, ganz selbstverständlich. Sylvie hatte es sich nicht überlegt und sich auch nichts dabei gedacht. Aber die Berührung tat ihr gut. Sie spürte, dass sie die junge Frau mochte.

Und Susanne fühlte die kleine Hand mit Rührung. Du Mädchen, dachte sie und empfand Wärme und

Zärtlichkeit. Irgendwie passte das zu dem, was ihr eben auf dem Hügel durch den Kopf gegangen war: Dinge, die ihr mehr das Herz und weniger der Verstand sagten, Gedanken, die ihr Leben neu bestimmen konnten, und nicht nur ihres.

Als sie endlich ins *Haus Schwalbennest* zurückkehrten, war es längst Mittagszeit. Schon hatte der Gong im *Haus Lietzenburg* die Gäste zum Essen gerufen. Susanne war nicht bei ihnen, sie war zu spät dran.

Kai aber war bereits heimgekehrt, müde vom Weg. Er war mit Marika weit über Vitte hinausgelaufen, so weit, dass Marika schließlich streikte. Es schien ja auch keinen Sinn mehr zu haben. Das Land lag flach und richtig öde vor ihnen; und Wachtmeister Steinberg hatte natürlich schon längst mit den Leuten in Neuendorf telefoniert, mit der *Gaststätte Heiderose,* und mit jedem, der Telefon hatte. Marika hatte völlig Recht, wenn sie meinte, es wäre sinnlos, weiter in der Landschaft herumzulatschen.

So waren sie also umgekehrt. Kai hatte sich von ihr beim Kaufmann Dittmann verabschiedet, und Marika war zur *Lietzenburg* hinaufgelaufen, um mit ihren Eltern Mittag zu essen.

Nun waren sie doch alle sehr bedrückt.

Vater Frido sagte endlich: „Ich stehe vor einem Rätsel!“ Er schlug vor, ein paar Brote zu machen und dann weiter zu beraten. Es blieb ihnen aber gar nichts anderes übrig, als weiter zu warten. Das fiel Sylvie schwer, und auch Kai war sehr unruhig. Uwe verabschiedete sich, er musste heim zu seinen Eltern. Nach dem Essen wollte er wiederkommen. Er schlenderte durch die Terrassentür, durch den Garten und durchs Gartentor.

Die vier im Haus saßen am Tisch. Susanne machte die Brote, und Sylvie fand, dass es fast wie in einer richtigen Familie war. Sie hätte es sicher schön gefunden, wenn ihr Herz nicht so schwer gewesen wäre. Ihre Augen füllten sich mit Tränen. Wo konnte Sternenauge sein?

Da hörten sie draußen Geschrei. Es war die helle Mädchenstimme von Marika. Sie schrie so laut, dass sie zuerst nicht verstanden, was sie ihnen sagen wollte. Dann kam sie durch den Garten gerannt, stand schon in der Terrassentür und rief: „Es ist da! Es ist wieder da!“

Sylvie sprang auf und stieß ihren Stuhl dabei um. „Wo? Und wann? Wieso? Wie geht es ihr?“

„So lasst mich doch erst mal zu Atem kommen“, japste Marika, feuerrot vom schnellen Laufen. Sie strahlte übers ganze Gesicht. Sie ließ sich auf einen Hocker fallen, den ihr Kai hinschob, und strich sich das verschwitzte rote Haar aus der Stirn. „Gleich hinter der *Lietzenburg* ist ein kleiner Platz im Wald, der von Sanddünen umgeben ist, da wachsen so dichte Büsche, dass man nicht hineinsehen kann. Da ist normalerweise kein Mensch, nur Liegestühle stehen da, denn nach dem Mittagessen wird den Pensionsgästen dort der Kaffee serviert. Der Platz heißt die Kuhle, und irgendwie muss Sternenauge da hineingekommen sein! Wann und wie, weiß niemand. Jedenfalls, als Herr Heräus, der Hamburger Reeder, heute als Erster dort hinkam, um auf den Kaffee zu warten, stand er plötzlich dem Pony gegenüber!"

„Mein Gott", sagte Vater Frido. „Hoffentlich hat er das Tier nicht erschreckt!"

„Nein", rief Marika. „Sternenauge ist ganz ruhig stehen geblieben. Dann kam das Mädchen mit dem Tablett, sie wusste Bescheid, weil es sich in der Küche herumgesprochen hatte, dass wir nach dem Pony suchen. Sie konnte Herrn Heräus alles erklären, und das Pony kam auf ihn zu und interessierte sich für das Kuchentablett. Na, dann kamen auch die anderen Gäste ... Aber warum soll ich so viel erzählen! Kommt selber mit! Jeder will das Pony streicheln, alle reden mit ihm, und das scheint es richtig zu mögen!"

„Wir holen Sternenauge sofort!", rief Sylvie aufgeregt.

„Wir kommen alle mit", sagte Vater Frido.

Nur wenige Minuten später waren die fünf unterwegs, den Hügel hinauf.

„Wie der Sommer duftet", rief Susanne und breitete ihre Arme aus. Die junge Frau blieb kurz stehen, warf den Kopf in den Nacken, sodass die Sonne hell auf ihrem Gesicht lag. Sie schloss die Augen, wobei sich ihre Lippen bewegten. Sie flüsterte: „Schön ist es hier!“ Sie wandte sich Vater Frido und Sylvie zu: „Seid glücklich, dass ihr auf Hiddensee leben könnt!“

„Bleib doch einfach auch hier!“, rief Sylvie und wurde ein bisschen rot.

„Würde dir das gefallen?“ Su legte den Arm um ihre Schulter. Sie erwartete wohl keine Antwort, denn sie fuhr gleich fort: „Ja, wenn das so einfach wäre!“

Frido fasste Susanne am linken Arm. So gingen sie zu dritt zur *Lietzenburg*, während Kai und Marika schon etwas vorausliefen.

Es war nicht weit. Sie gingen durch das Tor, das im Schatten der Kiefern lag. Dann sahen sie das große, rote Backsteingebäude vor sich. Sie gingen nach links unter der Terrasse vorbei, über das spärliche Gras. Rings ums Haus standen alte Bäume. Jetzt hörten sie schon die hellen Stimmen der Gäste. Sie mussten durch eine schmale, von bewachsenen Sandhügeln gebildete Gasse, dann standen sie in der Kuhle, wo die Liegestühle im Halbkreis aufgestellt waren. Alle redeten und lachten. Einige Gäste drängten sich in der Mitte um das Pony, andere beobachteten alles vom Liegestuhl aus, die Kaffeetassen in den Händen.

Sternenauge war der Mittelpunkt. Sie ließ sich streicheln und fraß genüsslich kleine Apfelstücke, die man ihr reichte.

„Na, du Ausreißer!“ Sylvie warf die Arme um den Hals des Ponys und legte ihre Wange daran.

Kai hielt sich ein bisschen zurück. Er war auch sehr

froh, aber er fand, dass er zu alt dazu sei, sich noch so kindisch zu benehmen.

Aus einem der Liegestühle stand etwas schwerfällig ein älterer Mann auf. Langsam kam er näher, seine Miene war wichtigtuerisch und überheblich. Laut sagte er zu Vater Frido: „Ihnen gehört dieser kleine Kerl also!“

Frido nickte zurückhaltend, er sah Kai an.

Der dicke Herr stellte sich vor: „Mein Name ist Heräus, Henry Heräus, so heißt auch meine Reederei in Hamburg. Hören Sie, ich möchte Ihnen dieses Pony abkaufen. Es gefällt mir sehr. Ich biete Ihnen fünftausend Mark!“

Alle verstummten. Damit hatte niemand gerechnet. Vater Frido hob abwehrend beide Hände, während Sylvie erschrocken aufsah. Kai wandte sich fassungslos Herrn Heräus zu, wobei sich seine Lippen sprachlos öffneten.

Frido sagte: „Hier liegt ein Missverständnis vor! Ich übernehme zwar die Verantwortung für alles, was das Pony hier möglicherweise angerichtet hat, aber es gehört diesem jungen Mann hier. Er heißt Kai Krukow und kommt aus Devin bei Stralsund. Ich glaube nicht, dass er sein Pony verkaufen wird!“

Da drehte sich Henry Heräus mit seinem ganzen Körpergewicht Kai zu und sagte: „Also, Junge, mein Angebot gilt auch für dich. Fünftausend Mark, und das Pony gehört mir! Du bist sowieso bald zu groß für das Tier!“

Kai schüttelte steif den Kopf. „Sternenauge hab ich meiner Schwester Anne versprochen. Das Pony ist nicht zu verkaufen!"

„Sternenauge? Ein hübscher Name! Und er passt zu dem Tier. Hör zu, ich hab einen Narren an ihm gefressen, aber das ist nicht allein der Grund, warum ich es haben möchte. Meine Tochter Betty ist neun Jahre alt, ich liebe sie sehr. Betty ist gelähmt, sie sitzt im Rollstuhl. Wir haben einen großen Park zu Hause. Betty mag Tiere, und ihr größter Wunsch ist ein Pony. Mit fachmännischer Hilfe und Unterstützung wird sie vielleicht sogar reiten können. Und dieses Pony hier ist so sanft und gutmütig. Es wäre das Richtige für meine Betty. Ich könnte noch ein Pony dazukaufen, damit es nicht allein ist, und sie hätten viel Platz im Park. Was sagst du zu meinem Angebot?" Erwartungsvoll sah er Kai an.

Sylvie starrte Herrn Heräus fassungslos an, dann sah sie zu Kai hinüber. Man verkauft doch nicht einfach sein Pony! Einfach so, noch dazu an einen Fremden! Sollte er seiner Tochter doch ein anderes Pony kaufen, es gab so viele arme verlassene Tiere, die ein gutes Zuhause brauchten!

„Es geht nicht", murmelte Kai, „warum auch? Dieses Pony gehört mir, ich verkaufe es nicht!"

Henry Heräus ließ sich nicht so leicht abweisen. Er sagte: „Gut, mein Junge. Es ist schön, dass du an deinem Pony hängst. Sicher musst du die Sache auch mit deinen Eltern besprechen. Ich werde dann mit ihnen reden. Es geht alles ein bisschen schnell, aber versteh mich bitte auch. Ich möchte meiner Tochter ihren größten Wunsch erfüllen! Ich habe dein Pony hier gesehen und erlebt, es hat einen besonders netten, freundlichen Charakter. Ich weiß, wie sanft es ist, es wäre genau das Richtige für Betty. Ich habe keine Zeit, lange herumzufahren und ein anderes Pony zu suchen. Ich kenne mich da auch nicht aus, und hier ist weit und breit kein Händler. Ich möchte die Sache jetzt erledigen, meine Betty anrufen und ihr sagen, dass ich ihr das schönste Geschenk mitbringe, das es gibt. Oder wir machen es noch anders: Du selbst bringst es ihr, darüber wird sie sich besonders freuen! Du begleitest den Transport bis zu uns, da kannst du sehen, dass es deinem Pony gut gehen wird. Wir haben einen netten Gärtner, der es versorgen wird. Geld, weißt du, bedeutet mir nicht mehr viel. Ich würde alles Geld der Welt ausgeben, wenn ich meine Betty damit wieder gesund machen könnte. Ich will dieses Pony für sie haben, und für dich ist das doch eine gute Gelegenheit! Ich biete dir also zehntausend Mark! Davon könntest du dir ein sehr gutes Reitpferd kaufen!"

Sylvie starrte Kai an. Wie würde er sich entscheiden? Würde er das Angebot etwa annehmen?

Kai bemühte sich, Herrn Heräus' Blick standzuhalten. Er schüttelte empört den Kopf. „Mein Pony ist nicht zu verkaufen!", wiederholte er. „Es bleibt bei uns!"

Vater Frido sagte abweisend: „Wir verabschieden uns jetzt. Kommt, Kinder! Wir nehmen Sternenauge mit!“ Er wandte sich mit Susanne zum Gehen, während Kai den mitgebrachten Führstrick in Sternenauges Halfter hakte. Da wandte sich Henry Heräus noch einmal an Frido: „Sie sind doch der Maler der Hiddensee-Bilder, die in der Inselgalerie verkauft werden? Ihre Bilder gefallen mir, besonders eins, das ich in der Galerie gesehen habe!“

Frido nickte, aber er sagte nichts.

„Ich würde gern mit Ihnen über dieses Bild reden“, fuhr Henry Heräus fort. „Vielleicht werde ich es kaufen.“ Dann drehte er sich um und ging ins Haus.

Vater Fridos Vorschlag, dass jeder erst einmal für sich nachdenken sollte, um seine Gedanken zu ordnen, war zwar ungewöhnlich, aber sicher auch gut.

Sylvie und Kai waren sich einig: Sein Pony verkauft man nicht. Schon gar nicht an einen Fremden. Ob Herr Heräus anderen Leuten auch ihren Hund oder die Katze abkaufen will, überlegte Sylvie. Warum dann also das Pony?

Jeder verbrachte den Nachmittag auf seine Weise. Su saß in ihrem Zimmer in der *Lietzenburg,* das in einem Dachausbau lag und den bezeichnenden Namen „Himmel“ hatte. Von hier aus sah sie über Hiddensee und über das Meer, bis nach Stralsund und

Rügen. Sie liebte diesen Blick, er strahlte so eine Ruhe aus, wie überhaupt die ganze Insel. Sie nahm den kleinen Reise-Computer und wollte weiter an ihrem Roman schreiben. Aber ihre Gedanken schweiften immer wieder ab. Sie hob den Kopf und schaute nachdenklich in die Ferne.

Währenddessen stand Vater Frido in seinem Atelier vor der Staffelei. Er malte ein Bild, das nur aus Farben und Formen bestand. Die Farben flossen in die Formen und bildeten wieder neue Formen. Es war ein Bild, das spontan aus seinem Inneren kam und das ihm gefiel. Aber immer wieder hörte er auf, dann ging sein Blick nach innen, und tausend Gedanken gingen ihm durch den Kopf.

Kai schwamm neben Marika im Meer, das heute ganz ruhig war. Vom Land aus waren nur ihre Köpfe zu sehen. Die Kühle des Wassers tat gut. Und es war gut, fand Kai, hier neben Marika zu schwimmen. Er dachte an Sternenauge, die jetzt wieder sicher auf der Wiese beim Haus stand. Eigentlich gehörte sie ja seinen Eltern, die sie ihm geschenkt hatten. Und Annchen hing sehr an der kleinen Ponystute, sie hatte auch ganz gut reiten gelernt.

Am heftigsten dachte Sylvie über Henry Heräus' Angebot nach. Sie hatte Sternenauge aufgezäumt und gesattelt und war mit ihr ausgeritten. Uwe war nicht zu sehen. Sylvie ließ Sternenauge gehen und hing ihren Gedanken nach. Es war merkwürdig, dass sie eigentlich am wenigsten darüber grübelte, ob Sternenauge an Herrn Heräus verkauft werden oder bei Kai und Annchen bleiben sollte. Sylvie wusste, dass sie dabei nicht mitreden konnte. Es blieben ihr so oder so nur noch acht Tage, dann fuhr Kai wieder heim und nahm das Pony mit. Das hatte sie von Anfang an gewusst. Sie musste Sternenauge wieder hergeben, auch wenn sie sie noch so sehr liebte. Da war es doch fast gleichgültig, ob Kais Schwester Annchen sie wiederbekam oder die kranke Betty Heräus. Vielleicht dann doch lieber Annchen Krukow: Ihrer Familie gehörte das Pony schließlich. Herr Heräus konnte seiner Tochter auch ein anderes Pony kaufen, er hatte ja genug Geld. Vielleicht aber würden Kais Eltern Sternenauge auch verkaufen, wenn sie so viel Geld bekamen. Das täte Sylvie Leid. Sie war traurig. Ach, dass die schöne Zeit nun bald zu Ende war! Alles geht immer einmal zu Ende, das merkt man erst richtig, wenn man älter wird. Kai musste sich von Marika trennen, das fiel ihm gewiss auch schwer. Komisch war dieses Mädchen, das sich wenig aus Hunden und noch weniger aus Pferden machte und dafür vernarrt war in alles, was im Wasser lebt – Seehunde, Pinguine, Delfine und Wale.

Auch Vater Frido musste sich trennen. Die Ferien der schönen Su waren bald zu Ende. Viel lieber bliebe sie hier, hatte sie gesagt, und hatte dabei ganz ernst ausgesehen. Ja, auch Frido würde sehr traurig sein. Dann kam der lange, einsame Winter. Für Sylvie hieß das dann wieder Schule in Vitte, mit Uwe und den anderen Klassenkameraden.

Als es dämmerte und sie Abendbrot gegessen hatten, legte Frido Holz ein und zündete den Kamin an. Nicht, weil es kalt gewesen wäre, sondern weil das Feuer so eine gemütliche Atmosphäre machte. Frido war Su entgegengegangen und kam mit ihr ins *Haus Schwalbennest* zurück.

Dann saßen sie zu viert vor den Flammen. Frido hatte vier Zettel für ein Spiel vorbereitet, auf denen standen zwei verschiedene Aussagen. Die erste lautete: *Betty Heräus bekommt Sternenauge*, die zweite lautete: *Kai behält Sternenauge*. Jeder sollte mit einem Kreuz entscheiden. Je nachdem, wie das Spiel ausging, konnte man hinterher noch einmal darüber reden.

Su wandte ein, dass sie ja nicht mit entscheiden würden, das war allein Kais Entschluss. Aber mit dem Spiel vertrieben sie sich die Zeit. Und Sternenauges Zukunft lag allen am Herzen.

Es war nicht sehr hell im Zimmer, aber alle waren von der Kaminglut übergossen. Nachdem sie ihre Kreuze gemacht hatten – jeder tat es entschlossen und schnell, sie hatten ihre Meinung schon vorher gefasst –, falteten sie die Zettel, und Vater Frido hielt ihnen seinen umgedrehten Hut hin.

Sie warfen ihre Zettel hinein, dann nahm er sie nacheinander wieder heraus, sah sie an, zählte die Stimmen und sagte: „Das Ergebnis ist eindeutig und sogar einstimmig, bei einer Enthaltung. Alle haben dafür gestimmt, dass Kai und Annchen Sternenauge behalten sollen. Schließlich gehört ihnen das Pony ja auch. Ich jedenfalls bin froh, dass ihr so gestimmt habt. Es war eine Entscheidung der Herzen, und das ist gut so. Ich hatte es nicht anders erwartet."

Nun würden sie abwarten müssen, was Kai und seine Eltern tun würden. Sylvie war bedrückt. Ihr Vater streichelte ihr über die Haare. „Sei nicht traurig, Spatz", sagte er. „Denk an die Freude, wenn Annchen ihr Pony wiederhaben wird. Kai sagt, sie hängt sehr an dem Tier!"

Da nickte Sylvie zwar, aber sie hatte Tränen in den Augen. Noch einmal überfiel es sie, dass alles so schön war. Doch es würde nie mehr so sein. Kai fuhr weg und nahm Sternenauge mit, und Su fuhr auch ab.

Später lag Sylvie im Bett. Es war schon dunkel, aber der Nachthimmel schimmerte sanft durchs Fenster. Sylvie sah auch ein paar Sterne. Und in regelmäßigen Abständen erhellte der kreisende Scheinwerfer des Leuchtturms das Zimmer. Sylvie hörte noch Stimmen von unten, wo Su und Frido in die zusammensinkende Glut schauten. Dann wurde es still, doch endlich legte er eine CD auf, Musik, etwas von Bach oder auch Mozart, wie er sie auch manchmal beim Malen hörte.

Über den Tönen schlief Sylvie ein. Einmal wachte sie auf und hörte Stimmen im Garten. Da standen Frido und Su bei Sternenauge und redeten leise mit dem Pony. Sylvie mochte das, sie fühlte sich wohl und kuschelte sich tiefer ins Kissen. Sie brauchte die Worte nicht zu verstehen, es war nicht wichtig, was sie zu dem Shetlandpony sagten. Dann entfernten sie sich,

Frido begleitete Susanne durch die Dunkelheit in die *Lietzenburg*. Es dauerte lange, bis er zurückkehrte, aber da schlief Sylvie längst wieder tief und beruhigt.

Der nächste Morgen war ein wenig trüb, es herrschte gedämpftes Licht; aber das hatte auch seine Reize, wie Vater Frido mit Maleraugen fand.

Als Su und Henry Heräus kamen, trug der Reeder ein sorgfältig zugeknöpftes Hemd und eine weiße Hose. Su war in ein hellblaues Sommerkleid geschlüpft, das ihren Hals und die Schultern freiließ. Man sah es den beiden an, dass sie sich eingehend unterhalten hatten und dass es keine traurige Unterhaltung gewesen war. Sie lächelten beide, ja, Henry Heräus sah sogar richtig fröhlich aus, gelöst, ganz im Gegensatz zu seiner Bedrückung von gestern. „Denkt euch, gestern Abend rief mich meine Frau an – ich will euch die Einzelheiten der langen Geschichte aber ersparen. Nur so viel: Wir haben einen sehr bekannten Arzt in Amerika gefunden, einer der Besten auf dem Gebiet der Wirbelsäulenchirurgie. Er hat alle Befunde von Betty geprüft, alle Computer-Tomographien und Röntgenbilder angesehen, und er meint, es gäbe Hoffnung für Betty. Er will sie selbst noch einmal untersuchen, und wenn alles gut geht, wird er sie operieren! Wir fliegen in vierzehn Tagen! Wie froh ich darüber bin, kann ich euch gar nicht sagen! Wir haben wieder

Hoffnung! Was das Pony betrifft, so halte ich mein Angebot natürlich aufrecht, jetzt erst recht. Ich könnte es aber noch nicht gleich übernehmen, weil wir ja wegfahren, wir können also in Ruhe abwarten, bis Kais Eltern von ihrer Reise zurückgekehrt sind. Dann werde ich noch einmal mit ihnen sprechen, und sie sollen sich selbst entscheiden. Bis dahin bleibt Sternenauge sicher hier, denn hier geht es ihr gut! Sind Sie einverstanden?"

„Ich freue mich sehr für Sie!" Frido schüttelte Henry Heräus die Hand.

Sylvie rannte überglücklich hinaus, um Sternenauge sofort alles ganz ausführlich zu erzählen. „Schließlich", sagte sie ihr in das kleine, aufmerksam aufgestellte Ohr, „geht es dich doch am meisten an!"

Deshalb war sie nicht dabei, als Henry Heräus später Fridos Bilder ansah, sich immer wieder das eine – dann doch wieder noch ein anderes – zeigen ließ und so lange nichts sagte, bis Frido ungeduldig wurde. Und als Heräus schließlich eines der Bilder von Hiddensee kaufte, sagte er: „Ich tue es nicht nur, weil ich so froh bin, nein, natürlich auch deshalb, ich will ja nicht lügen, aber dieses Bild gefällt mir wirklich sehr!" Später hörte Sylvie dann von Frido, dass Henry Heräus ihm versprochen hatte, mit einem bekannten Galeristen zu sprechen. „Der Kunsthändler Gurlitt würde vielleicht im nächsten Frühjahr eine Ausstellung Ihrer Bilder machen! Jedenfalls werde ich mich dafür einsetzen!" Henry Heräus lächelte.

Vater Frido stockte der Atem, denn Gurlitt war ein sehr bekannter Galerist. Eine Ausstellung bei ihm konnte der Durchbruch zum Erfolg sein.

Der Tag kam, an dem Marika abreisen musste. Kai fuhr mit ihr und ihren Eltern im Wassertaxi nach Schaprode, wo ihr Auto abgestellt war. Dann kehrte er mit dem nächsten Schiff zurück.

Sylvie hatte eigentlich zum Hafen mitgehen wollen, aber er hatte sie angefahren: „Lass mich bloß in Ruhe!“

Da sattelte sie Sternenauge und ritt aus. Es war schön, dieser Ritt über die schmalen sandigen Wege von Hiddensee. Sternenauge griff munter aus, sie liebte die Bewegung nach der Ruhe auf der Weide. Sylvie klopfte den Hals der kleinen Ponystute, so hätte sie ewig weiterreiten mögen.

Es war Mittag, Essenszeit, als sie heimkehrten. Da kam auch Kai wieder. Er war sehr still. Er nahm Sylvie wortlos die Zügel aus der Hand, stieg selbst in den Sattel und erklärte, dass er keinen Hunger habe. Er wollte gleich fortreiten, wollte nur allein sein, niemanden sehen.

Sylvie hielt den Zügel fest und fragte neugierig: „Hast du Marika geküsst?“

Verächtlich sah er sie an. Dann wendete er sich ab und trieb Sternenauge an. Langsam ritt er mit seinem Pony durchs Tor.

Sylvie schaute ihm nach, wie er den Hügel emporritt, mit hängenden Schultern. Da kam er ihr plötzlich sehr einsam vor, und sie schämte sich ein bisschen wegen der dummen Frage.

Sie saß mit Vater Frido am Tisch. Mittags gab es nur kalt, mal einen Salat, mal Vollkornbrot. „Nun sei mal nicht so“, sagte Vater Frido. „Du würdest auch traurig sein, wenn es dein Freund wäre, der abgefahren ist!“

Sylvie senkte den Kopf und schaute den Vater von unten an. Sie murmelte: „Verliebt sein ist doof!“

„So, meinst du, Spatz?“ Frido sah plötzlich etwas verlegen aus, und es schien, als wollte er etwas sagen, vielleicht von sich und Su? Aber er sprach nur von dem Pony: „Und was wird mit dir sein, wenn Sternenauge fortmuss?“

Da antwortete Sylvie nicht. Sie ging in ihr Zimmer, nahm sich ein Buch aus dem Regal und warf sich aufs Bett, über das sie eine bunte Tagesdecke gebreitet hatte. Sie schlug die Seiten auf und starrte hinein, aber sie las nicht. Sie klappte das Buch wieder zu, schob den Arm unter den Kopf und starrte an die Decke. Ja, jetzt kamen die letzten Tage mit Sternenauge! Es war nicht mal mehr eine Woche, dann fuhren Kai und sein Pony fort. Überhaupt fuhren alle weg, die Sommergäste und Su mit ihnen. Hiddensee wurde leer und still, es kam wieder die Zeit der Einsamkeit; die Schule begann, die Schule mit Uwe und all den anderen. Und das ging dann monatelang durch den Winter, bis der

Frühling wiederkam; aber dazwischen lagen Schnee, Eis und Stürme.

Sylvie drehte den Kopf zur Seite und schloss die Augen. Unter ihren langen Wimpern rollten Tränen hervor.

Aber sie wischte sie fort und verdrängte das Weinen. Bald wurde sie neun! Ja, das war immerhin schön: Nun waren es nur noch wenige Tage bis zu ihrem Geburtstag.

Nach Marikas Abreise verlor die Insel ihren Zauber für Kai. Vater Frido verstand ihn gut. Einmal, als Sylvie nicht dabei war, strich er Kai über die Haare, ohne etwas zu sagen. Am Tag nach Marikas Abreise hatte sich Kai in sein Zimmer zurückgezogen und war lange darin geblieben.

Sylvie hatte sich darüber gewundert. Ob es ihm nicht gut ging? Sternenauge graste in aller Ruhe im Garten, Sylvie streichelte das Pony, dann ging sie wieder ins Haus. Sie lief die Treppe empor, und als sie die Tür von Kais Zimmer aufmachte, fuhr er herum. Er saß an seinem Tisch, der mit Papier bedeckt war, hielt einen Kugelschreiber in der Hand und starrte Sylvie überrascht an. Hastig, wie jemand, der etwas verbergen will, warf er sich vornüber und legte einen Arm über die Blätter, sodass er sie fast verdeckte.

Sylvie trat näher und sah, dass einige beschrieben waren, mit einzelnen Worten oder angefangenen Sätzen, ein paar Seiten waren halb beschrieben. Sie erhaschte die Anrede: *Liebe Marika!* oder auch nur *Marika!!!* Und drei Ausrufezeichen.

„Ach so …“, murmelte sie. „Du versuchst, einen Liebesbrief zu schreiben!“

„Mach bloß, dass du rauskommst!“, fauchte er.

„Ach Gott, hab dich nicht, ich gehe ja schon!“ Sie verzog sich.

Kai blieb noch lange in seinem Zimmer. Endlich kam er herunter, es war halb sechs Uhr abends. Er rannte durch das Wohnzimmer. Vater Frido, der gerade aus seinem Atelier trat, in der einen Hand die bunte Palette, in der anderen einen Pinsel, rief ihm zu: „Wohin? Es gibt bald Abendbrot!“

„Ich bin gleich wieder da!“, antwortete Kai und war schon aus der Tür.

Sylvie sagte nüchtern zu ihrem Vater: „Er muss noch zur Post, sonst geht sein Brief heut nicht mehr weg! Ach ja, die Liebe!“

„Warte nur, Spatz, bis es dich einmal erwischt!“

„Mich? Die Liebe? Nie!“, rief sie empört und völlig überzeugt.

„Na, du und das Pony, ihr gebt mir schon einen kleinen Vorgeschmack von dem, was dann auf mich zukommt.“ Er lachte und strich seiner Tochter übers Haar.

Sternenauge – ja, ihre Tage waren nun auch gezählt, genau genommen waren es gar keine Tage mehr, es waren nur noch Stunden.

Kai musste abfahren. Am Abend vorher packte er

all seine Sachen, Koffer und Rucksack. Auch den Sattel und das Zaumzeug des Ponys legte er zurecht, nur den Führstrick ließ er draußen.

Vater Frido zündete noch einmal das Kaminfeuer an. „Nun macht keine langen Gesichter", bat er die Kinder. „Nächstes Jahr sind ja wieder Ferien!"

„Ach, bis dahin … Wer weiß, was dann ist", meinte Sylvie. Ihr kam es bis dahin wie eine Ewigkeit vor. „Und ob Marika dann wiederkommt oder ob sie bei den Delfinen bleibt, das weiß auch niemand! Aber Sternenauge soll wiederkommen, auch wenn ich bis dahin selbst ein Pony habe!"

Sie schluckte.

„Woher sollte das wohl kommen", fragte Vater Frido, und es klang ein wenig bekümmert. „Ach, Spatz! Mach dir keine Hoffnungen! Wir haben nicht so viel Geld!"

„Aber ich habe doch bald Geburtstag", murmelte sie.

„Es geht wohl nicht, Kind", sagte er ernst. „Aber tröstet euch, euer Leben fängt erst an. Es hält noch viele Wunder für euch bereit!" Vater Frido sagte sonst nicht viel. Su konnte heute Abend nicht kommen. Sie gab den Gästen der *Lietzenburg* einen Rezitationsabend und trug ihnen Gedichte von Erich Kästner vor.

Wäre es nicht Kais letzter Abend gewesen, wäre Frido sicher auch hingegangen. So aber saßen sie zu dritt zusammen, nur das Kaminfeuer erzählte seine

Geschichten. Schließlich stand Vater Frido auf und legte eine CD auf. Leise spielte Musik von Mozart, auch das Duett „Reich mir die Hand, mein Leben …“ aus der Oper *Don Giovanni.* Sie lauschten, und danach sagte Frido: „Das ist bestimmt das schönste Liebesduett der Welt!“

Mein Gott, dachte Sylvie genervt.

Dann musste Kai fahren. Der Dampfer nach Stralsund ging früh am Morgen. Alle standen rechtzeitig auf. Kai war sehr still, aber irgendwie freute er sich doch darauf, wieder heimzukommen.

Der Morgen zog mit dünnem Nebel auf. Kai war schon vor sieben Uhr wach. Sylvie hörte ihn im Nebenzimmer rumoren. Sie sprang aus dem Bett, wusch sich, zog sich an. Es tat ihr jetzt doch sehr Leid, dass Kai wegfuhr, bestimmt, aber der größere Kummer war doch, dass er Sternenauge mitnahm. Sylvie konnte sich ihr Leben ohne das Pony überhaupt nicht mehr vorstellen. Wenn sie morgens aus dem Haus lief, hatte Sternenauge schon auf sie gewartet. Sie und Kai hatten die kleine Stute versorgt und waren dann mit ihr ausgeritten oder spazieren gegangen. Vielleicht wurde es ja später besser, wenn die Schule wieder anfing.

Stumm saßen sie beim Frühstück. Es wurde nur über belanglose Dinge geredet, ob Kai auch nichts vergessen und ob er alles eingepackt hätte und dass er seine Eltern grüßen sollte und seine Schwester Annchen natürlich auch.

Endlich ging er zu Sternenauge hinaus, zog ihr das Halfter über und hakte den Führstrick ein. Er gab Sylvie den Strick. „Du kannst sie zum Bollwerk führen", sagte er großzügig. Als sie um die Ecke beim Gutshof bogen und das Wasser vor sich sahen, tutete der Dampfer zum ersten Mal. Sternenauge tänzelte seitwärts, sie spielte unruhig mit den Ohren und schlug mit dem Schweif. Sylvie musste den Führstrick kürzer fassen und die Ponystute zurückhalten.

Sternenauge bekam ihren Platz wieder auf dem Vorderschiff, wo Kai sie am Mast festband. Sie ließ jetzt alles mit sich geschehen. Sie war voller Vertrauen und hatte keine Angst. Sylvie schmiegte ihre Wange an die Stirn mit dem dichten Schopf.

Da schaute Sternenauge sie ganz ruhig an. Die verschleierte Sonne spiegelte sich in ihren Augen, die Helle des Himmels, und wer sehr scharf hinsah, konnte sogar eine Möwe darüber fliegen sehen.

Und so behielt Sylvie die kleine Stute in Erinnerung. Das Mädchen winkte und winkte noch, als der Dampfer schon ganz klein geworden war. Er folgte der ausgebaggerten Fahrrinne und fuhr den großen Bogen nach Vitte. Von dort aus würde er dann nach Stralsund weiterfahren. Es war alles ähnlich wie bei der Ankunft, nur war es jetzt doch ganz anders.

Vater Frido drückte es so aus: „Siehst du, Spatz, es

ist wie in einem Spiegel der Zeit. Neulich ist der Dampfer mit unseren Gästen gekommen, und jetzt entfernt er sich wieder. Bald können wir ihn nicht mehr sehen!"

Sylvie nickte. Sie hatte Tränen in den Augen und schämte sich ein wenig. Schnell wischte sie sich eine Träne ab. Vater Frido lächelte, als er sich zu ihr niederbeugte und ihr sein frisches Taschentuch reichte. „Weißt du, Spatz", sagte er, „Ankunft und Abschied gehören zusammen wie die beiden Seiten eines Geldstücks, ohne die es keine Münze geben könnte. Jedes Ding hat diese beiden Seiten. Nach jedem Abschied kommt eine neue Ankunft! Freu dich darauf!"

Nun waren sie wieder allein im Haus. Und wie still der Garten war! Den ganzen Tag hatte Sylvie traurig herumgehangen, sie hatte zu nichts Lust gehabt. Wie doof war es, zu Fuß spazieren zu gehen – komisch, früher hatte sie es ganz gern gemacht und sich dabei Geschichten ausgedacht. Aber jetzt, aus dem Sattel in die Sandalen, nein, das war zu blöd, das machte keinen Spaß. Auch mit Uwe mochte sie nicht spielen.

Dafür waren Vater Frido und Su am frühen Nachmittag aufgebrochen. Na gut, mochten sie, es blieben ihnen ja auch nur noch wenige Tage.

Sylvie legte sich auf ihr Bett und las. Große Lust hatte sie eigentlich nicht dazu – aber was sollte sie machen? Und die beiden blieben so lange fort! Vielleicht lagen sie irgendwo an der Steilküste, schauten über das Meer und redeten miteinander.

Als sie wiederkamen, waren Stunden vergangen. Sie saßen dann zu dritt beim Abendbrot, obwohl Su doch eigentlich in der *Lietzenburg* Vollpension bezahlt hatte. Aber gut, das war ja nicht das erste Mal. Es war übrigens wieder ein schweigsames Zusammensein, Vater Frido machte kaum den Mund auf, und Su blickte meist auf ihren Teller.

Sylvie hatte ein feines Gespür. Sie ahnte, dass die beiden Erwachsenen auf ihrem langen Gang nicht über das Wetter und die anderen Gäste oder andere belanglose Dinge geredet hatten. Und weil sie ganz so aussahen, als ob sie damit noch nicht fertig wären, sagte Sylvie taktvoll: „Ich gehe rauf!"

Vater Frido hatte aber vielleicht doch ein schlechtes Gewissen. „Ich zünde den Kamin an. Willst du nicht noch etwas bei uns bleiben?"

Das hätte Sylvie gern getan, aber sie wollte den beiden das Alleinsein gönnen. „Nein, nein", antwortete sie, „ich lese!"

„Na schön, Spatz, dann gute Nacht!"

Als sie Su die Hand reichte, zog diese Sylvie zu sich herab und küsste sie auf die Backe.

Später lag Sylvie in ihrem Bett, langsam wurde es dunkel. Sie knipste ihre Nachttischlampe an und starrte an die Decke. Das Fenster stand offen, nun war der Garten unten aber verwaist, kein Pony ging mehr darin spazieren und graste. Nur der Scheinwerfer des Leuchtturms kreiste über den Himmel.

Sylvie wusste nicht, wie lange sie so gelegen hatte;

sie wusste auch nicht, wie spät es war. Plötzlich hörte sie leise Schritte auf der Treppe. Die Klinke wurde herabgedrückt, und die Tür ging auf. Su trat ein. „Schläfst du?“, fragte sie.

Sylvie antwortete nicht, sie schüttelte stumm den Kopf.

„Darf ich mich zu dir setzen?“

Sylvie spürte, dass ihr Herz ein wenig schneller zu klopfen begann.

Die junge Frau setzte sich auf den Bettrand. Sie schaute Sylvie herzlich mit ihren großen dunklen Augen an. „Ich wollte gern mit dir allein sprechen“, sagte sie.

Sylvies Herz klopfte noch heftiger.

Susanne schob den Mund ein wenig vor und legte die beiden Zeigefinger daran, dabei zogen sich ihre Augenwinkel nachdenklich zusammen. Sie bekam ganz feine Fältchen, die wie Strahlen auseinander liefen. „Ich wollte dich etwas fragen“, begann sie. „Dein Vater und ich haben heute lange und ernsthaft miteinander geredet. Wir überlegen, ob ich nicht zu euch ziehen soll. Was hältst du davon? Dein Vater wollte natürlich gleich mit dir sprechen, aber ich habe ihn gebeten, mich auch mit dir reden zu lassen. Es liegt mir sehr viel daran, zuerst von dir zu hören, wie du darüber denkst! Dass dein Vater und ich uns sehr gern haben, hast du ja gemerkt. Nun dachten wir, ich fahre erst einmal wieder nach Hause, nach Berlin, regle einige Sachen, hole mir noch Kleider und was ich sonst so brauche. Dann komme ich wieder. Hier bei euch unter dem Dach steht ja das halbe Haus leer, also, da gibt es keine Probleme. Ich würde mein festes Engagement am Theater aufgeben, ich würde bei euch leben und Bücher schreiben. Das wäre wunderbar für mich. Weißt du, wir wollen es erst einmal versuchen, damit wir drei uns richtig kennen lernen und das Zusammenleben ausprobieren. Allerdings denken Frido und ich daran, später zu heiraten. Wir verstehen uns, und auch unsere Berufe passen zueinander. Dein Vater wird malen, ich werde schreiben, von Zeit zu Zeit kann ich mal ein Gastspiel am Theater oder einen Fernsehfilm machen. Die Hausarbeit teilen wir uns, er ist sie gewöhnt, ich weniger, na ja, das wird schon gehen. Und nun glaubst du vielleicht, wir würden nur an uns denken, und ich rede auch nur von Frido und von mir. Aber in Wirklichkeit ist es so, dass wir stundenlang nur von dir gesprochen haben und wie es wohl für dich sein wird, wieder eine Familie zu haben mit einer Frau, die dich sehr lieb gewonnen hat. Ich möchte gern eine richtige Freundin für dich werden, und irgendwann einmal, wenn du willst, eine Mutter. Klar, gegen deinen Willen geht das nicht! Das würden Frido und ich niemals versuchen. Dazu hätten wir auch gar nicht das Recht. Das müsstest du entscheiden!“ Susanne strich sich eine Locke aus der Stirn. „So, und nun bist du an der Reihe. Was meinst du?“

In Sylvies Kopf drehte sich alles. Sie spürte nur das Toben ihres Herzens. Ihr fiel nichts ein. Sie schaute Su an. So verging eine ganze Zeit.

„Ja, du brauchst jetzt nichts zu sagen“, meinte Susanne endlich und lächelte.

Da richtete sich Sylvie ein wenig auf, und Su beugte sich zu ihr nieder. Sylvie schlang die Arme um sie und küsste sie auf die Backe. Da drückte die junge Frau Sylvie fest an sich und küsste sie auch.

„Meinst du, dass du jetzt schlafen kannst?“, fragte sie. „Oder willst du noch ein bisschen zu uns runterkommen?“

Das wollte Sylvie nun sofort. Sie zog sich gar nicht erst an, sondern wickelte ihre bunte Decke um sich. Zusammen mit Su ging sie hinab, wo Vater Frido vor dem Feuer saß und ihnen entgegenblickte.

Su nickte ihm zu.

Da lächelte er. „Setz dich, Spatz“, sagte er und machte seiner Tochter auf dem Kissen neben sich Platz. Sylvie ließ sich zwischen den beiden nieder, zog die Knie an und legte den Kopf darauf, wobei ihr die Haare übers Gesicht fielen.

Stille trat ein. Vater Frido legte den Arm um Sylvie. Das war so gut wie ein Gespräch.

Endlich sagte Susanne: „Jetzt sind Kai und Sternenauge auch schon lange wieder zu Hause! Dir fehlen die beiden sicher sehr!“

„Ja“, antwortete Sylvie. „Es waren sehr schöne Sommerferien mit dem Pony!“

„Sternenauge ist so ein liebes Pony. Ich weiß, wie sehr man an einem Tier hängen kann. Als ich noch ein Kind war, hatten wir Hunde und Katzen. Na, und später habe ich oft bei einem Bauern mitgeholfen. Ich hab Ställe mit ausgemistet und die Kühe mit auf die Weide getrieben. Ich habe zugesehen, wenn ein Fohlen geboren wurde – ja, auch, wenn ein Tier einmal krank war oder starb. Das war immer sehr traurig. Ich hätte nie gedacht, dass ich einmal ohne Tiere leben könnte, so wie jetzt!" Das sagte Su ganz leise.

Sylvie wollte etwas sagen, aber dann dachte sie, dass es vielleicht noch zu früh dazu war.

Vater Frido neigte sich zu ihr. „Eine klitzekleine Überraschung haben wir zwei noch für dich!"

„Noch eine?" Sylvie lächelte.

„Ja, in Bergen auf Rügen gastiert ein kleiner Zirkus. Da fahren wir drei morgen hin, zur Nachmittagsvorstellung, damit wir am Abend wieder heimfahren können. Das ist dann mein Geburtstagsgeschenk für dich, Spatz, es sind ja nur noch zwei Tage bis dahin! Freust du dich ein bisschen?"

„Sehr sogar!" Sylvie nickte. Das Leben auf Hiddensee war gewiss schön, aber es gab nicht viel Abwechslung. Frido wollte ja nicht einmal einen Fernseher haben. Da war Zirkus natürlich etwas Wunderbares, etwas richtig Spannendes, eine tolle Abwechslung.

Es wurde dann auch ein herrlicher Tag. Sylvie, Su und Frido fuhren mit dem Motorboot von Kloster über Vitte nach Schaprode. Die See war ruhig, sie dehnte sich hell und weit, die Möwen umkreisten sie kreischend, die kleinen Köpfe vorgereckt und die Flügel in anmutiger Schwingung ausgebreitet.

Su sah besonders hübsch aus, sie trug einen strohfarbenen Stoffmantel über dem Sommerkleid und einen hellroten Seidenschal, dessen Enden im Fahrtwind flatterten. Sie erblickten Schaprode schon von weitem, das kleine Dorf auf der Westseite der Insel Rügen, mit den niedrigen roten Häusern, die sich unter tief herabgezogene Dächer ducken. Spitz erhebt sich darüber der alte Kirchturm. Früher war Schaprode einmal ein stilles Fischerdorf gewesen, im Winter ist das auch heute noch so. Aber schon im Frühjahr kommen viele Leute, die nach Hiddensee übersetzen wollen, mit ihren Autos, die sie in Schaprode auf dem großen Parkplatz abstellen.

Auch Vater Frido hatte seinen klapperigen alten Golf in Schaprode stehen – aber nicht auf dem Parkplatz, das wäre auf die Dauer zu teuer gewesen, der Golf war bei einem Fischer in einer Bretterbude untergestellt. Der Wagen war zwar nicht mehr neu, aber er war zuverlässig und tat seinen Dienst. Sie hatten sich genug Zeit genommen, man kann Bergen von

Schaprode in etwa einer halben Stunde erreichen. Die Felder dehnten sich zu beiden Seiten der schmalen Straße, die von großen alten Bäumen bestanden war.

Pünktlich kamen sie an. Den Platz, auf dem das Zirkuszelt aufgebaut war, fanden sie leicht. Obwohl es heller Tag war, erst drei Uhr, brannten bunte Lämpchen über dem Eingang. Der Name *Zirkus Atlas* leuchtete. Am Eingang standen einige Leute, Erwachsene und Kinder. Sylvie ging zwischen Frido und Su, sie hielt beide an den Händen und war sehr gespannt, als sie durch den Zelteingang traten. Innen war es dunkler, etwas Licht fiel aber durch die Zeltleinwand herein, die sandgelb erleuchtet wurde; es brannten auch viele Lampen, und helle Scheinwerfer waren auf die Manege gerichtet. Als Vater Frido sich zu Sylvie niederbeugte, sagte er lachend: „In deinen Augen seh ich die Lampen leuchten, Spatz, das sieht lustig aus!"

Vater Frido hatte die besten Plätze in einer Loge genommen, schließlich war der Zirkusbesuch ja ein Geburtstagsgeschenk. Und es kam wirklich nicht oft vor, dass er mit Sylvie ausging. Ja, es war eigentlich das erste Mal, seitdem sie von Berlin nach Hiddensee gezogen waren, also seit nun fast fünf Jahren.

Im Zelt dröhnte Musik. Ein Artist im roten Anzug führte sie zu ihren Plätzen. Sylvie durfte vorn sitzen, neben Su, Frido saß auf dem Stuhl hinter ihnen. Es roch nach Sägespänen und Holz, und es roch nach Tieren. Der Zirkus war nicht sehr voll, es gab noch viele leere Sitzplätze.

„Wann geht's los?“, fragte Sylvie ungeduldig. Da wurde die Musik lauter. Noch mehr Scheinwerfer flammten auf und tauchten die Manege in blendendes Licht. Das Programm begann mit einem Marsch. Dann folgte Nummer auf Nummer. Da galoppierten die Kunstreiter um das Manegenrund, freihändig federnd stand ein Artist mit ausgebreiteten Armen auf dem Rücken seines Pferdes, dazu dröhnten die Trommeln, das Sägemehl wirbelte unter den Hufen des Pferdes auf.

Der Clown kam, sein Mund leuchtete riesengroß und rot aus dem kalkweiß geschminkten Gesicht. Sylvie bog sich vor Lachen über seine Späße. Dann jonglierten schlanke Jungen geschickt mit Keulen.

Sylvie fand alles wunderbar, aber mindestens so schön wie die Vorstellung war die Tierschau in der Pause. Dazu gingen sie hinüber ins angrenzende Stallzelt, das hell beleuchtet war. Am Eingang standen braune Ziegen, die ihre Hälse über die Gitterstäbe reckten und sich an ihnen rieben. In einer Ecke stand ein Dromedar und schaute gleichmütig auf sie herunter. An den Längsseiten waren die Reihe der Pferde und gegenüber die der Ponys.

Dicht nebeneinander standen sie da, gepflegte Tiere: weiße, schwarze und braune Araberhengste, schmal und edel. Da war Sylvie nicht fortzukriegen.

Besonders ein kleines Pony hatte es ihr angetan, das vielleicht noch etwas kleiner als Sternenauge war. Wie verzaubert stand Sylvie vor diesem Tier. Sie streckte ganz langsam die Hand aus und streichelte seine Stirn, seine Kehle, die es ihr freundlich überließ, seinen kurzen, kräftigen Hals.

„Ach, Paps, wie niedlich!", flüsterte sie, und nur in besonderen Augenblicken sprach sie ihren Vater mit diesem Kosenamen an.

Frido wusste das. „Ja", antwortete er. „Hier steht, dass es Goldie heißt!"

Das kleine Pony hatte eine helle flachsfarbene Mähne, die sich wie blasses Gold von dem sandfarbenen, dunkleren Fell abhob. Im Licht der Stalllampen leuchtete das Haar des kleinen Pferdchens auf.

Sylvie war so versunken in seinen Anblick, dass sie für die anderen Tiere kaum noch Augen hatte. Nur den Elefanten, der mit einem Bein angekettet war und den großen Kopf mit dem langen Rüssel rastlos drehte, sah sie mitleidig an. Der Arme! Er wäre sicher lieber in Afrika gewesen!

An den beiden Mantelpavianen in ihrem Gitterkäfig, den runden Stachelschweinen und dem australischen Kragenbär ging Sylvie schnell vorbei, zurück zu dem kleinen Pony.

Sie achtete auch nicht darauf, dass Su ihren Vater plötzlich am Arm nahm und zur Seite zog, an die Ecke der Pony-Einzäunung. Dort zeigte sie ihm einen Anschlag, eine Papptafel, auf der etwas geschrieben stand. Su redete eifrig auf Frido ein. Nachdenklich nickte er und schob die Unterlippe vor – das machte er immer, wenn er nachdachte.

Wenig später kam er zu Sylvie zurück, gab ihr fünf Mark und sagte: „Vorn am Zelteingang gibt es Futter für die Tiere. Hol dir etwas, Äpfel oder Mohrrüben für das kleine Pferd hier. Anderes Futter soll es von den Besuchern nicht kriegen!“

„O ja!“ Sie war begeistert. „Aber eigentlich will ich hier nicht weg!“

„Du hast schon noch Zeit“, sagte er.

Da lief sie los.

Su und Frido steckten wieder die Köpfe zusammen. Vielleicht hatten sie Sylvie nur weggeschickt, weil sie sich eine Überraschung ausdachten.

Jedenfalls, als Sylvie dann zurückkam, mit ihrer Tüte voller Äpfel, hatte Su das Pappschild abgenommen und in ihre große Umhängetasche gesteckt.

Von all dem hatte Sylvie nichts bemerkt.

Dann riefen die Trompeten: Die Vorstellung sollte weitergehen.

Su erklärte, sie wolle noch ein bisschen an der frischen Luft bleiben, ihr sei irgendwie nicht gut. Aber es sei nichts Ernstes, und sie würde gleich nachkommen.

Sie blieb dann doch recht lange fort. Aber Sylvie nahm es kaum wahr, sie war auf seltsame Weise ganz und gar abgelenkt: von der Zirkusvorstellung, von der Trampolin-Nummer und der Elefanten-Dressur danach, besonders aber von den Pferden. Ja, sie dachte ununterbrochen nur an das sandfarbene Pony.

Als Su wieder in die Loge kam und Frido lächelnd

zunickte, drehte sich Sylvie ihr zu und fragte: „Geht's dir wieder gut?"

„Ja, Sylvie, besonders gut!", antwortete Su zufrieden.

Da kam der Seehund, der einen großen Ball so geschickt auf seiner Nase balancierte. Das war kurz vor dem Finale, bei dem alle Artisten noch einmal hereinmarschierten, sich im Kreis aufstellten und winkten, während von oben Luftballons herabschwebten.

Sylvie klatschte begeistert. Aber sie wunderte sich doch, als Su mitten unter dem Beifall erklärte, dass sie sich entschlossen habe, über Nacht in Bergen zu bleiben. Sie hatte die Stadt schon lange einmal kennen lernen wollen. „Die Marienkirche am früheren Burgwall muss wunderschön sein!", sagte sie. „Besonders die alte Basilika."

„So plötzlich fällt dir das ein?", wunderte sich Sylvie. „Aber du hast doch kein Nachtzeug dabei?"

„Ach, weißt du, ich hab oft so überraschende Einfälle. So bin ich eben, ich lasse mich dann nicht davon abhalten! Und einen neuen Schlafanzug wollte ich mir sowieso kaufen, das kann ich also gleich noch mit erledigen. Auch eine Zahnbürste kriege ich in der Apotheke. Und viel mehr brauche ich nicht – nur mein Portmonee natürlich!" Sie lachte und sah Frido dabei an.

Komisch fand Sylvie es schon, dass der Vater gar nichts dagegen hatte. Nun, er wusste wohl, dass er Su ihre spontanen Ideen nicht ausreden durfte.

„Aber morgen habe ich Geburtstag", Sylvie wagte noch einen Einwand. „Bist du dann nicht da?"

„Doch, doch!", erwiderte Susanne. „Wart's nur ab!"

„Dann werde ich neun! Aber ich weiß ja, dass ich mein Geschenk heute schon bekommen habe. Danke, Frido, es war ganz toll!" Sie gab ihm einen Kuss.

„Ich komme bestimmt rechtzeitig zurück und feiere mit euch. Ich freu mich schon riesig darauf! Morgen fahr ich früh aus Bergen ab. Ich denke, dass ich spätestens um elf bei euch sein werde. Ich rufe an, wenn ich in Schaprode abfahre. Ihr holt mich doch beide ab?"

„Darauf kannst du dich verlassen. Ich freue mich ganz besonders darauf!" Frido blickte Su lachend an.

Später brachten sie Su in ein kleines Hotel. Dann fuhr Vater Frido mit Sylvie nach Schaprode und brachte das Auto in den Schuppen des Fischers. Sie hatten Glück, ein Motorboot wartete am Hafen, das nahmen sie und setzten direkt nach Kloster über. Es wurde langsam dunkel, die See und der Himmel färbten sich grau, im Leuchtturm flammte der Scheinwerfer auf, sein Lichtstrahl kreiste hell über der Insel.

„Schau, da ist der Abendstern", rief Sylvie. Sie zeigte ihrem Vater den funkelnden kleinen Stern.

„Richtig heißt er Venus", erklärte Frido. „Sie ist ein Planet unseres Sonnensystems, der wie die Erde um die Sonne kreist und von ihr angestrahlt wird!"

„Ja?" Aber Sylvie beobachtete lieber eine Lachmöwe, die immer wieder heranflog und krächzend über dem Boot schrie. Der Wind frischte auf, noch nicht so, dass die See unruhig wurde, aber er fuhr in Sylvies Haare, die wild um ihren Kopf flatterten. Dann wurde sie still, sie war müde. Sie saß auf einer der vorderen Bänke und träumte vor sich hin. Auf dem Wasser kommt man leicht in diese träumerische, versonnene Stimmung. Sie dachte an die Zirkusvorstellung, aber besonders dachte sie an das sandfarbene Pony. Hatte sie es sich eingebildet, oder hatte es sich wirklich nach ihr umgesehen, als sie fortgegangen war?

„Schade, dass Su nicht bei uns ist", sagte sie leise.

Frido drückte sie fest an sich. So, eng aneinander geschmiegt, fuhren sie bis nach Kloster, durch die Pfähle hindurch, auf denen die Kormorane wie schwarze Kobolde saßen.

Sylvie schlief wie ein Murmeltier. Sie schlief sogar ziemlich lang, bis in den achtundzwanzigsten August hinein – ihren neunten Geburtstag. Vater Frido kam in ihr Zimmer, ganz früh, mit einem gemalten Blumenstrauß, mit einem Ölbild, das er nur für sie gemalt hatte. „Herzlichen Glückwunsch, neunjährige Dame", rief er und stellte das Bild so auf den Tisch, dass es nicht umfallen konnte. Die Blumen leuchteten in allen Farben. „Dieser Strauß wird niemals welken, so wie meine Liebe zu dir", sagte er lachend. „Er soll dich dein Leben lang an diesen Morgen erinnern. Und es ist auch ein ganz besonderer Tag, das wirst du bald sehen!“

„Was machst du für ein geheimnisvolles Gesicht?“, fragte sie. „Gibt’s noch eine Überraschung?“

„Na, warte es ab! Jetzt steh auf und zieh dich an! Vergiss nicht, dich zu waschen, und dann komm zum Frühstück runter!“

Er küsste seine Tochter auf die Backen, erst auf die rechte, dann auf die linke, und sie küsste ihn auch. Dann war er verschwunden.

Sylvie beeilte sich. Sie schlüpfte in ihren braunen Overall, dessen Träger breite Linien über ihren hellblauen Baumwoll-Nicki zogen. Ihre Haare bürstete sie so eifrig, dass ihr rotbrauner Wuschelkopf fast ganz ordentlich aussah. Dann lief sie die Treppe hinunter. Da war der Frühstückstisch gedeckt, neun Geburtstagskerzen brannten, Frido hatte Musik aufgelegt, ein fröhliches Flötenkonzert, und neben ihrem Teller lagen zwei Pferdebücher, ein Karton mit Spielen und eine riesige Pralinenschachtel.

„Danke!“, rief sie und fiel ihm noch einmal um den Hals.

„Ich dachte mir …“, er stockte. Dann fuhr er fort: „Die Spiele sind vielleicht ganz nett für uns drei!“

„Das ist auch ein Geburtstagsgeschenk“, sagte Sylvie ganz ernst, und Frido wusste, was sie meinte.

Er legte den Arm um sie. „Es ist sehr schön für mich, dass du dich darauf freust“, sagte er. „Auf die Zeit mit uns dreien!“

„Hat Su schon angerufen?“, fragte Sylvie.

Im gleichen Augenblick klingelte das Telefon. „Lass mich!“, rief sie und riss ihm den Hörer, den er gerade abnahm, aus der Hand. „Hallo, Su …“ Dann lauschte sie. Endlich sagte sie: „Danke, vielen Dank!“ Dann lauschte sie wieder. Sie fragte: „Ja, aber warum fährst du mit dem Schuber?“ Zum Schluss rief sie: „Tschüss! Aber klar, wir kommen!“

Sie legte auf. Verwundert fragte sie Vater Frido: „Su fährt mit dem Schuber! Das verstehe ich nicht! Der Schuber ist doch nur das Versorgungsschiff, für die Lastwagen und den anderen Kram, der nicht in die kleinen Dampfer passt. Warum kommt Su nicht mit dem Motorboot? Oder mit dem Wassertaxi?“

„Keine Ahnung, Spatz. Vielleicht geht der Schuber gerade günstig für sie ab. Er nimmt ja auch andere Passagiere mit. Also gehen wir eben zu seiner Anlegestelle!“

„Die ist aber viel weiter!“

„Das werden wir wohl gerade noch schaffen!“

Sie gingen bald, zwanzig Minuten Weg, erst durch den Gutshof in Richtung Grieben, dann in einer großen Kurve am Feldrand entlang. Als sie auf der kleinen Erhöhung ankamen, von wo aus es zur Anlegestelle hinabging, sahen sie den Schuber bereits, das schwarze breite Boot, vorn so ausgebaut, dass Lastwagen hineinfahren konnten wie in eine Fähre.

Und da stand Su, sie winkte fröhlich. Sylvie und Frido winkten zurück. Verstehen konnte man nichts, denn der Motor tuckerte zu laut. Jetzt schwenkte Su ihren roten Seidenschal, der wie ein Signal leuchtete.

Da der Schuber vorn, wo die Autos aus- und einfahren konnten, kein Geländer hatte, konnten sie Su bald fast bis zu den Füßen sehen, die ganze Gestalt, nicht nur ihren Oberkörper. Und neben ihr … sie hielt einen Strick oder eine Leine. Neben ihr stand ein Tier … Ein Kalb? Nein, vielleicht eher ein großer Hund … Oder … oder …?

„Oh, Paps!“, stotterte Sylvie. Sie konnte vor Überraschung kaum sprechen. „Paps! Nein … nein!“ Und noch einmal: „Nein!“ Aber es war ein einziger Jubelschrei. „Ein Pony! Ein Pony!“ Dann wurde sie ganz still, und Tränen stiegen in ihre Augen. Sie warf ihre Arme um den Vater und drückte sich an ihn.

Nun sah sie das Tier deutlicher, es schaute aufmerksam geradeaus. Es war fast so, als ob es Sylvie ansehen würde, sie, nur sie …

„Das kann doch nicht wahr sein …“, flüsterte Sylvie. „Du, Paps, sag, dass es wahr ist!“

„Es ist wahr“, antwortete Frido. „Es ist dein Pony, Sylvie, die kleine Goldie aus dem Zirkus. Man wollte sie verkaufen. Das Schild hing daneben, aber Su hat es abgenommen, denn du solltest es nicht lesen. Su ging gleich zu den Zirkusleuten, deshalb kam sie später wieder in die Vorstellung, und deshalb blieb sie über Nacht in Bergen – um alles zu regeln und dir Goldie heute zu bringen. Es war ihre Idee, dir die Kleine zu schenken, allein hätte ich nicht den Mut dazu gehabt. Aber wenn Su nun mit uns lebt, also noch ein Mensch da ist, der sich um das Pony kümmern kann ... dann ..."

Sylvie hörte nicht mehr zu. Sie war längst ganz dicht an die Anlegestelle gelaufen, wo das Versorgungsschiff seine breite Laderampe ganz langsam näher schob und endlich begann anzulegen. Sylvie aber sah nur das Pony, seine dunklen, freundlichen Augen, die ganz zutraulich schauten, seinen Kopf mit dem hellen Stirnschopf, die goldfarbene Mähne, seine spitzen, aufmerksam spielenden Ohren, das sandfarbene Fell – eben das ganze kleine Tier, die vier kurzen Beinchen auf runden, aber kräftigen und festen kleinen Hufen, und den langen Schweif, der so goldfarben war wie die Mähne.

Kaum konnte Sylvie den winzigen Streifen Wasser, der den Schuber noch vom Land trennte, gefahrlos überspringen, war sie auch schon drüben. Su hielt ihr die Hand entgegen und zog sie zu sich heran, Sylvie landete in ihren Armen. Su nahm sie hoch und küsste sie. Da war auch Frido schon an Bord. Er legte Sylvie von der anderen Seite den Arm um die Schulter. „Du bekommst das Pony, und ich bekomme Su", sagte er lachend zu Sylvie. „So ist es doch ganz gerecht, findest du nicht?"

„Ja, aber ich bekomme Su *und* das Pony, das ist viel mehr!"

„Das ist schon in Ordnung", meinte er.

Sylvie schlang die Arme um den Hals des ruhig dastehenden Ponys. Es drehte ihr den Kopf zu und schnupperte prüfend an ihrer Schulter. Sie kannten sich ja noch nicht – aber sie würden Freunde werden, da war Sylvie ganz sicher.

Oben auf der Anhöhe, hinter einem Busch, erschien der Strubbelkopf eines Jungen.

„Da ist Uwe!" Vater Frido deutete hinauf. „Er muss uns gefolgt sein!"

„Uwe! Uwe!", rief Sylvie ihm zu. „Komm schnell! Sternenauge war gar nicht die verzauberte Prinzessin. Dies ist sie, und sie heißt Goldie. Aber bei mir soll sie Goldhaar heißen. Komm runter!"

Goldhaar

Das war ein Morgen! Die Sonne strahlte so, wie man es sich schöner nicht wünschen konnte. Dazu strich ein ganz leichter Wind über die grünen Hügel der Insel Hiddensee. Es war ein frischer, heiterer Wind, der einen fröhlich machen konnte, wenn man es nicht sowieso schon war.

Man – das waren vier Menschen, die gemeinsam von der Anlegestelle des Schubers über die sandigen Wege heimwärts wanderten. Der Schuber – so wurde das breite, flache Versorgungsschiff genannt, das aussah wie eine Fähre, auf dem die größeren Waren und Lasten, sogar Autos, von Rügen aus herübergebracht werden. Der Schuber transportierte aber auch Menschen und manchmal Tiere.

An diesen vier Leuten war eigentlich nichts Besonderes zu entdecken: Es waren zwei Erwachsene, ein schlanker Mann und eine sehr hübsche Frau, und zwei Kinder, ein Mädchen und ein Junge. Außergewöhnlich, zumindest für die Insel, war aber das kleine Pferd, ein Pony, das mit ihnen ging, zwischen den beiden Kindern. Die Erwachsenen gingen hinterher, hielten sich an der Hand und sahen sehr glücklich aus.

Das Mädchen hatte rotbraune Wuschelhaare, es trug einen hellblauen Baumwoll-Nicki und einen braunen Overall. Es hieß Sylvie. Der Junge, der auf der anderen Seite des Ponys ging, hieß Uwe. Er war nicht Sylvies Bruder, was man auf den ersten Blick hätte denken können. Manchmal war er Sylvies Freund, manchmal konnte sie ihn aber auch nicht leiden; jedenfalls waren sie Schulkameraden. Uwe wohnte eigentlich in Vitte, etwa einen Kilometer entfernt, während das *Haus Schwalbennest,* in dem Sylvie mit ihrem Vater Frido lebte, am Abhang des Hügels von Kloster auf Hiddensee stand. Von ihrem Schlafzimmerfenster aus konnte Sylvie den Leuchtturm sehen.

Uwe, um das noch schnell zu sagen, hatte strohblonde, fast weiße Haare, die ihm bis in die Stirn fielen; er war klein und seine stämmige Gestalt steckte in einer zerknautschten Latzhose. Er strahlte über das ganze Gesicht und lief an der rechten Seite des Ponys, während Sylvie es links am Führstrick hielt.

Das kräftige kleine Tier setzte die kleinen Hufe anmutig auf, im raschen Takt seiner Schritte. Seine flachsfarbene Mähne, die sich wie blasses Gold von dem sandfarbenen, ein wenig dunkleren Fell abhob, wehte im Wind. Hinten fiel der lange Schweif fast bis zum Boden hinab. Immer wieder schlug ihn das Pony munter hin und her.

Zur rechten Seite lagen die gelben, geernteten Stoppelfelder des Klostergutes, Tauben und Krähen stürzten sich darauf und suchten in den letzten liegen gebliebenen Halmen nach Körnern, während darüber kreischende Möwen ihre Kreise zogen.

Da kam ihnen ein älterer Mann entgegen. Er trug braune Arbeitskleidung, sein Gesicht war faltig und gutmütig, die ganze Gestalt krumm. Auch seine Beine waren krumm – so krumm, dass ein Hund zwischen den Knien hätte hindurchschlüpfen können, während seine Füße doch eng nebeneinander standen. Darüber lachte Sylvie oft heimlich.

„Ja, Emil! Herr Deckert!“, begrüßte Frido, Sylvies Vater, den Mann und rief ihn schon von weitem an.

Und der so Angeredete antwortete: „Na, so etwas! Herr Perlmann! Ich weiß gar nicht, an wen ich mich zuerst wenden soll, an Ihre Begleiterin …“

„Susanne Erikson“, stellte Frido sie vor. „Sie wohnt jetzt bei uns. Und das, Su, ist Herr Deckert, aber alle nennen ihn nur Emil. Er lebt auf dem Gutshof und ist hier der gute Geist, ein Helfer in allen Lebenslagen!“

„Freut mich“, sagte Su, indem sie Emil die Hand hinstreckte, die dieser gleich festhielt. Dann wandte er sich an Sylvie und fragte: „Aber was sehe ich denn da? Ein richtiges kleines Pferd? Ein Pony! Ich dachte, das Pony wäre wieder abgereist!“

„Ach, das Pony, das weggefahren ist, sah doch ganz anders aus! Das war Sternenauge. Sie gehörte meinem Vetter Kai und war nur über die Ferien bei uns“, erklärte Sylvie. „Das ist jetzt mein Pony. Ich habe es geschenkt bekommen. Ich habe nämlich heute Geburtstag und werde neun!“

„Na, dann gratulier ich recht schön! Es soll dir gut gehen, Sylvie. Und besonders gratuliere ich dir zu diesem wunderschönen Geschenk! Das Pony hat doch wirklich die hübscheste Mähne der Welt! Ein bisschen heller als das übrige Fell. In der Sonne glänzt sie – wie, ja wie ein Heiligenschein!“

„Na, das denn wohl doch nicht“, meinte Frido lachend. „Wir wollen ein richtiges kleines Tier und keinen Engel!“

Emil Deckert fuhr fort: „Das Pony wird es sicher gut bei dir haben, Sylvie, das hoffe ich jedenfalls. Ich wäre auch gern Pony bei dir!“ Er lachte über seinen eigenen Witz, redete aber gleich weiter: „Woher habt ihr das Pony? Es war doch nirgendwo Pferdemarkt, jedenfalls habe ich nichts davon gehört oder gelesen.“

„Das Pony kommt aus dem Zirkus *Atlas,* der gerade in Bergen auf Rügen gastiert“, erklärte Frido. „Es wurde dort zum Verkauf angeboten. Ja und weil Sylvie sich doch so sehr ein Pony wünschte und weil ich nun ja auch nicht mehr allein bin, denn allein hätte ich es mir nicht zugetraut, ein Pony zu versorgen, deshalb haben wir es gekauft. Aber nun haben wir ja Su, ich meine, Frau Erikson, die mit vielen Tieren aufgewachsen ist und Sylvie helfen will, sich um das Pony zu kümmern. Naja und weil man ja nur einmal im Leben neun Jahre alt wird – Sie verstehen schon, Emil –, da haben wir uns gestern Abend in der Pause, als wir in der Tierschau waren, entschlossen, es zu kaufen. Das Pony brauchte einen guten Platz. Ich finde es auch sehr hübsch."

„Ja, so ein Tier ist etwas Besonderes", meinte Emil Deckert. „Freilich, es legt einem auch jede Menge Verantwortung auf. Na, daran lernt man ja auch. Und es kommt also aus dem Zirkus? Ein Shetlandpony, wenn ich richtig sehe?" Damit zeigte er sich als der Pferdekenner, der er auch war.

„Ein Shetty!", rief Sylvie, stolz auf ihr eigenes Pony.

„Dann wollen wir die Zirkusprinzessin doch einmal etwas näher ansehen", meinte Emil Deckert.

Da alle stehen blieben, trat er zu dem Pony, fasste es unter das Maul, schob die Unterlippe ein wenig herab, die Oberlippe etwas nach oben und schaute sich die Zähne an.

„Hm", sagte er. „Na ja, so weit ganz gut!"

Sylvie atmete auf.

Das Pony schüttelte den Kopf und Emil ließ los.

Dann ging er langsam um das Tier herum und betrachtete es von allen Seiten, strich ihm über die Kruppe, über die Flanken und hob jeden Huf einzeln auf. „Es scheint in dem Wanderzirkus nicht gut gepflegt worden zu sein“, meinte er dann. „Wie heißt es überhaupt?“

„Wir haben es Goldhaar genannt, sagen aber einfach Goldie“, antwortete diesmal Su. „Im Zirkus hieß es, glaube ich, Arabella, aber auf ihrem Schild stand Goldie. Und Goldie passt doch besser zu ihr, nicht wahr?“

„Goldhaar ist ein schöner Name“, sagte Emil Deckert. Er nickte.

„Ja“, rief Sylvie. „Sie heißt Goldhaar, sie heißt Goldie und nicht anders. Mit dem neuen Namen soll sie auch den Zirkus vergessen. Bei uns soll sie es besser haben! Das verspreche ich!“

„Sie ist doch nicht etwa krank?“, fragte Frido besorgt. In Sylvies Augen trat ein erschrockener Ausdruck. Das war doch nicht möglich, dass ihr Pony krank war! Goldie war das hübscheste und gesündeste Pony der Welt – eben ihr Pony.

„Nein, dass Goldie krank ist, kann ich nicht sagen, dann sähe sie wohl anders aus. Aber das endgültig entscheiden und sie untersuchen kann nur ein Tierarzt.“

„Es gibt aber keinen Tierarzt auf Hiddensee“, murmelte Frido, der etwas Angst vor seinem eigenen Mut bekam. Vielleicht war es doch ein Fehler gewesen, das

Pony zu kaufen. Was sollten sie tun, wenn es wirklich krank war?

Sylvie schob die Unterlippe vor und sah Emil ängstlich an.

Der meinte lächelnd: „Nur keine Panik. Noch brauchen wir keinen Tierarzt. Zwar bilde ich mir nicht ein, dass ich einen Tierarzt ersetzen kann, aber von Pferden verstehe ich doch ein wenig. Vielleicht sogar mehr als mancher frisch der Hochschule entsprungene Doktor. Schließlich bin ich ein ganzes Leben lang mit Pferden umgegangen und habe viele versorgt, gefüttert und behandelt, auch wenn sie krank waren. Wissen Sie, was ich an Goldie vermute, das sind kleine Dinge, um die wir uns aber kümmern müssen, damit sie nicht schlimmer werden. Ich finde, sie ist zu mager, man kann die Rippen sehen und der Hals ist auch sehr dünn. Sie hat auch ausgewachsene Hufe, die beschnitten werden müssen. Wenn Sie wollen, komme ich später zu Ihnen hinauf – da hat Goldie wohl ihren Stall?"

„Ja, wir haben ihr unseren Holzschuppen hergerichtet", bestätigte Frido. „Zuerst freilich für Sternenauge, das Pony meines Neffen Kai, das er über die Ferien mitgebracht hatte. Da ahnten wir noch nichts von Goldie."

„Den Schuppen kenne ich", sagte Emil Deckert. „Der ist trocken und luftig und gut geeignet. Das Pony soll ja sowieso meist draußen sein und braucht ihn nur im Winter oder wenn es sich nachts mal unterstellen möchte. Ich dachte, Sie benutzen ihn sonst als Abstellraum für Ihre Bilder. Na, ist ja egal, ich komme nachher zu Ihnen und gebe Sylvie gern den einen oder anderen Rat. Sie kann sich auch später immer an mich wenden, wenn es einmal Probleme geben sollte. Ich bin ja leicht erreichbar im Gutshof, sogar telefonisch und da ich nun in Rente bin, habe ich auch genug Zeit. Ich freue mich, wenn ich noch nützlich sein kann und gebraucht werde."

„Da dank ich auch schön!", rief Sylvie, die sich nun richtig freute und den alten Emil Deckert anlächelte.

Damit trennten sie sich.

Etwas weiter entfernt, auf der breiteren Straße von Grieben nach Kloster, rollte der Pferdewagen von Ulf Schluck, der ein kleines Transportunternehmen auf der Insel Hiddensee betrieb. Hier durften ja keine Autos fahren, vom Arzt und einigen wenigen anderen Leuten abgesehen. Auf der Ladefläche seines Wagens brachte Ulf Schluck eine Kiste mit den nötigsten Dingen zum *Haus Schwalbennest,* eine Kiste mit Zaumzeug und dem Sattel, eine karierte Decke, Putzzeug – und was man sonst noch für die Pferdepflege braucht. Außerdem etwas Spezialfutter, so genanntes Mash, das man anrühren musste, ein Gemisch aus Hafer, Leinsamen und Kleie.

Su hatte gestern gleich das Nötigste der Ausrüstung

im Zirkus *Atlas* mit eingekauft, gebraucht natürlich. Es gab ja kein Geschäft für Reitsportartikel, noch dazu für ein so kleines Pony, wie Goldhaar es war, in Bergen auf Rügen. Außerdem war es gebraucht billiger. Auf der Insel Hiddensee konnte man diese Dinge nicht bekommen; man hätte sich alles schicken lassen müssen. Die Zirkusleute hatten sie gern beraten, ein älterer Mann und eine rundliche, schwarzhaarige Frau. Sie hatte Su noch ein gut erhaltenes Stallhalfter für das Pony mitgegeben. Die Frau sprach Deutsch mit einem kleinen Akzent, sie war Italienerin. Die beiden waren übrigens irgendwie sonderbar gewesen, hatte Su gefunden. Sie waren eigentlich ganz nette Leute, das schon, aber irgendwie sehr in Eile, hastig, obwohl die Vorstellung doch vorüber war, wie wenn sie den Verkauf recht schnell hinter sich bringen wollten oder als hätten sie dabei ein schlechtes Gewissen. Sie waren mit Su allein im Stallzelt gewesen und Su hatte mehrmals den Eindruck gehabt, als ob sie sich verstohlen umgeschaut hätten und erleichtert darüber waren, dass niemand kam.

Aber Su hatte nicht weiter darüber nachgedacht. Es war nur so ein Eindruck gewesen, doch sie war sicher, dass sie sich nicht getäuscht hatte.

Als sie eine Weile weitergewandert waren, immer auf dem sandigen Weg und dann den Hügel empor, sahen sie das *Haus Schwalbennest*, in dem Frido Perlmann mit Sylvie wohnte. Das Haus, in das nun auch Su einziehen wollte als Sylvies neue Mutter. Su – also Susanne Erikson – war eine junge Schauspielerin aus Berlin, die in der *Pension Lietzenburg* Urlaub gemacht hatte. Frido hatte sich in sie verliebt und hatte sie malen wollen. Daraus war gegenseitige Liebe entstanden und Sylvie, deren richtige Mutter bei einem Autounfall ums Leben gekommen war, war froh darüber. Sie mochte Su sehr. Frido und Su würden sicher bald heiraten, das hoffte Sylvie jedenfalls. Wenn Su dem Mädchen nicht versprochen hätte, ihr bei der Versorgung des Ponys zu helfen, wäre Goldie auch nie hergekommen.

Haus Schwalbennest war weiß, es hatte ein tief herabgezogenes Dach, das mit einer dicken Schicht aus Reet gedeckt war. Reet sieht so ähnlich aus wie Stroh, nur dass die Halme braungrün sind. Es war ein hübsches Haus, mitten in einem Garten, der eigentlich nur aus einer wild wuchernden Wiese bestand, umgeben von einem Zaun, der das Anwesen vor den manchmal recht aufdringlichen Tagestouristen abschirmte, die im Sommer in Scharen auf die Insel kamen.

Uwe rannte voraus, er öffnete das Gartentor. Er

kannte sich hier gut aus. Sylvie führte Goldie gleich in den Stall. Sie zeigte ihr alles und rief: „So, das ist nun dein neues Zuhause! Hier bleibst du für immer! Du sollst dich wohl darin fühlen."

Das kleine Pony spielte mit den Ohren und trat an die Futterkrippe, in der sich noch Haferkörner von Sternenauge, dem Pony von Kai Krukow, befanden. Die beiden waren ja erst vor wenigen Tagen abgefahren. Zufrieden begann Goldie die Haferkörner zu mampfen.

„Los, Uwe, hilf mir!" Sylvie nahm den Eimer und lief mit Uwe ins Haus, um Wasser zu holen. Als sie zurückkamen, trugen sie das volle Gefäß gemeinsam, aber einige Platscher schwappten ihnen über die Füße. Sie lachten darüber.

Sylvie stellte Goldie den Eimer hin, und die Ponystute begann gleich zu trinken. Lange trank sie, denn sie war durstig.

„Mein Gott, hat sie Durst", meinte Su, die am Eingang zum Stall stand und zuschaute. Sie hatte sich in Fridos Arm eingehängt, die Beine überkreuzt und einen Fuß auf die Spitze gestellt. So stand sie oft.

„Und jetzt lassen wir Goldie mal auf die Wiese", erklärte Sylvie, als das Pony das tropfende Maul aus dem Eimer hob und sich mit großen, dunklen Augen umschaute. „Uwe, sieh mal nach, ob das Gartentor auch wirklich fest zu ist, damit sie uns nicht davonläuft. Denn dann müssten wir stundenlang hinter ihr herrennen, wie damals bei Sternenauge."

Uwe brummte. Er wusste ganz genau, dass er das Tor zugemacht hatte, schaute aber doch nach. Sicherheitshalber – er erinnerte sich nur ungern daran, dass Sternenauge einmal nachts fortgelaufen war – durch seine Schuld.

Sylvie führte Goldie zur Stalltür, dort ließ sie sie los und gab ihr einen kleinen auffordernden Klaps auf die Hinterhand. Goldie verstand sofort. Erst stand sie ganz still und schaute hinaus, wobei ihre Nüstern sich ein wenig weiteten und sie schnell atmend schnupperte. Pferde können noch besser wittern und riechen als Hunde. Und was Goldie hier roch, das schien ihr zu gefallen. Der Duft des frischen Grases stieg ihr aromatisch und verlockend in die Nase. Sie setzte erst zwei, dann die nächsten beiden Hufe vor – dann quietschte sie, keilte aus und rannte davon. Sie buckelte vergnügt und raste mit übermütigen Galoppsprüngen bis zur hintersten Ecke des Gartens.

Mit leuchtenden Augen stand Sylvie in der Stalltür und schaute ihrem Pony nach, das sich jetzt mit einem wohligen Seufzen zu Boden fallen ließ, um sich voller Genuss auf der Wiese zu wälzen. Doch gleich darauf sprang es wieder auf und schwebte mit kurzen, graziösen Schritten über die Wiese.

„Wie schön sie trabt!“, rief Sylvie begeistert.

Goldie kam näher, ihre flachsfarbene Mähne wehte, sie schnaubte fröhlich. In ihren runden Augen spiegelte sich das Himmelslicht. Ihre Schritte wurden weich und federnd. Als sie herangekommen war, umfasste Sylvie ihren Hals. Goldie ließ es geschehen, sie beruhigte sich und begann freundlich den Kopf an Sylvies Schulter zu reiben.

Vater Frido zog Su näher an sich heran. Er spürte, wie glücklich seine Sylvie war, und das ließ auch in ihm ein großes Glücksgefühl aufsteigen. Ja, dachte er, wir haben es richtig gemacht, ganz richtig. Und er dachte weiter, wobei er seine Beziehung zu Su einbezog: Wir machen überhaupt alles richtig, wir drei – jetzt also wir vier.

Die schöne, junge Frau erwiderte den Druck seines Arms und schmiegte sich an ihn.

Gegen Abend kam Emil Deckert. Er brachte noch ein paar nützliche Kleingeräte mit, die im Gutshof übrig waren. Manche waren noch handgefertigt. Der alte Schluck war schon vorher mit seinem Pferdewagen gekommen und hatte die Kiste und den Sack abgeliefert, sodass Sylvie und Uwe den Stall bereits eingerichtet hatten: Da hingen das Halfter, der etwas abgewetzte Sattel, der aber noch in Ordnung war und Goldie passte, ein Führstrick, das Zaumzeug mit leichtem Gebiss. Frisches Stroh war aufgeschüttet, der Wassereimer stand neben der Futterkrippe, und die unvermeidlichen Fliegen summten.

„Ja, Sylvie", begann Emil Deckert, nachdem er Goldie den Hals geklopft hatte. „Meine Kleine, das habt ihr schön aufgeräumt!" Sylvie schaute ihn empört an, denn sie mochte nicht „Kleine" genannt werden.

Emil Deckert merkte das nicht, nur Uwe sah es und er grinste.

Emil redete unaufhörlich: „Eure Wiese wird doch wohl nicht gedüngt, oder?"

Sylvie schüttelte den Kopf. „Es ist ein Ökogarten!", erklärte sie. „Auch die Pflanzen werden nicht künstlich gedüngt!"

„Das ist gut. Die Wiese soll mager sein. Auch die Hügel draußen tragen nur dürres Gras. Fettes Gras wäre schlecht für dein Pony. Es würde seinen Magen und die Verdauung überlasten. Ja, nun kommen viele neue Dinge auf euch zu", fuhr er fort, indem er Uwe selbstverständlich mit einbezog. „Ihr solltet euer Pony regelmäßig füttern, tränken, putzen und spazieren führen. Und der Stall muss natürlich immer frisch ausgemistet werden."

„Es ist mein Pony", meldete sich Sylvie energisch.

„Na, sei froh, dass du jemanden zur Hilfe hast", meinte Emil Deckert. „Ihr müsst ihm den Schmutz aus dem Fell bürsten und ihm Mähne und Schweif kämmen. Ohren und Augen werden mit einem Schwamm gewaschen, aber ganz sanft."

Er zeigte Sylvie, wie sie Goldies Fell säubern sollte. Er bürstete ihr dichtes Fell mit langen Strichen, sodass der Staub aufwirbelte. „Man muss das gründlich machen", brummte er. „Und nicht schnell und hastig, sondern so!"

Goldie stand ganz still. Sie schien das Bürsten zu mögen. Manchmal drehte sie Sylvie den Kopf zu und prustete ihr leicht in den Nacken. Sylvie mochte das, auch wenn es kitzelte. Goldie zeigte damit, dass sie sie gern hatte.

„Hast du einen Apfel?“, fragte Emil Deckert. „Gib ihr nach dem Putzen ein paar Stücke.“

„In der Küche sind welche“, sagte Sylvie. Sie mochte aber jetzt nicht weggehen.

„Ich hole sie“, rief Uwe. Er rannte los und kam gleich wieder. Ganz selbstverständlich nahm ihm Sylvie den Apfel ab. Das fehlte noch, dass Uwe Goldie fütterte und nicht sie. Emil Deckert schnitt die Frucht in vier Teile. Sylvie reichte Goldie ein Stück auf der flachen Hand und spürte entzückt die weichen Lippen, den warmen Atem des goldfarbenen Ponys.

Goldie zermalmte genüsslich die Apfelstücke mit den Zähnen. Auffordernd stieß sie Sylvie an: Sie wollte mehr, der Apfel schmeckte ihr.

Emil Deckert hatte auch einen grobgezinkten Kamm für die Mähne und den Schweif mitgebracht und eine Heilsalbe gegen Entzündungen. „Ihr müsst ihre Hufe und Fesseln abwaschen. Die Augen werden am besten mit einem weichen Lappen ausgewaschen, der in klares Wasser getaucht wurde. Für die Beine nimmst du am besten ein mildes Pferdeshampoo, Sylvie. Du wirst manchmal so arbeiten müssen, dass du ins Schwitzen kommst, und froh sein, wenn Uwe dir etwas abnimmt. Du musst deinem Pony auch den

Stirnschopf ordnen, sonst verfilzt er. Hufeisen bekommt es nicht, hörst du, man lässt ein Pony hier barfuß gehen, die Hufe müssen aber regelmäßig geschnitten werden. Schmutz, Mist, Erde und festgeklemmte Steine entfernt man mit solchen Hufkratzern!" Emil gab ihr ein gebrauchtes Werkzeug. „Nimm ja keine Nägel oder andere spitze Gegenstände dazu, mit ihnen könntest du die Hufsohlen verletzen. Zur Not taugt auch ein abgerundeter Holzstab. Aber gib Acht, dass der keine Splitter hat, das wäre gefährlich. Fremdkörper sollst du nur vom Tierarzt aus den Hufen entfernen lassen – du kannst aber auch erst einmal mich rufen. Ich komme gern, um dir zu helfen. Die trockenen Hufe werden zuerst gewaschen und dann eingefettet, aber nicht zu oft. Zu viel Feuchtigkeit schadet den Hufen, während du rissige Hufe nur mit einer trockenen Bürste abreiben sollst, bevor du sie einfettest. Es gibt auch spezielles Huföl für bröcklige, rissige Hufe. Ich habe dir etwas mitgebracht."

„Danke", sagte Sylvie sehr leise. Sie hatte all das zwar schon in einem Buch über Pferdepflege gelesen, aber was ist ein Buch gegen die Wirklichkeit! Als sie es las, klang alles zwar interessant, aber auch irgendwie weit weg. Doch wie Emil Deckert es ihr jetzt am lebendigen Pony erklärte, die Hufe der kleinen Stute hob und Sylvie alles zeigte, wie er Mähne und Schweif über die Hand gleiten ließ, da war alles so nah und wirklich, und Sylvie spürte die große Verantwortung für dieses Tier plötzlich fast körperlich.

Sie machte die Augen zu und dachte, dass sie alles richtig machen wollte, dass sie sich Mühe geben wollte und nie nachlässig sein würde. Sie wusste aber auch, wie schwer es ihr immer fiel, geduldig bei einer Sache zu bleiben. Jetzt dachte sie daran, dass Su ihr einmal gesagt hatte, dass es für sie sicher nicht nur schön, sondern auch ganz wichtig sein könnte, mit einem Tier zusammenzuleben und Verantwortung zu übernehmen.

Schnell machte sie die Augen wieder auf und sah Uwe mit seinen zerbeulten Hosen neben Emil Deckert stehen. Sie lächelte ihn an. Es war doch gut, einen Freund zu haben, der das Pony auch gern hatte. Und Uwe mochte Goldie, das war klar.

Emil Deckert schnitt Goldie die Hufe aus und strich Holzteer auf die Hufwände.

All das ließ das Pony geduldig geschehen. Goldies große, runde Augen blickten freundlich, ihre Ohren spielten und die Nüstern waren aufmerksam geweitet.

Als alles getan war, gab Emil Sylvie noch ein paar Ratschläge, die sie überflüssig fand, denn sie wusste das alles längst. Aber der alte Mann redete nun einmal gern. Er sagte: „Wenn du zu Goldie gehst, mach es so, dass sie dich vorher sieht, komm am besten von vorn oder von der Seite. Und sprich sie an! Wenn du unbemerkt von hinten kommst und sie erschrickt, könnte sie ausschlagen, und das kann selbst von so einem kleinen Tier verdammt weh tun!“

Sylvie war trotzdem dankbar für die Ratschläge

und seine Hilfe, aber sie war dann doch froh, als er sich endlich verabschiedete. Er versprach, bald wiederzukommen und versicherte nochmals, dass Sylvie ihn immer rufen könnte, wenn sie ihn brauchte. Dann verschwand er.

Sylvie und Uwe klopften dem Pony den Hals. Sylvie strich ihm über die Mähne und streichelte Goldies dicken Stirnschopf. „Nun bist du ganz hier zu Hause“, flüsterte sie. „Du sollst es sehr gut haben und wirst nie, nie wieder weg müssen.“ Sie hielt Goldie die flache Hand vor das Maul und spürte den warmen Atem aus den Nüstern, fühlte die weichen Lippen, die über ihre empfindliche Handfläche schnoberten, und die kitzelnden feinen Härchen.

Dann musste Uwe nach Hause. Der Abend kam, die Schwalben flogen tief. „Gute Nacht“, sagte Sylvie leise und hielt Uwe die Hand hin. Er lachte und knuffte sie freundschaftlich. Dann drehte er sich um und lief davon, über den Sandweg den Hügel hinab nach Kloster. Bis nach Vitte, dem Dorf mit den weißen Häusern auf der flachen Stelle der Insel, hatte er noch über eine halbe Stunde zu laufen.

Sylvie ging ins Kaminzimmer, das man gleich von der Terrasse aus betrat. Su und Frido saßen nebeneinander, sie redeten miteinander, unterbrachen ihr Gespräch aber gleich.

Das Blumenbild, das Frido zu Sylvies heutigem neunten Geburtstag gemalt hatte, stand auf dem kleinen Tisch am Fenster, neben den anderen Geschenken.

Sylvie sagte: „Das war der schönste Geburtstag meines Lebens."

„Und es sollen ihm noch viele wunderschöne folgen", antwortete Vater Frido. Dann sagte er, für Sylvie ganz überraschend: „Su wird jetzt bald nach Berlin fahren!"

Sylvie blickte sie erschrocken an. Gewiss, sie hatte es ja gewusst, aber sie hatte es sich nicht so recht vorstellen können.

„Ja", sagte Su. „Jetzt lasse ich euch beide erst einmal allein, dich und Frido. Du weißt ja, dass ich in Berlin noch allerhand zu erledigen habe. Ich muss meiner Agentin beibringen, dass ich nach Hiddensee übersiedle und nicht mehr regelmäßig Theater spielen und filmen will. Die Theaterferien sind bald zu Ende. Da muss ich mein Engagement an meiner kleinen Bühne kündigen. Das wird nicht schwer werden. Man findet bestimmt schnell Ersatz, an jeder Ecke warten junge Schauspielerinnen. Ich will ein paar Freunde besuchen und mich von ihnen verabschieden. Nur meine kleine Wohnung will ich noch nicht aufgeben. Ich werde sie noch behalten – für die nächste Zeit."

Sylvie fragte besorgt: „Wozu? Du ziehst doch jetzt zu uns!"

Su antwortete nicht. Konnte sie denn jetzt schon wissen, wie sich die Zukunft entwickeln würde?

Noch vor wenigen Tagen hatte niemand geahnt, dass sie hierher ziehen wollte. So viel hatte sich verändert! Su war Feriengast in der *Pension Lietzenburg* gewesen – und dann war es geschehen. Sie hatte Frido getroffen. Aber es war auch von Anfang an klar gewesen, dass sie noch einmal wegfahren musste, um ihre Angelegenheiten zu regeln. Nur Sylvie hatte nicht mehr daran gedacht. Ganz flüchtig kam es ihr auch in den Sinn, dass sie in dieser Zeit ganz allein für Goldie verantwortlich sein würde, weil Su ihr dann nicht helfen konnte – aber sie hatte ja Emil Deckert und Uwe und vielleicht brauchte sie gar niemanden. Ja, das wollte sie am liebsten: niemanden brauchen.

„Wann kommst du wieder?“, fragte sie.

„Sobald ich kann“, sagte Su. „Aber acht Tage werde ich mindestens brauchen!“

„Die Zeit geht auch vorüber“, meinte Vater Frido. „Du kannst mir glauben, Kleine, dass ich Su genauso ungern weglasse wie du!“

Da nickte Sylvie heftig. „Das glaube ich dir sogar“, rief sie. „Und weil es ein so schöner Tag war und weil ihr mir das Pony geschenkt habt, du und Su, will ich dir noch einmal verzeihen, dass du mich Kleine genannt hast!“

Später zündete Vater Frido das Holz im Kamin an, es loderte auf, und im Feuerschein klang der Tag aus.

Am nächsten Vormittag stand ein fremder Junge vor der Tür. Und dann war plötzlich alles ganz anders.

Der Junge mochte dreizehn Jahre alt sein. Vielleicht war er auch jünger. Er kam nicht allein, er hatte einen kohlschwarzen, rundlichen Hund bei sich, der dicht neben ihm stand. Der Junge klopfte einfach an die Glastür der Terrasse. Er hatte pottschwarze Haare, die in winzigen Locken um seinen Kopf lagen. Es sah fast aus wie eine Perücke. Auf seinem Rücken hing ein Seesack halbschräg über einer Schulter, unter einem Arm klemmte eine ziemlich große Puppe mit blonden Haaren in einem weißen Seidenkleid, die spreizte ihre Arme ab. In der anderen Hand quetschte er die Stängel eines Blumenstraußes, der schon ein wenig müde aussah.

Frido hatte die Tür geöffnet und schaute diesen fremden Ankömmling etwas verwundert, aber nicht unfreundlich an. Es kam immer wieder einmal vor, dass ein Gast, der auf Hiddensee Ferien machte, bei ihm anklopfte und nach einem Bild fragte. Freilich noch nie ein halberwachsener Junge. Hinter Frido traten Su und Sylvie an die Tür.

Unten trottete Goldie gemütlich über den Rasen und rupfte Gras ab, das sie andächtig kaute. Der Hund kümmerte sich nicht um das Pony. Er strich an dem Jungen vorbei und ins Haus, das er offenbar erkunden wollte.

„Schneeball, hierher! Willst du wohl!“, rief der Junge

und pfiff seinem Hund, der auch wirklich zurückkam und sich auf Befehl seines Herrn neben ihm niedersetzte und die Nase schnüffelnd reckte.

Sylvie gefiel das kleine, freche Tier.

„Schneeball?“, fragte Frido. „Er heißt Schneeball? Aber er ist doch ganz schwarz, schwärzer geht’s gar nicht mehr!“

„Das ist ja der Witz“, erklärte der Junge. „Jeder sagt das. Sie sind keine Ausnahme. Deshalb hab ich ihn ja auch so genannt. Das finden alle komisch! Schneeball. Und dann so eine lustige schwarze Schornsteinfegerbürste!“

Jetzt hielt es Schneeball nicht mehr aus, still zu sitzen. Er rannte auf die Wiese und tollte um Goldie herum. Sylvie erschrak. Wenn Goldie nun scheute, wenn sie erschrak, auskeilte oder davongaloppierte!

„Halt, halt!“, rief sie und wollte in den Garten rennen.

Aber der Junge hielt sie schnell fest. „Lass mal, die beiden kennen sich und spielen gern miteinander“, erklärte er. Und wirklich tobte der kleine Hund wie wild um Goldie herum. Er kauerte sich nieder, sprang wieder auf, bellte – und Goldie schien das zu gefallen. Sie spielte mit ihm und stupste ihn mit der Nase an.

Sylvie machte sich los und trat ein paar Schritte zurück, blieb aber auf der Terrasse.

Der Junge sagte: „Da sehen Sie es! Ich heiße übrigens Mario!“ Er streckte Su den Blumenstrauß entgegen, wie wenn er eine Bürste wäre. „Der ist für Sie!“

Su nahm den Strauß; sie schaute ihn etwas verwundert an und wusste nicht, was sie davon halten sollte. Sie murmelte: „Danke!“

Dann zog Mario die Puppe unter seinem linken Arm hervor, strich ihr schnell über den Rock und warf sie Sylvie zu, die sie geistesgegenwärtig auffing. „Und die ist für die Kleine“, rief er. „Zum Trost!“

Sylvie hätte ihn umbringen können. Sie war so empört, dass sie ihm am liebsten die Puppe an den Kopf geworfen hätte. Nur ein Rest von Beherrschung hinderte sie daran.

„Ein Trost für was?“, fragte Frido, der nicht wusste, ob er lachen oder sich ärgern sollte.

„Na, weil das Mädchen doch Arabella wieder hergeben muss“, erklärte Mario. „Ich hole sie wieder. Sie gehört mir!“

„Arabella?“, fragte Frido gedehnt, dem plötzlich sehr unbehaglich zu Mute wurde. Er begann zu ahnen, dass Unangenehmes bevorstand. „Was soll das heißen?“

„Na, Arabella ist mein Pony, das Shetty dort auf Ihrer Wiese!“

„Das ist Goldie!“, rief Sylvie. Wut und Angst stiegen in ihr auf.

„Meinetwegen auch Goldie“, antwortete Mario. „Bei uns heißt sie Arabella. Sie haben sie gestern von meinen Eltern gekauft, ich weiß. Aber sie gehört mir und es geschah gegen meinen Willen. Ich wusste nichts davon. Wirklich, ich habe nicht einmal den

Aushang gelesen, den Zettel, den meine Eltern im Tierzelt angepinnt hatten. Mein Vater hat es absichtlich heimlich gemacht, weil er genau wusste, dass ich dagegen sein würde. Ich erfuhr es erst, als Arabella heute früh nicht mehr da war. Na, da habe ich einen Riesenkrach gemacht, aber ich habe auch nicht lange gefackelt. Ich hab meine Eltern ausgequetscht und alles erfahren, Ihre Adresse und von dem Kauf. Und da habe ich mein Sparschwein geschlachtet, fünfhundert Mark waren drin. Ich weiß schon, dass Sie mehr bezahlt haben, aber den Rest bekommen Sie auch, bestimmt, ich stottere alles ab, versprochen ist versprochen."

„So so", sagte Frido nur. Was sollte er mit dieser Situation anfangen? „Du bist also vom Zirkus?"

„Ja doch", erklärte Mario. „Hab ich das noch nicht gesagt? Ich bin der Sohn vom Direktor. Meinem Vater gehört der Zirkus *Atlas*, er ist Deutscher, mia mamma, meine Mutter, ist Italienerin. Ich bin meist in Deutschland aufgewachsen, aber ich spreche natürlich auch Italienisch, ein bisschen Französisch, Englisch. Wir leben mit Artisten aus vielen Ländern zusammen und sind viel herumgekommen."

„Natürlich", murmelte Frido. Er blickte seine Tochter an und sah, wie sich Wut, Schmerz und Angst auf ihrem Gesicht malten. Sie hatte einen verräterischen Glanz in den Augen, der Empörung, aber auch Tränen signalisieren konnte.

Su spürte die Spannung ebenfalls. Sie wusste, dass

für Sylvie eine Welt zusammenbrechen würde, wenn sie das Pony wieder hergeben musste. Das durfte nicht sein. Sie zwang sich zur Ruhe. Dann sagte sie scheinbar ruhig und ganz freundlich zu Mario: „Nun komm erst einmal zu uns herein, Mario. Dann können wir über alles reden."

Über alles reden, dachte Sylvie, und ihre Augen sprühten Funken. Da gab es nichts zu reden. Das Pony war ihr geschenkt worden, es gehörte ihr und es hieß jetzt Goldhaar. Dieser Mario sollte gefälligst dahin zurückkehren, woher er gekommen war oder noch besser dahin, wo der Pfeffer wächst. Wenn er nur endlich verschwinden würde!

„Ich wollte eigentlich nur Arabella abholen und gleich wieder abhauen", antwortete er. Er zog einen zerknüllten Umschlag aus der Hosentasche. „Hier sind fünfhundert Mark, ehrlich, Sie können es nachzählen. Und einen Schuldschein unterschreibe ich Ihnen auch – für den Rest."

„So einfach, wie du dir das denkst, geht es nicht", erklärte Frido nun energisch. Er machte eine einladende Handbewegung, die ins Haus deutete.

Mario zuckte die Achseln, er brummte, er sähe nicht, wo die Schwierigkeiten liegen könnten, trat aber doch ein. Vorher drehte er sich um und rief seinem schwarzen Hund zu: „Bleib schön draußen und benimm dich anständig, hörst du, Schneeball! Wir sind hier nicht im Zirkus. Es dauert nicht lange. Ich komme gleich wieder."

Schneeball, als hätte er verstanden, bellte kurz und tollte weiter um Goldie herum. Die Ponystute ließ sich das gern gefallen und trabte munter mit dem Hund über die Wiese.

Frido, Su und Mario traten ins Kaminzimmer. Beklommen folgte Sylvie. Die drei Erwachsenen – unwillkürlich zählte Sylvie Mario dazu – setzten sich an den Tisch, Mario stellte seinen Schultersack neben sich auf den Fußboden.

Sylvie hockte sich auf die gepolsterte Lehne eines Sessels dicht neben Su und ließ die Beine herabbaumeln.

„Kaffee?“, fragte Su. „Es ist noch welcher da. Wir haben gleich für den ganzen Vormittag gekocht. Spatz“, sie wandte sich an Sylvie, „bitte hol doch noch eine Tasse aus der Küche für unseren Gast.“ Sie zog die Augenbrauen zusammen und nickte Sylvie aufmunternd zu. Da verkniff sich Sylvie jeden Protest und ging hinaus. Sie beeilte sich aber, um nichts von der Unterhaltung zu verpassen. Das fehlte ihr noch, dass über ihren Kopf hinweg entschieden wurde.

Mario guckte sich um und meinte: „Hier gefällt’s mir. Ich bin ja meist in einem Wohnwagen. Das ist auch gut, aber doch sehr eng. Obwohl ich ja das ganze Zirkuszelt habe, und da ist wirklich genug Platz. Na und dann das Stallzelt und überhaupt der ganze Platz, alle Artisten, jeder hat seinen eigenen Wagen, überall kann ich rein. Langweilig wird es mir nie, das ist klar. Und immer wieder sind wir woanders. Aber so ein festes Zuhause, so ein schönes, helles Haus, das würde mir auch gefallen."

„Jetzt erzähl uns erst einmal, warum deine Eltern Goldie – oder Arabella – verkauft haben!", unterbrach Frido seinen Redestrom. „Das geschah doch nicht ohne Grund."

Da blickte Mario zum ersten Mal bedrückt zu Boden. „Na ja, sie verdient eben noch kein Geld. Und im Augenblick haben wir es ziemlich schwer. Ein kleiner Wanderzirkus wie unserer hat immer Geldsorgen. Und dieses Jahr war besonders schlecht. Jetzt ist der Sommer bald vorbei. Klar, im Herbst gibt es noch ein paar schöne Tage, aber die machen den Kohl auch nicht mehr fett, wenn Sie verstehen, was ich meine."

„Nur zu gut", antwortete Su und lächelte Mario auf ihre herzlichste, freundlichste Art an. Sie konnte das wunderbar, fast unverschämt gut, fand Sylvie, die Mario am liebsten die Augen ausgekratzt hätte.

Mario fühlte sich ermutigt. Er schien ganz vergessen zu haben, dass er sein Pony zurückholen wollte. Er redete gern, er freute sich, dass man ihm zuhörte, noch dazu eine so schöne Frau. Er sagte: „Manchmal sind nicht einmal zwei Bänke besetzt, so wenige Zuschauer kommen. Dann setzen sich die Leute auch noch weit voneinander entfernt ins Dunkel, als ob sie Angst voreinander hätten. Das ist kein schönes Arbeiten für unsere Artisten, wie vor einem leeren Haus. Auch in die Nachmittagsvorstellungen kommen lange nicht mehr so viele Kinder wie früher. Entweder müssen sie Schularbeiten machen oder sie sitzen vorm Fernseher. Da gibt's ja auch manchmal Zirkus zu sehen und immer den besten. Aber ich sag Ihnen was, das Wichtigste fehlt da doch ..."

„Die Atmosphäre", sagte Su. „Die Zirkusatmosphäre, der Geruch der Tiere, der Staub des Sägemehls, das Erlebnis der Arbeit, die Spannung, ob die Tricks gelingen."

„Genau!", rief Mario. „Überhaupt, die Tiere! Was ist ein Tier im Fernseher, hinter Glas? Gar nichts! Künstlich. Was Tiere sind, wissen die meisten Kinder heute gar nicht mehr oder eben nur noch aus Filmen, vor allem in den Städten. Da denken sie, Kühe sind blau, wie in der Schokowerbung. Na und jetzt kommt die lange Winterzeit, da müssen wir ins geheizte Winterquartier. Und jeder Mensch kostet nur noch Geld, genauso wie jedes Tier."

„Also hat dein Vater das Pony verkauft, weil er sparen muß", sagte Frido.

„Richtig", Mario nickte. „Wir haben keine Ponydressur im Programm. Jetzt noch nicht jedenfalls. Ich hab ja angefangen, Arabella zu dressieren ..."

„Angefangen?", fragte Su. „Nur angefangen? Und dann?"

Mario ließ den Kopf sinken. „Naja, ich habe es wieder gelassen. Es ist ja wahr, mir kam was anderes dazwischen, ich hatte keine Zeit. Ich gebe zu, dass ich in der letzen Zeit auch viele andere Dinge im Kopf hatte, aber das soll nun ganz bestimmt anders werden."

„Mir scheint, du bist ein bisschen sprunghaft, stimmt's?", meinte Frido. „Hast du dich denn um das Pony gekümmert?"

Mario wich aus. „Als ich entdeckte, dass Arabella weg war, da war es ein Schock für mich", rief er. „All die vielen Stunden, die ich schon mit ihr gearbeitet habe!"

Sylvie starrte ihn empört an. „All die vielen Stunden Arbeit?", rief sie. „Du hast dich ja nicht einmal richtig um sie gekümmert, sonst wäre sie nicht in einem so schlechten Zustand. Richtig vernachlässigt hast du sie. Mager ist sie, und ihre Hufe sind ausgewachsen! Und da willst du sie auch noch dressieren!"

Mario schob die Unterlippe vor. „Kann schon sein, dass ich mich manchmal zu wenig um sie gekümmert habe", murmelte er. „Das kann bei uns schon mal vorkommen. Aber es lässt sich doch ändern! Das lässt sich reparieren!"

„Reparieren?", fauchte Sylvie. „Ein Pony ist doch keine Maschine, die man lange in einer Ecke stehen lassen kann und dann wieder herausholt, wenn es einem gerade mal passt."

„Na, in der Ecke stand sie ja nicht", wehrte sich Mario. „Und die Hufe hätte ich ihr schon wieder ausgeschnitten. Ich hab's eben mal ein bisschen schleifen lassen, zugegeben. Es tut mir ja Leid. Aber schließlich ist ihr doch nichts passiert."

„Überhaupt ist Tierdressur eigentlich Tierquälerei", rief Sylvie empört. Sie wurde immer wütender.

„Ach was", gab Mario jetzt ungeduldig zurück. „Wenn man es richtig macht, haben die Tiere auch Spaß dabei. Und außerdem, was willst du? Gestern bist du noch gern in den Zirkus gekommen und hast Beifall geklatscht, und jetzt behauptest du, das ist alles nur Tierquälerei!"

Sylvie beharrte: „Ist es auch. Tiere sollten gar nicht im Zirkus sein. Das finden viele Leute. Deshalb spielt ihr auch vor leeren Reihen. Warum macht ihr eure Vorführungen nicht nur mit Menschen? Die machen das freiwillig. Tiere müsst ihr zwingen. Und das ist eine Gemeinheit!" Ihre Augen funkelten.

Su versuchte abzulenken. „Tatsache ist, dass wir Goldie nun einmal gekauft haben und dass sie jetzt Sylvie gehört. Das ist die Rechtslage, lieber Mario. Ob es dir nun gefällt oder nicht."

Sylvie hätte Su umarmen mögen. Sie blickte sie dankbar an.

„Das weiß ich!", erwiderte Mario. „Aber gerade das ist ja die Ungerechtigkeit! Das Pony gehörte mir. Klar, ich bin noch nicht volljährig, werden Sie sagen. Also konnte mein Vater machen, was er wollte. Aber sind Jugendliche keine Menschen? Muss man uns nicht ernst nehmen? In wenigen Jahren gelte ich als erwachsen. Hätte mein Vater nicht wenigstens mit mir reden können, mich fragen, mit mir diskutieren müssen? Kann man mit Kindern alles machen, was man will?"

„Nein, ganz bestimmt nicht", murmelte Frido. Bei sich gab er Mario Recht. Sein Vater hätte das Pony nicht einfach verkaufen dürfen, noch dazu heimlich.

„Paps! Bitte", murmelte Sylvie, die spürte, dass da eine Gefahr drohte.

„Ja, Spatz", antwortete er. Dann fragte er Mario: „Sag mal, du Zirkusmann, wissen deine Eltern eigentlich, dass du hier bist und was du hier willst?"

„Nein!", antwortete Mario ehrlich.

„Wie, nicht?", rief Su. „Dein Vater und deine Mutter wissen nicht, wo du jetzt bist?"

„Nein", antwortete Mario. „Ich bin einfach losgefahren. Per Anhalter nach Schaprode, mit dem Motorboot über den Bodden."

„Aber dann machen sie sich doch Sorgen!"

„Möglich!", meinte Mario trocken. „Sollen sie ruhig. Das geschieht ihnen recht."

„Nein", erklärte Su. „Wir rufen sie sofort an. Gib mir eure Telefonnummer. Dann können wir sie auch um ihre Meinung zu dieser ganzen verfahrenen Sache fragen!"

„Weil Sie's sind", brummte Mario und nannte die Nummer des Zirkus'.

Su ging zum Telefon und wählte. Sie erreichte Marios Vater rasch und sprach lange. Aus dem, was sie sagte und antwortete, konnte man entnehmen, wie der Vater reagierte. Das Wichtigste war wohl, dass er froh war, Mario gut aufgehoben zu wissen und dass ihm nichts passiert war. Danach wurde ihm offenbar der Hörer aus der Hand genommen und Marios Mutter wollte ihren Sohn selbst sprechen.

Su reichte Mario das Telefon, und es folgte ein Schwall rascher, italienischer Worte, die sie zwar nicht verstanden, die aber doch bis ins Zimmer zu hören waren, sehr schnell, sehr viele, sodass Mario den Hörer etwas von seinem Ohr abhielt, die dunklen Augen rollte und nur immer wieder einmal „No no, mamma! Si si, mamma!“ sagte.

Dann kam Marios Vater wieder an den Apparat. Er verlangte, Frido zu sprechen. Diese Unterhaltung war ebenfalls ausgiebig. Das Ergebnis verkündete Frido, als das Gespräch beendet war und er an den Tisch zurückkehrte.

„Also, einerseits sind deine Eltern wirklich froh, dass sie wissen, wo du bist. So weit, so gut. Es war unrecht von dir, einfach abzuhauen, ohne eine Nachricht zu hinterlassen!“

„Was ist mit Goldie?“, wollte Sylvie wissen. Das war das Einzige, was sie interessierte.

„Ja", antwortete Frido. „Die Rechtslage ist klar. Das Pony gehört dir. Andererseits sind Marios Eltern unsicher geworden und machen sich Vorwürfe, dass sie es heimlich verkauft haben. Da weiß sein Vater nicht so recht, was er sagen soll. Die Mutter will, dass Mario das Pony wieder zurückbringt. Er soll es behalten. Andererseits braucht der Vater das Geld ..."

„Er kriegt es ja, ich zahle es", erklärte Mario.

„Wie willst du es denn bezahlen?", fragte Sylvie. „Wenn du es schon an uns zurückzahlen willst?"

Da war Mario still.

Frido meinte: „Goldie bringt vorläufig nichts ein, sie kostet nur Futter und Pflege. Aber ich will ehrlich sein. Marios Vater hat gesagt, wenn er das Pony unbedingt wiederhaben und regelmäßig selbst versorgen will, dann ist er damit einverstanden. Mario soll es in Gottes Namen wieder zurückbringen!"

„Na also!" Mario war zufrieden.

„Ach was, du hast sie erpresst!", schrie Sylvie wütend. Sie war zornig auf alle, auf Su, auf ihren Vater und auf Mario vor allem. „Du hast sie erpresst, weil du ihnen Angst eingejagt hast! Sie wussten nicht, ob du weggelaufen bist, ob du wiederkommen würdest oder dir was angetan hast. Jetzt sagen sie zu allem Ja! Und mir wollt ihr mein Pony wegnehmen! Goldie gehört jetzt mir!"

„Sylvie hat Recht", sagte Frido. „Was immer deine Eltern jetzt sagen, Mario, das Pony gehört uns."

Da antwortete Mario: „Fragen wir doch Arabella

selbst!“ Alle waren überrascht. „Wie? Was soll das heißen?“

„Ich zeige es Ihnen“, rief Mario. „Kommen Sie mit in den Garten!“ Er stand auf, nahm seinen Seesack und trug ihn hinaus.

Sylvie stand widerwillig von der Armlehne des Sessels auf. Sie hasste diesen Jungen und wollte nichts sehen und nichts hören. Aber Su nickte ihr bittend zu. Da zuckte Sylvie mit den Achseln und schlurfte hinter den anderen her, durch die Glastür.

Schneeball, der schwarze Hund, spielte in einer entfernten Ecke der Wiese.

Mario setzte sich auf die Brüstung der Terrasse. Er öffnete seinen Schultersack und holte eine kleine Handharmonika, wie sie von Clowns gespielt werden, heraus. Sie gab einen jaulenden Ton von sich.

„Meine Quetschkommode!“, rief er und lachte.

Frido, Su und Sylvie standen ein wenig entfernt von ihm. Sie konnten ihn anschauen und über ihn hinweg in den Garten blicken. Sylvie blieb etwas zurück. Sie schob die Unterlippe vor, verschränkte die Arme vor der Brust und klemmte den rechten Fuß hinter die linke Wade. Sie sah Mario misstrauisch an.

Mario pfiff seinem Hund. Schneeball spitzte die Ohren und folgte sofort. Er sauste zu seinem Herrchen.

„Platz!“, rief Mario. Schneball setzte sich neben ihn, öffnete die Schnauze und hechelte mit der rosa Zunge.

Goldie im Garten, unterhalb der Terrasse, war ein

Stück weit entfernt. Sie schaute nicht auf, stand ruhig da, entlastete entspannt ein Hinterbein, döste und verdaute ihr Futter.

„Nun passt einmal auf!“ Mario hob die Ziehharmonika, schaute zu dem Pony hinüber und spielte einige Akkorde.

Durch Goldie schien ein Ruck zu gehen. Sie stemmte alle vier Hufe in den Rasen.

Mario ließ den Akkorden ein paar Tonleitern folgen.

Goldie drehte sich und begann wie auf ein geheimes Zeichen im Kreis zu traben, als ob sie in der Manege wäre, umgeben vom Publikum.

„Hella!“, rief Mario. Goldie drehte sich ihm zu. Ihr Kopf mit dem hübschen Schopf wippte, ihre Augen leuchteten. Dann senkte sie den Kopf.

„Wie aufmerksam sie ist“, sagte Frido.

Mario spielte und sang dazu, und Goldie nickte leicht im Takt mit dem Kopf. Sie trat etwas zurück, bog den Hals und verbeugte sich. Sie lauschte der Musik, blieb regungslos stehen und stampfte gleich darauf mit den kleinen Hufen. Sie bog wieder den Hals, die flachsfarbene Mähne wehte auf. Das sah sehr schön aus gegen das goldfarbene, etwas dunklere Fell. Auch der lange Schweif schien sich im Takt zu bewegen. Aber das war sicher nur Einbildung, dachte Sylvie. Goldie drehte sich im Takt, sie vollführte eine Pirouette, einmal um sich selbst.

„Sehr hübsch!“, rief Su unwillkürlich. „Wirklich!“

Sylvie hielt den Atem an. Eigentlich gefiel es ihr ja

auch – wenigstens gestern im Zirkus hätte es ihr gefallen, obwohl sie Zirkus sonst nicht mochte. Jedenfalls die Tierdressuren nicht. Und jetzt war alles in ihr Abwehr.

Mario spielte weiter, und Goldie drehte eine Pirouette nach der anderen; sie nickte mit dem Kopf und setzte die Hufe so zierlich, als wäre sie eine Balletttänzerin.

„Sie tanzt wirklich!“, stellte Frido fest.

Mit einem energischen, lang gezogenen Akkord beendete Mario sein Lied. Der letzte Ton verklang. Goldie stand still, sie nickte noch ein paar Mal, knickte beide Vorderbeine ein und verneigte sich, indem sie den Kopf tief hinabbeugte.

Das sah so nett aus, dass alle gerührt waren.

Mario legte seine Handharmonika neben sich, holte ein paar Karotten aus seinem Sack und ging zu Goldie, um sie zu belohnen. Er gab ihr zu fressen, klopfte ihren Hals und sagte: „Brav, Arabella, brav!“ Dann kam er zurück.

Goldie begann wieder ruhig zu grasen, wie wenn nichts geschehen wäre.

„Nun?“, fragte Mario, ein wenig zu stolz, zu auftrumpfend, als er wieder auf der Terrasse war. Dann sah er Sylvie an. „Verstehst du nun, dass sie zu mir gehört?“, fragte er.

Sylvie starrte ihn stumm und wütend an.

„Gefiel es dir nicht auch?", fragte er weiter.

„Überhaupt nicht!", rief Sylvie. „Kein bisschen!"

„Du darfst nicht ungerecht sein", meinte Su. „Du kannst es doch zugeben. Auch wenn es uns gefallen hat, ist damit noch lange nicht gesagt, dass Goldie Mario gehört – und nicht dir!"

„Kein Tier sollte dressiert werden!", rief Sylvie außer sich. „Auch nicht Ponys und Pferde! Jede Dressur ist ein Zwang! Tiere tun das nicht freiwillig! Das ist gegen ihre Natur!"

„Und das Reiten?", fragte Mario. Dabei lachte er sie an, obwohl sie doch mit ihm stritt. „Glaubst du, wenn Pferde geritten werden, ist das nicht auch eine Dressur, die ihnen etwas aufzwingt? Verschiedene Gangarten, einen Sattel, und vor allem das Trensengebiss. Auf so ein Stück Metall im Mund könnte ich jedenfalls gern verzichten! Glaubst du, Pferde mögen das?"

„Ach, das ist doch etwas anderes." Sylvie ärgerte sich, weil ihr die richtigen Argumente nicht einfielen, nicht die Worte, die sie eigentlich sagen wollte. Es ging ihr oft so, dass sie erst hinterher wusste, was sie eigentlich hätte sagen sollen. „Reiten macht Pferden Spaß, das merkt man doch."

„Wieso ist das etwas anderes?", beharrte Mario hartnäckig. „Das erklär mir erst mal. Und überhaupt – im Zirkus hätte dir das Kunststück Spaß gemacht! Du kannst es ruhig zugeben, Sylvie."

Wenigstens nannte er sie nicht mehr Kleine. Das

besänftigte Sylvie ein wenig. Sie war auch beruhigt durch Sus Bemerkung, dass mit seiner Vorstellung noch lange nicht gesagt war, dass er Goldie wiederbekommen musste. „Goldie gehört mir!“, stieß sie hervor. „Da kannst du machen, was du willst! Du kriegst sie nicht zurück.“

Mario überhörte ihre Worte und fuhr fort, einmal in Schwung: „Da setzen sich die Menschen einfach auf so ein Tier und zwingen es, sie durch die Landschaft zu tragen. Und niemand fragt, ob ihm das gefällt! Man zwängt ihm die Trense zwischen die Zähne, wirft ihm Zügel über den Kopf, den Sattel auf den Rücken, Steigbügel, Sporen und Gerte. So sieht das doch aus! Am verrücktesten ist es, dass man Pferde zum Springen zwingt, über Hürden jagt, sie auf die Beine schlägt, wenn sie nicht hoch genug springen wollen …“

„Ja, das ist gemein!“, rief Su. „Aber das alles geschieht auch im Zirkus! Und noch Schlimmeres!“

Mario brummte eine unverständliche Antwort. „Es sollte jedenfalls nicht sein“, sagte er. „Ich mag das auch nicht. Und ich protestiere gegen den Vorwurf, wir hätten Arabella unter Zwang dressiert.“

„Wer wir? Ich denke, du hast sie dressiert?“, fragte Su.

Da senkte Mario den Kopf. „Ehrlich gesagt, nein. Jedenfalls nicht allein. Das könnte ich noch gar nicht. Vielleicht hätte ich auch nicht die Geduld dazu. Zur Ausbildung gehören viel Erfahrung, viel Vertrauen und eine Menge Zeit. Unser Pferdeausbilder hat es gemacht – aber ich war immer dabei. Er hat mir viel gezeigt. Man muss ein Pferd viel loben. Es lernt zwar langsam, aber wenn es einmal etwas verstanden hat, dann sitzt das für immer. Master Anton ist ein sehr guter Ausbilder, er arbeitet mit viel Lob und Belohnung. Das ist die Wahrheit, ob Sie es nun glauben oder nicht!"

Su meinte: „Gut, dass du ehrlich bist. Es mag ja alles so sein. Aber was du über das Reiten gesagt hast, hängt immer von den Verhältnissen ab. Das Springen mag ich auch nicht, es ist eine Schinderei für die Tiere, wenn sie über viel zu hohe Hindernisse gezwungen werden. Man weiß ja, dass die Pferde das fürchten. Viele scheuen ja auch vor den Hindernissen oder verweigern. Aber ich glaube nicht, dass es unserem kleinen Pony schwer fallen würde, so ein leichtes Mädchen wie Sylvie zu tragen. Vielleicht gefällt es ihm sogar. Pferde und Ponys sind doch gesellige Tiere. Sie mögen es nicht, allein zu sein. Es sind Herdentiere, die Gesellschaft von anderen Pferden brauchen. Sie wollen, dass man mit ihnen spricht, dass man sich um sie kümmert, dass man sie beschäftigt und bewegt. Goldie wird bei uns nur über Wiesen und Hügel laufen. Niemand wird sie dazu zwingen, etwas zu tun, was sie nicht will."

Mario sagte nichts, er packte seine Handharmonika wieder ein.

Frido schaute seine Tochter nachdenklich an. Er

überlegte. Dann nahm er Sus Ellenbogen und führte sie ein wenig abseits. Er sprach leise mit ihr, und sie hörte ihm zu und nickte dann. Anscheinend machte er ihr einen Vorschlag, und sie war damit einverstanden.

Sylvie fühlte sich ängstlich und unbehaglich. Wollte Vater Frido etwa Goldie zurückgeben? Nein, das würde sie nicht zulassen. Sie wollte das Pony behalten.

Dann kamen die beiden Erwachsenen zurück.

„Hör mal, Mario“, sagte Frido zu dem Jungen, der den Kopf hob. „Habe ich dir schon gesagt, dass ich male?“

„Nein“, antwortete Mario. „Meinen Sie richtige Ölgemälde, die dann in Ausstellungen und Museen hängen?“

„Genau!“ Frido nickte.

„Na“, sagte der Junge, „dann sind Sie auch eine Art Zirkuskünstler!“

Frido war verblüfft. „Wie denn das?“

„Na, ich meine, ein Artist, nicht? Sie machen etwas, was andere Leute später angucken. Im Zirkus wird Eintritt gezahlt und geklatscht. Für Ihre Bilder wird auch gezahlt, vielleicht werden sie nicht beklatscht, aber Sie bekommen auf andere Art Beifall.“

„Hoffentlich!“, meinte Frido. „Jedenfalls leben wir davon!“

„Was malen Sie? Darf ich das mal ansehen?“

„Natürlich! Komm mit ins Atelier.“

Frido ging voraus und führte Mario durchs Kaminzimmer. Su ging langsam hinter den beiden her, und auch Sylvie kam mit, weil sie kein Wort verpassen wollte. Sie war misstrauisch und unsicher – sie musste wegen Goldie Acht geben.

Mario blieb auf der Türschwelle stehen und schaute sich um. Die Wände hingen voller Bilder, auf Staffeleien standen Leinwände und Hartfaserplatten mit Landschaften, mit Köpfen oder auch nur mit abstrakten Linien, Farben, Kreisen, Quadraten. Es roch nach Ölfarbe, Terpentin, Firnis und Lack.

„Das ist wie bunte Musik", rief Mario. „Und es riecht auch noch toll. Fast so gut wie in Mammas Küche. Ich finde das irgendwie so ähnlich wie Zirkus. Bei uns riecht es nach Sägespänen und Schweiß und Tieren – hier nach diesem Malzeug. Und alle Bilder haben Sie gemalt?" Er trat an das Porträt, das Frido vor wenigen Wochen von Su gemacht hatte. Mit ihm hatte ihre Liebe begonnen.

„Magst du es?", fragte Frido. Marios Lob schien ihm zu gefallen.

„Ja, sehr", rief der Junge. „Es ist ... ich weiß nicht, wie ich es sagen soll, es ist ähnlich und auch wieder nicht. Ich möchte auch so malen können. Von so schönen Frauen so schöne Bilder!"

Na, der schmeißt sich ganz schön ran, dachte Sylvie. Sie war immer noch wütend. Aber unbehaglich war ihr auch.

„Würde es dir auch Spaß machen, von mir gemalt zu

werden?“, fragte Frido. „Du hast einen guten Kopf. Darauf brauchst du nicht eingebildet zu sein; die Natur hat ihn dir gegeben, aber er ist interessant.“

Wie bitte, dachte Sylvie. Das wird ja immer besser!

Mario wurde verlegen. „Sie meinen … ich … von mir so ein großes Bild … Und dann hängt es in Berlin oder irgendwo und die Leute stehen davor und legen die Köpfe schief, um es anzugucken?“

„Genau“, antwortete Su an Fridos Stelle. „Die denken dann, was für ein netter Junge! Hättest du ein paar Tage Zeit? Ich meine, könntest du hier bleiben und Frido Modell sitzen?“

„Bei Ihnen? Hier wohnen, in diesem Haus? Auf Hiddensee bleiben und gemalt werden? Aber ich darf dann auch mal zum Schwimmen gehen, ans Meer!“

„Warum nicht!“

„Aber klar, ich bleibe. Wenn meine Eltern nichts dagegen haben. Ich glaube nicht, dass sie Nein sagen“, sagte er schnell. „Im Zirkus werde ich jetzt nicht gebraucht.“

Mario war begeistert. Es gefiel ihm im *Haus Schwalbennest.* Er fand Su und Frido nett, alles war so anders als daheim im Zirkus, im Zelt, im Wohnwagen. Da war es auch schön, natürlich, aber ein richtiges Haus war doch etwas anderes. Da hatte man viel Platz und fühlte sich nicht beengt.

„Im nächsten Jahr habe ich wahrscheinlich eine größere Ausstellung“, erklärte Frido. „Jedenfalls hoffe ich es. Da könnte ein Bild von dir gut zum

Thema passen. Ich würde es *Junger Artist mit Pony* nennen."

Was denn, mit Goldie?, dachte Sylvie. Mit meinem Pony? Nein, das erlaube ich nicht. Aber sie dachte es nur, sie sagte es nicht. Sie schwieg und drehte die Fußspitze auf dem Holzfußboden.

Die anderen schienen nicht auf sie zu achten.

Frido redete weiter: „Mario, du mit deinem Hund und mit der Harmonika und Goldie irgendwie im Hintergrund, vielleicht nur ihr Kopf oder wie sie sich verbeugt, ich weiß es noch nicht. Ein Zirkusbild sollte es vielleicht schon sein … "

„Super!", rief Mario. „Und ich kriege später das Bild?"

„Wo denkst du hin? Natürlich nicht!", antwortete Frido. „Ich brauche es doch und hoffe, dass ich es gut verkaufen kann."

Su lachte, weil Mario ein enttäuschtes Gesicht machte. Sie sagte: „Ich fotografiere euch, während du gemalt wirst, das Modell und den Künstler. Und ich fotografiere auch das Bild, wenn es fertig ist. Davon bekommst du ein großes Poster, das du dir an die Wand hängen kannst, und du kannst noch Kopien davon bekommen, für deine Eltern und für deine Freunde."

„Dann gucken mich die Leute vielleicht noch in ein paar hundert Jahren an … Oder so …", sagte Mario.

Zu blöd ist der, dachte Sylvie. Und unheimlich eingebildet.

„Na ja“, brummte Frido. „Wenn ich so berühmt werde, dass die Leute meine Bilder noch in ein paar hundert Jahren anschauen wollen, warum nicht! Mir wär’s recht!“

„Gut“, sagte Su. „Dann rufen wir deine Eltern an. Sag uns die Nummer noch mal.“

Mario nannte die Telefonnummer, Frido wählte und sprach mit Marios Vater. Der verstand das alles erst nicht so recht. Wieso wollte der Junge bei diesen fremden Leuten bleiben? Und gemalt werden? Dann kam die Mamma an den Apparat. Mit ihr wurde sich Frido schneller einig. Bene, bene! Gut, gut, Mario, Marionello sollte ruhig bleiben. Das war mal etwas anderes für ihn. Sonst ist er so viel unterwegs, fährt von einem Ort zum anderen. Ja, Abwechslung hat er genug, aber das alles ist für ihn doch Alltag, auch der Zirkus ist für ihn Alltag. Jetzt sollte er ein anderes Leben kennen lernen, es war ihnen recht. Was Vater Frido ihr am Telefon sagte, klang vernünftig.

„Und wie ist es mit dem Pony?“, fragte Marios Mutter zum Schluss.

„Das wissen wir noch nicht“, antwortete Frido ganz rasch. Er sah Sylvie an. „Aber das wird sich noch klären.“

„Er soll es eben wieder mitbringen“, sagte Marios Mutter am anderen Ende der Leitung. Es war gut, dass Sylvie das nicht hören konnte.

Frido bedankte sich für die Erlaubnis, dass Mario bleiben durfte und legte auf. Er nickte dem Jungen zu.

Und dann wandte er sich an alle, an Su, an Mario und vor allem an Sylvie: „Und jetzt treffen wir ein Abkommen miteinander. Nennen wir es einen Waffenstillstand. Während ich Mario male, streiten wir uns nicht. Das würde mich schrecklich stören. Wir vertagen das Problem um Goldie – oder Arabella, wie Mario sie nennt – einfach für einige Zeit. Wir tun so, als gehörte sie uns allen. Versprecht mir, euch daran zu halten.“

„Ja, aber wann entscheiden wir es?“, fragte Sylvie, die gern sofort Klarheit gehabt hätte – eine Entscheidung zu ihren Gunsten nämlich.

„Das wird sich ergeben. Bevor Mario wieder abfährt, muss das Problem gelöst sein, das ist klar. Aber solange er unser Gast ist, herrscht Ruhe.“

„Nein!“, rief Sylvie. Sie kämpfte mit den Tränen. „Goldie bleibt bei mir!“

Su trat zu ihr und legte den Arm um sie. Sie spürte, wie Sylvie zitterte. „Sei vernünftig, Spatz“, flüsterte sie ihr zu. Sie strich Sylvie über die rotbraunen Locken. „Frido braucht Ruhe und Konzentration. Und du kannst sicher sein, dass wir dir nichts wegnehmen wollen. Dein Vater weiß schon, was er tut. Vertrau ihm und mir und warte es ab. Niemand nimmt dir dein Pony wieder weg.“

Mario war schnell einverstanden. „Meinetwegen“, erklärte er. „Ob wir uns nun streiten oder nicht, das ändert nichts daran, dass Arabella …“

„Halt! Verstoß nicht schon am Anfang gegen das

Abkommen!“, rief Su. „Sonst wird nichts aus deinem Hierbleiben und nichts aus deinem Bild!“

„Okay, ich halte ja den Mund“, sagte er.

„Dann versprich es auch du, Sylvie. Bitte!“, bat Su.

Sylvie kniff die Lippen zusammen.

„Mir zuliebe“, sagte Su noch einmal. „Ich erkläre dir später alles. Du wirst uns verstehen!“

Die nächsten Worte flüsterte sie Sylvie ins Ohr: „Versuch es doch einfach, Spatz. Sei ein bisschen nett zu Mario, dann wird alles leichter. Und vertrau mir und Frido.“

Da knurrte auch Sylvie: „Meinetwegen!“ Aber sie sah Mario nicht an dabei. Was wollte der überhaupt hier? Wenn er nur endlich wieder verschwinden würde!

Mario dachte schon wieder an etwas anderes. Er trat vor eine Staffelei, auf der eine braune Hartfaserplatte lehnte. Darauf waren ein paar farbige Linien gezogen.

Mario schob die Hände in die Hosentaschen und guckte sich alles lange an.

„Weißt du was? Du kannst es haben“, sagte Frido spontan. „Versuche, das Bild fertig zu malen. Natürlich nur, wenn du Lust hast.“

„Und ob!“, schrie Mario. Er war begeistert.

„Ich bin gespannt, was du daraus machen wirst!“, sagte Frido.

„Toll!“, rief Mario. Am liebsten hätte er gleich angefangen.

Da rief Su: „Mein Gott, wie die Zeit vergeht! Es ist schon gleich zwölf. Was machen wir mit dem Essen? Ich habe nichts vorbereitet. Ich wusste doch nicht, dass wir Besuch haben würden. Wir müssen etwas kochen!“

„Null Problemo“, rief Mario. „Überlassen Sie das mir, bitte. Haben Sie Spagetti? Aber die italienischen, der Teig ohne Eier. Haben Sie Oregano, das Gewürz, Pomodori, ich meine Tomaten? Hackfleisch? Vielleicht ein paar getrocknete Steinpilze? Parmesan oder einfach Reibekäse? Nein? Nichts davon? Aber hier gibt's doch sicher einen Laden in der Nähe, einen Kaufmann?“

„Klar, Dittmann“, sagte Frido. „Der ist nicht weit!“

„Gut. Dann hole ich schnell, was ich brauche, und dann koche ich. Für uns alle! Italienisch. Das kann ich. Ich koche oft. Mamma sagt, ich bin der beste Koch!“

„Das werden wir sehen. Ich hoffe, dass du die Küche nicht in ein Schlachtfeld verwandelst!“, rief Su ein wenig zögernd.

„Nein, nein!“, antwortete er. „Was denken Sie, wie ordentlich man in einer Wohnwagenküche sein muss! Bei so wenig Platz herrscht sofort das totale Chaos!“ Er blickte Sylvie an. „Kommst du mit, Spatz?“

Was fiel diesem Kerl ein? Er durfte noch lange nicht Spatz zu ihr sagen, auch wenn er das von Frido und Su aufgeschnappt hatte. „Spinnst du? Für dich immer noch Sylvie!“, sagte sie.

„Schon recht, Sylvie-Spatz!“, antwortete er lachend. „Also, komm schon!“

Diesmal widersprach sie nicht. Sie hatte ja versprochen, nicht zu streiten, und vielleicht half es ja wirklich, wenn sie versuchte, nett zu ihm zu sein. Sie nickte widerstrebend.

Er lachte. „Okay, zeig mir den Weg! Du kannst Arabella ...“ Da er sah, dass sich ihr Gesicht verdüsterte, stockte er, schluckte und verbesserte sich: „Also gut, du kannst Goldie auch mitnehmen, am Führstrick. Sie geht ruhig mit. Solange ich im Laden bin, wartet ihr draußen.“

„Kinder, es wird spät. Um halb eins macht Dittmann zu“, drängte Su. Sie ging in die Küche und holte den geflochtenen Weidenkorb. Sie nahm einen Geldschein aus der Schublade. „Das reicht sicher“, sagte sie.

Mario schob den Geldschein mit großzügiger Geste zurück. „Nein, nein, dies zahle ich. Bitte. Sonst bin ich beleidigt. Ich habe Sie zum Essen eingeladen.“

„Aber du bist in unserem Haus“, gab sie zu bedenken, etwas unsicher.

„Heute Abend und morgen und übermorgen“, antwortete er. „Aber jetzt lade ich Sie ein. Sonst bin ich wirklich beleidigt!“

„Kannst du das überhaupt sein?“, fragte Su und lächelte.

Mario packte den Korb und lief los. Sylvie rannte

hinter ihm her. Goldie graste friedlich auf der Wiese, den Kopf tief ins Gras versenkt. Man hörte ihr Rupfen und Kauen. Schneeball, der schwarze Hund, hatte sich, müde vom Spielen, im Schatten ausgestreckt. Er hob sofort den Kopf, als Mario kam.

„Komm, Schneeball, komm!", rief der Junge.

Der Hund sprang auf und lief neben ihnen her.

„Zeig mir euren Stall", bat Mario.

Sylvie ging voraus. Mario schaute sich in dem Schuppen um. Es war nicht sehr hell, das Holz und der Hafer dufteten. Ein Sonnenstrahl fiel durch die Tür in den kleinen Raum und spiegelte sich im Wasser des Eimers. „Okay, hier hat sie es gut", sagte Mario.

Sylvie spürte zum ersten Mal ein ganz kleines freundschaftliches Gefühl für ihn. Aber sie hütete sich, es laut werden zu lassen. Lass dich nur nicht von ihm einwickeln, dachte sie. Der versteht das nämlich. Das ist seine Masche. Trotzdem will er mir Goldie wegnehmen.

Mario nahm das Stallhalfter vom Haken. „Das reicht", meinte er. „Wir brauchen kein Gebiss. Arabella ... Goldie ist ja brav." Er ging hinaus.

Goldie hob den Kopf und sah ihnen ruhig entgegen, die großen Augen blickten freundlich, die kleinen Ohren stellte sie auf und weitete die Nüstern aufmerksam. Sylvie dachte, jedenfalls hat sie keine Angst vor ihm.

Mario streifte ihr das Halfter über und zog die Schnalle zu. Er gab Sylvie den Führstrick.

Schneeball tobte vor ihnen her, als es aus dem Gartentor ging. Der Weg war sandig, einige Grasbüschel wuchsen darauf. Es ging leicht bergab. Goldie trug den Kopf erhoben, ihre kurzen Tritte federten auf dem weichen Boden, bei jedem Schritt stob etwas goldgelber Sand unter ihren Hufen auf. Bald waren ihre Hufe, die Fesselgelenke und fast das halbe Bein wie überpudert, bis weit über die Strümpfe der Vorder- und Hinterbeine hinauf. Manchmal schlug sie mit dem Schweif, ihr Stirnschopf wippte, die helle Mähne wehte silbersträhnig im Licht.

Jetzt war Mario schweigsam. Er schien tief in Gedanken zu sein. Sylvie kannte ihn ja erst wenige Stunden, aber das fiel ihr doch auf. Sie dachte, dass das eigentlich nicht zu dem Bild passte, das sie sich von ihm gemacht hatte. Sie hatte aber auch keine Lust, mit ihm zu reden. Sie führte Goldie und schwor sich insgeheim, dass sie das Pony nie, nie wieder hergeben würde.

So kamen sie an die Kreuzung, wo die breitere, aber ebenfalls sandige Fahrstraße nach Osten zum Gutshof und dem Dorf Grieben führte, nach Westen zur Inselgalerie und zum Meer, und – einer Kurve nach Norden folgend – zum größeren Vitte und noch weiter nach Neuendorf. Das war der Mittelpunkt von Kloster – man sah hier bloß nicht viel mehr vom Ort als ein paar Häuser, von denen das vom Kaufmann Dittmann das größte war.

Mario trat ein. Sylvie blieb draußen. Sie ließ Goldies Zügel lockerer, sodass das Pony am Wegrand schnuppern und ein paar Gräser abrupfen konnte. Sylvie schaute hingerissen zu.

Plötzlich stand Uwe neben ihr. „Wer ist denn der Kerl, mit dem du eben gekommen bist?“, wollte er wissen.

„Das ist Mario!“, erklärte Sylvie, nun wieder schroff. „Er kommt aus dem Zirkus, wo wir gestern waren. Er ist der Sohn von denen. Und er will das Pony wiederhaben!“, platzte sie heraus.

„Was? Ich werd verrückt!“, entfuhr es Uwe. „Das darf doch nicht wahr sein. Und was macht er jetzt da drinnen?“

„Er kauft ein, weil er für uns kochen will“, murmelte Sylvie. „Mein Vater will ihn malen. Soll er. Aber ich gebe Goldie nie, nie wieder her!“

„Natürlich nicht!“, erklärte Uwe. „Der spinnt wohl. Pass auf, wir müssen über alles reden, aber nur wir beide allein, wenn uns keiner hören kann. Heute Nachmittag, ja? Ich hole dich ab. Ich hab nämlich eine Idee!“

„Hoffentlich lassen sie mich weg“, meinte Sylvie.

„Sie müssen einfach. Wenn nicht, dann gehst du einfach. Aber besser wäre es, wenn du Goldie reiten könntest. Du, uns fällt schon was ein! Ich helfe dir. Der kriegt Goldie nie wieder! Nie! Ist doch klar!“

In diesem Augenblick hätte Sylvie Uwe umarmen mögen. Sie sah durch die Schaufensterscheibe, dass Mario mit dem gefüllten Einkaufskorb an der Kasse stand und zahlte. „Hau jetzt ab!“, flüsterte sie. „Es ist besser, er sieht dich erst gar nicht mit mir zusammen. Er kennt dich ja noch nicht. Und das soll so bleiben, Uwe. Ist besser.“

„Logo! Ich komme bestimmt!“, rief er zu ihr zurück und verschwand um die Ecke, wo es zum Bollwerk hinabging.

Da kam Mario aus dem Laden. Herr Dittmann, der alte Kaufmann, begleitete ihn. Jeder auf der Insel kannte ihn, und Dittmann kannte jeden. „Na, Sylvie“, sprach er sie an. „Das ist doch nicht das Pony von Kai, deinem Vetter? Oder sollte ich mich so irren? Meine Augen werden ja immer schlechter, das ist wahr, aber so doch nicht. Das Pony von Kai war doch viel größer, nicht? Und das hier hat die Farbe von Hiddenseesand, das kann sogar ich erkennen. Oder hast du es etwa angemalt? Aber nein, dann hättest du ja Farbe bei mir gekauft!“ Er lachte leise über seinen Scherz.

Sylvie lachte nicht. „Natürlich nicht“, sagte sie, „das ist nicht Kais Pony. Kai ist schon abgereist und hat Sternenauge mitgenommen. So hieß sein Pony. Das hier ist Goldhaar, wir nennen sie Goldie, sie ist ein besonders kleines Shetlandpony und sie gehört mir. Ich habe sie heute zum Geburtstag geschenkt bekommen. Und sie bleibt immer bei mir. Immer!“

Mario stand daneben, den Weidenkorb, der mit Einkäufen gefüllt war, aus dem die lange Rolle Spagetti herausragte, in der Hand. Er schwieg. Stumm schaute er Sylvie an. Und sie glaubte, einen Vorwurf in seinem Blick zu lesen.

„So so", meinte der Kaufmann. „Zu deinem Geburtstag, ach richtig. Na, dann gratuliere ich auch schön. Diesen jungen Mann hast du wohl zur Feier eingeladen?"

Da musste Mario lachen. Er schaute Sylvie schnell an und sagte: „Das wohl gerade nicht! Also, auf Wiedersehen, Herr Dittmann, wir müssen jetzt gehen. Sie warten mit dem Mittagessen auf mich. Ich bin heute der Koch. Sie sollten mal nach Bergen fahren, in den Zirkus *Atlas*. Sonst versäumen Sie was! Tschüs."

Mario gab Goldie einen leichten, freundlichen Klaps, und sie trabte los. Sylvie hatte Mühe zu folgen, bis das Pony wieder in einen gemütlichen Schritt fiel.

Mario war ein wenig zurückgeblieben. Als er herangekommen war, sah er Sylvie vorwurfsvoll an. „Das war gegen unser Abkommen!"

„Was meinst du?" Sie tat, als ob sie ihn nicht verstand.

„Na, dass du gesagt hast, Arabella ... Goldie wäre dein Pony. Du hast den Waffenstillstand gebrochen!"

„Habe ich nicht! Ich hab's ja nicht zu dir gesagt!"

„Hast du doch, denn du hast mich gemeint."

Schweigend und ärgerlich legten sie den Weg zum *Haus Schwalbennest* zurück.

Daheim empfing sie Frido. Er war richtig aufgeregt. „Denk dir nur, Sylvie, Herr Heräus aus Hamburg hat angerufen. Es klappt mit meiner Ausstellung bei Gurlitt im nächsten Jahr. Vielleicht wird das ein Erfolg und mein Durchbruch! Ach Spatz! Ich bin ja so froh! Von jetzt an heißt es arbeiten, arbeiten und noch mal arbeiten, damit ich auch genügend neue gute Bilder habe. Ich glaube, ich muss allen alten Kram wegwerfen und ganz neu beginnen!“

Er nahm seine Tochter um die Taille, hob sie hoch und wirbelte sie herum. Endlich setzte er sie ab und meinte pustend: „Puh! Ich habe wirklich vergessen, dass du inzwischen eine junge Dame geworden bist und das entsprechende Gewicht angesetzt hast!“

Sylvie vermochte im Augenblick Vater Fridos Freude nicht zu teilen. Sie schloss das Gartentor, nahm Goldie das Halfter ab – und das Pony begann sogleich wieder eifrig zu grasen. Sylvie sah die kleine Stute zärtlich an und dachte: Du bist wirklich hier zu Hause! Unser Gras schmeckt dir, und du scheinst dich richtig wohl zu fühlen.

Es war bewundernswert, wie geschickt Mario in der Küche hantierte. Er kochte Wasser für die Spagetti, briet das Fleisch an, würzte mit Oregano, Pfeffer und Salz, schmeckte ab, gab Olivenöl dazu, weichte Steinpilze auf, schnippelte sie in die Sauce.

„Spezialrezept von Mamma!“, erklärte er – und das Beste war, dass er jeden Topf, den er nicht mehr brauchte, sogleich unter kaltem Wasser abspülte und zum späteren Abwaschen aufschichtete. So sah die Küche erstaunlich sauber aus.

„Wie das duftet!“, rief Su, als sie um den Tisch saßen.

„Und wie das erst schmeckt!“, rief Frido, als er die ersten um die Gabel gewickelten Spagetti Bolognese, mit würziger Tomatensauce und kleinen Fleischstückchen, dick und köstlich mit Parmesankäse bestreut, in den Mund schob.

Mario strahlte. Sogar Sylvie musste zugeben, dass das Essen besonders gut schmeckte. Nur hätte sie das um alles in der Welt nicht laut gesagt.

Mario begann beim Essen zu plaudern. „Meine Mamma sagt immer, ich könnte ein guter Koch werden. Dazu hätte ich auch Lust! So ein eigenes Ristorante wäre nicht schlecht.“

„Willst du denn nicht zum Zirkus?“, fragte Su.

Mario zögerte. „Das ist so: Ich lebe nun mal im Zirkus, bin da aufgewachsen, schon als kleines Kind bin ich den Artisten zwischen den Beinen rumgekrochen. Da lernt man viel, obwohl – ohne hartes Training geht da nichts. Und so, wie andere Kinder spielen, habe ich eben die Erwachsenen, also die Artisten, nachgemacht und angefangen, auf dem Seil zu gehen, Purzelbaum zu schlagen, Harmonika zu spielen, dem Clown zu helfen. Ich hab gesehen, wie man Tiere dressiert und hab es auch versucht. Sie haben es ja gesehen. Aber mein Vater wollte eigentlich immer, dass ich was anderes lerne. Es ist nicht mehr so leicht mit dem Zirkus. Besonders die kleinen Unternehmen haben es schwer, so wie wir eines sind. Ehrlich gesagt, meine Eltern wollen gar nicht so gern, dass ich beim Zirkus bleibe. Sie glauben, dass wir den Zirkus auf die Dauer nicht halten können. Es kommen nicht mehr so viele Leute. Und die Tiere kosten viel Geld: das Winterquartier, wenn nichts verdient wird, das Futter, die Heizung – und immer wieder das Zelt, das in Schuss gehalten werden muss. Oft hat es Risse, oft gibt es Sturmschäden. Jeder Transport von Stadt zu Stadt kostet eine Menge, und die Gemeinden verlangen immer höhere Platzmieten!"

Frido nickte. Das verstand er. „Da möchte dein Vater, dass du etwas anderes machst?"

Sylvie konnte kaum noch kauen. Sie starrte Mario mit großen Augen an, die Gabel sank auf ihren Teller.

„Schlaf nicht ein, Sylvie", sagte Su und sah sie lächelnd an.

„Stimmt", antwortete Mario auf Fridos Frage. „Vor allem die Mamma. Mein Vater ist ja selbst im Zirkus aufgewachsen, der kann sich ein anderes Leben kaum vorstellen. Aber Mamma! Ihr Vater, mein Nonno, also, mein Großvater, hatte ein Ristorante in Bologna, der konnte kochen! Da gab es keine offizielle Speisekarte mit immer den gleichen Gerichten, nein, er empfahl seinen Gästen alles persönlich am Tisch."

„Also, wenn du ein Restaurant aufmachst und selber

kochst, dann verspreche ich dir, dein Gast zu werden und viele Freunde mitzubringen!“, sagte Su.

„Aber ich weiß noch nicht, ob ich das wirklich machen will. Ich habe so viele Ideen im Kopf. Meine Mamma sagt, ich bin sprunghaft wie ein Floh. Heute hier, morgen da. Ist ja wahr, ich mache zuerst immer alles furchtbar gern – aber dann lasse ich es bald wieder und fange was Neues an.“ Er schob sich eine Riesenportion Spagetti in den Mund.

„Ob du zum Maler taugst, werden wir vielleicht bald feststellen. Ich kann es kaum erwarten, mit meiner neuen Arbeit anzufangen – zu malen. Jetzt, da ich die Ausstellung vor mir habe!“, sagte Frido.

„Und ich bin froh, dass ihr alle so beschäftigt seid und ich euch so gut versorgt weiß“, sagte Su.

„Was meinst du damit?“, wollte Frido wissen.

Su sah ihn an. „Ich habe eben beschlossen, schon morgen früh nach Berlin zu fahren. Ich nehme eines der ersten Motorboote. Ihr müsst zugeben, dass die Gelegenheit gerade sehr günstig ist. Ich kann ganz beruhigt wegfahren. Frido braucht sich nicht mehr allein um den Haushalt zu kümmern, er kann Mario als Koch engagieren, und vielleicht gehören zu seinen vielen Begabungen sogar noch das Staubsaugen und Bettenmachen. Außerdem kann er Sylvie helfen, das Pony zu versorgen. Dafür hilft Sylvie ihm dann im Haus!“

„Das mache ich allein“, widersprach Sylvie heftig. „Uwe und Emil Deckert sind ja auch noch da!“ Ihre

Gabel schwebte vor ihrem Mund. „Dass du wegfahren musst, hatte ich ganz vergessen“, murmelte sie. Es war ihr gar nicht recht. Nicht jetzt.

„Auch mir kommt das nun sehr plötzlich“, murmelte Frido.

„Aber ich sagte euch doch erst gestern, dass ich noch einiges zu erledigen habe. Ich kann ja nicht einfach für immer stillschweigend wegbleiben.“

„Ja, aber ich dachte, in vierzehn Tagen oder erst im Herbst würdest du fahren!“, wandte Frido ein.

„Nein, die neue Spielzeit beginnt jetzt bald. Man muss wissen, ob man mit mir rechnen kann. Sicher, ich bin kein Star, aber es gibt doch Leute, die sich für mich interessieren. Meine Agentin hat Anfragen, es gibt begonnene Gespräche, sogar halbe Zusagen. Und je eher ich fahre, desto eher bin ich auch wieder zurück. Ich erklärte euch doch schon, dass es nicht gut wäre, meinen Beruf gleich ganz aufzugeben. Ich weiß ja noch nicht, ob ich mit dem Bücherschreiben Geld verdienen kann. Manchmal möchte ich schon noch eine Rolle übernehmen und wenn es eine noch so kleine ist. Ein Gastspiel oder etwas in einer Fernsehserie, das war doch ausgemacht.“

Einen Augenblick dachte Sylvie, dass sie gern mit Su mitfahren wollte. Schließlich war sie in Berlin aufgewachsen, da lebte ihre Großmutter – doch dann fiel ihr ein, dass sie das jetzt gar nicht konnte. Sie hatte ein Pony – sie musste sich um Goldie kümmern. Und das wollte sie auch. Sie wusste, dass sie mit dem hübschen

Pony nicht nur Freude, sondern auch viel Verantwortung übernommen hatte.

Su, die nichts von Sylvies Gedanken ahnte, fuhr fort: „Sicher brauche ich nur ein paar Tage. Ihr kommt schon ohne mich aus. Es ist ja auch ohne mich gegangen, bevor ich nach Hiddensee und zu euch gekommen bin.“

„Auf mich können Sie sich verlassen“, versprach Mario, noch kauend. Ein paar Spagettienden hingen ihm aus dem Mund. Er sog sie ein und fügte hinzu: „Obwohl es bestimmt viel schöner ist, wenn Sie hier sind.“

Su sah Frido an, dann lachten sie beide.

Su richtete Mario das Zimmer im ersten Stock her, in dem vor kurzem noch Sylvies Vetter Kai übernachtet hatte. Da war nicht viel zu tun, nur das Bett wurde neu bezogen. Su legte noch ein paar frische Handtücher hin, dann begann sie ihren Koffer zu packen. Auch wenn sie nicht viel brauchte, musste sie doch überlegen, was sie mitnahm. Und dann hatte sie einige Telefongespräche nach Berlin zu erledigen.

Mario ging inzwischen noch einmal zu Dittmann, jetzt kannte er den Weg. Er besorgte sich einen leichten Schlafanzug, ein T-Shirt, Socken und Unterhosen, eine Zahnbürste und Seife und meinte, das hätte er sowieso alles einmal gebraucht.

Im Übrigen fand er sein Zimmer toll – so sonnig und hell, und er konnte bis zum Leuchtturm hinübersehen, über die Hügellandschaft der Insel. Der Wind trug Salzgeruch vom Meer herüber.

Auf Sylvie achtete niemand und das war ihr ganz recht.

Mario wollte nur noch in Fridos Atelier. Er interessierte sich für fast nichts anderes mehr, er wollte malen und gemalt werden. Beides auf einmal war nicht so einfach zu vereinen, denn eine Zeitlang musste er still sitzen, damit ihn Frido besser zeichnen konnte. Und das Stillsitzen fiel Mario schwer.

„Du hast Hummeln im Po", sagte Frido zu ihm. Aber endlich durfte Mario aufstehen und sich selbst an die Staffelei stellen, er bekam Pinsel und Palette. Da war er dann plötzlich ganz konzentriert, und Frido konnte sich auch so mit ihm beschäftigen. Ihm gefiel der Junge, dessen Gesichtszüge so klar und ausdrucksvoll waren.

Es war auch merkwürdig, wie Mario sich beim Malen verwandelte. Der lebhafte, quirlige Junge wurde ruhig, er überlegte, bedachte jeden Pinselstrich.

„Man merkt, dass deine Mutter aus dem Land kommt, das einige der größten Maler der Welt hervorgebracht hat. Du bist begabt fürs Malen!"

„Na ja", antwortete Mario. „Das Malen hat auch viel Ähnlichkeit mit dem Kochen."

„Du meinst, beides ist schöpferisch?"

„Das eine ist schön für die Zunge, das andere ist schön für die Augen.“ Mario lachte.

Sylvie hatte einige Zeit draußen vor der Tür des Ateliers gestanden und sich überlegt, ob sie ihrem Vater sagen sollte, dass sie ausreiten wollte. Es war ja das erste Mal, dass sie Goldie sattelte und ritt. Das Pony Sternenauge ihres Vetters Kai hatte sie oft geritten. Aber Goldie noch nie. Sie wollte keine Diskussion darüber, schon gar keinen Streit oder ein Verbot und auch keine sinnlose Auseinandersetzung mit Mario. Schließlich fand sie es aber doch besser, dass der Vater Bescheid wusste. So machte sie die Tür auf, steckte den Kopf durch den Spalt und rief: „Uwe kommt jetzt. Er geht mit mir …“ Sie überlegte, fasste sich ein Herz und erklärte: „Ich reite Goldie.“

Der Vater – einen Pinsel quer im Mund, einen Stift in der Hand und den Skizzenblock auf dem Tisch – schaute nicht auf. Er murmelte nur: „Es ist recht, Spatz.“

Sylvie dachte, dass er sie vielleicht gar nicht verstanden hatte. Jedenfalls zeichnete er gleich weiter, mit großen, dunklen, kräftigen Strichen.

Und Mario schien ebenfalls nicht zuzuhören. Von ihm kam kein Widerspruch.

Komisch, dachte Sylvie. Er findet doch, dass Goldie sein Pony ist! Sie sauste aus der Tür, über die Terrasse, in den Garten. Gut, dass sie ihre Jeans angezogen hatte. Mit denen konnte sie reiten.

Draußen stand Uwe in einer zerbeulten Hose. Er hielt Goldie einen Apfel vors Maul, den sie begeistert schmatzte.

„Bloß weg hier“, raunte ihm Sylvie zu. „Wir satteln Goldie, hoffentlich macht sie keine Schwierigkeiten. Mario hat erzählt, dass sie an den Sattel gewöhnt ist. Hilf mir und halte sie, dann hab ich es leichter.“

Sylvie lief in den Stall. Zuerst holte sie das Zaumzeug, das sich Goldie brav überziehen ließ. Dann schleppte Sylvie den kleinen Sattel heran, dessen Steigbügel über das Gras schleiften. Goldie stand ganz ruhig da. Vielleicht freute sie sich sogar darauf, dass sie sich bewegen durfte.

Sylvies Sattel war für ein kleines Pferd gemacht. Sie hielt ihn Goldie vor. „Kennst du so etwas, meine Kleine?“ fragte sie und ließ die Ponystute ausgiebig schnuppern.

Goldie bewegte den Kopf, es sah fast wie ein Nicken aus. Aber das konnte auch Zufall sein. Sie zeigte jedenfalls kein Zeichen von Unruhe oder gar Angst. Ganz langsam legte ihr Sylvie den Sattel auf. Uwe zog den Gurt sanft an. Was für ein Glück, dass sie das schon so oft mit Sternenauge, Kais Pony, geübt hatten. Goldie rührte sich kaum, nur einmal wechselte sie den Fuß. Sie benahm sich wirklich musterhaft, wie ein eingerittenes Pferd.

„Sie kann bestimmt mehr als nur diese blöden Zirkuskunststücke", meinte Sylvie. Sie mochte nun Zirkuskunststücke von Tieren nicht mehr. Und Uwe mochte sie auch nicht.

„Klar doch!", rief er wie zur Bekräftigung. Er verstand Sylvie.

Dann stieg Sylvie auf. Sie setzte den linken Fuß in den Steigbügel. Goldie stand ruhig. Das Gewicht des Mädchens schien sie nicht im Geringsten zu stören. Sylvie schwang das rechte Bein über den Ponyrücken, dann setzte sie sich ganz, ganz sanft in den Sattel und saß vorschriftsmäßig gerade, wie sie es gelernt hatte. Goldie trat zur Seite und warf kurz den Kopf auf. Sie schnaubte, aber es klang nicht ärgerlich, nicht belästigt, sondern eher vergnügt und ganz zufrieden.

„Ich glaube, sie freut sich", meinte Uwe.

Sylvie hatte nun auch den rechten Fuß in den rechten Steigbügel geschoben. Sie nahm die Zügel ein wenig kürzer. „Los, Goldie!", ermunterte sie ihr Pony. Sie war so froh, dass sie die ganze Welt hätte umarmen mögen. Sie spürte ihr Blut durch den Körper rauschen vor lauter Glück. Es machte ihr auch nichts aus, dass Uwe das Reithalfter auf der rechten Seite fasste und Goldie führte. Sie war einfach glücklich. Sie spürte die schwingende, weiche Bewegung des Ponys, seine kurzen Schritte. Und Uwe machte es Spaß, neben Goldie herzugehen.

Aber Goldie wurde bald ungeduldig. Sylvie hatte Mühe, ihr Pony zurückzuhalten. Immer wieder trabte es an, bog ungeduldig den Hals. Sylvie beruhigte die Ponystute, sie sprach mit ihr, klopfte ihr beruhigend den Hals. Nur einmal sah es so aus, als wollte Goldie buckeln und sich zu einem richtigen Bocksprung rüsten. Aber es ging vorbei. Ein plötzlicher, heftiger Windstoß ließ Goldies Mähnenhaar um Sylvies Nase wehen. Munter ging das Pony weiter.

Plötzlich sahen sie Marios kleinen schwarzen Hund. Schneeball kam hinter ihnen hergesaust. Er langweilte sich, denn es kümmerte sich ja niemand um ihn. Der Hund umsprang die Ponystute, aber Goldie ließ sich dadurch nicht beeindrucken. Sie beugte nur kurz den Kopf zu ihrem Freund und ging mit ihren kurzen, festen Schritten unbeirrt weiter. Schneeball lief übermütig bellend voraus.

Sylvie und Uwe wollten sich Zeit lassen. Der blaue Himmel dehnte sich hoch über ihnen, und die Wiesen dufteten nach Thymian, nach Gras und nach Immortellen. Wenn sie über die weiten Hügel schauten, die zum Leuchtturm hinüberführten, sahen sie rechts, gegen Osten hin, die silberne Fläche des Meeres, das die Insel Hiddensee von Rügen trennte.

Sie ritten – oder wanderten, wie man es nennen will – immer weiter, in den Wald hinein, an niedrigen Kiefern vorbei, auf dem schmalen Weg entlang der Steilküste. Einmal lief ein Reh an ihnen vorüber. Der helle

Fleck unter seinem Schwanz leuchtete blendend weiß auf. Der sandige Hang fiel jetzt steil, fast senkrecht ab. Sylvie hielt Goldie sanft an, und sie blieben stehen und schauten. Dies war der schönste Ausblick der Insel: Ringsum duckten sich die vom Wind zerkämmten Nadelbäume, da wucherten silbrige Sanddornbüsche, über und über mit bernsteingelben Früchten geschmückt. Üppiger Schwarzdorn duckte sich unter Ebereschen und Holunder, dazwischen blühten weiße Heckenrosen. Es war wunderbar.

Die Sonne wärmte ihnen den Rücken.

Goldie stand still, sie begann ein bisschen zu dösen.

Buschwindröschen blühten in dem spärlichen grünen Gras an der Wegkante. Ein Schwarm Buchfinken flatterte mit lautem Gezwitscher aus einem Gebüsch auf. Es roch so gut, wie es nur beim Übergang vom Hochsommer zum Herbst riecht.

„Wir bleiben hier“, sagte Sylvie. Sie stieg ab und band Goldie am lockeren Zügel, sodass sie sich gut bewegen konnte, am Stumpf einer vom Sturm geknickten Kiefer fest. Sylvie und Uwe setzten sich in den Sand und schauten über die See. Sie waren hier hoch über dem Meer, ringsum stand dichtes Gebüsch, es duftete würzig und stark nach Wacholder. Das Meer unter ihnen schien sich unendlich weit zu dehnen, hellgrau und silbern gegen den blauen Himmel, die Sonne neigte sich schon ein wenig nach Westen. Sie warf glänzende Lichtflecke auf das Wasser. Und über ihnen kreisten Vögel, die sich sammelten und schon für ihren langen Flug nach Süden übten, große dunkle Schwärme.

Die Kinder schwiegen. Ein großes Glücksgefühl saß wie eine kleine, warme Sonne in Sylvies Brust. Plötzlich rief sie aufgeregt: „Hör mal, Uwe!“ Hoch über ihnen erklang ein heiseres Krächzen. „Das sind Kraniche!“

Uwe nickte, jeder auf der Insel kannte die Vögel. Hiddensee ist ein Zentrum der Vogelkunde. Hier gibt es eine bekannte Vogelwarte der Universität Greifswald, denn die Insel Hiddensee ist ein Drehkreuz der Züge der Wandervögel. Zweimal im Jahr, im Frühjahr und im Herbst, ist die Luft über der Insel ein einziges Flattern und Kreischen, Rauschen und Schweben.

Für einen Augenblick vergaß Sylvie alles, was sie bedrückte. Niemand hört das Schreien der fliegenden Kraniche, ohne davon zutiefst berührt zu werden.

Sylvie vergaß Mario, sie vergaß, dass Su morgen wegfuhr. Sie schaute nur zu den Kranichen empor und fühlte sich frei und glücklich. Sie träumte sich weit fort, in ferne Länder. Sie flog mit den Kranichen nach Süden, in feenhafte Reiche mit Moscheen und Minaretten, mit Palmen und Blumen und Kamelen, so wie es in ihrem Märchenbuch aus Tausendundeiner Nacht gemalt war.

Uwe kannte die Kraniche, er sah sie oft. Nüchtern holte er Sylvie in die Wirklichkeit zurück. „Mario will Goldie wirklich wieder haben?“, fragte er.

Sylvie schrak zusammen. Sie setzte sich ganz gerade

hin. Ihre rotbraune Mähne wehte im Wind. Energisch strich sie die Haare glatt, genauso, als ob sie wieder Ordnung in ihre Gedanken bringen wollte. „Ja“, rief sie zornig. „Er behauptet, Goldie heißt Arabella und sie gehört ihm. Seine Eltern hätten sie gar nicht weggeben dürfen, ohne ihn zu fragen und gegen seinen Willen, sagt er.“

„Vielleicht hat er ja Recht“, murmelte Uwe. Unsicher und ganz schnell sah er Sylvie an.

„Du bist verrückt“, rief sie. „Goldie ist schließlich an Frido und Su verkauft worden, und jetzt gehört sie mir. Mario ist noch minderjährig; seine Eltern können über ihn bestimmen, auch wenn das ungerecht ist“, gab sie zu. „Der Haken ist nur, dass Frido, mein Vater, immer so gerecht sein will. Er sagt, dass man auch Kinder ernst nehmen muss. Marios Vater hätte seinen Sohn einfach vorher fragen müssen. Frido hasst es, wenn jemand ungerecht behandelt wird, vor allem Kinder. Ach, verdammt! Hätte er Mario nur gleich wieder weggeschickt, als er vor der Tür stand! Warum hat er ihn überhaupt eingeladen? Jetzt tut Mario so, als wäre er bei uns wie zu Hause. Er schmiert mit teuren Farben rum und kocht Spagetti. Ich weiß wirklich nicht, was Frido und Su sich dabei gedacht haben. Das ärgert mich unheimlich!“

„Wenn sie dir das Pony jetzt wieder wegnehmen, dann behandeln sie dich aber auch ungerecht“, stellte Uwe fest. „Wo es doch dir auch gehört.“

Die kleine Ponystute stand fast bis zum Bauch im hohen, dürren Gras und ließ sich schmecken, was sie gerade erreichen konnte. Sie streckte den Kopf vor und kaute mit Genuss. Ihre kleinen Ohren spielten. Manchmal hielt sie auch inne, schaute kurz zu Sylvie und Uwe hinüber und schien zufrieden zu sein, dass sie nicht allein war. Dann ging sie ein paar Schritte weiter und fraß wieder.

„Sieht sie nicht aus, wie wenn sie immer hier gewesen wäre und hierher gehörte?“, fragte Sylvie. Das war eine klare Feststellung, darauf erwartete sie keine Antwort.

„Und sie soll auch immer hier bleiben“, sagte Uwe trotzdem. „Goldie ist dein Pony, und sie bleibt dein Pony.“ Er zupfte einen Grashalm ab und steckte ihn zwischen die Lippen.

„Das soll man nicht machen“, rief Sylvie. „Da können Pilze dran sein, von denen man krank wird.“

„Ist nicht so schlimm!“ Uwe spuckte den Grashalm wieder aus.

„Hast du wirklich einen Plan?“, fragte Sylvie.

„Ich rede doch nicht nur so daher!“ Das tat Uwe wirklich nicht, er war ja eher wortkarg.

„Also?“ Sie starrte ihn an.

„Wir klauen Goldie!“, erklärte er, als sei das die selbstverständlichste Sache der Welt.

„Was?“ Sylvie blickte ihn verblüfft an. Ungläubig wiederholte sie seine Worte. „Wir klauen Goldie?“

„Ja“, antwortete er und nickte.

„Aber ich kann doch nicht klauen, was mir gehört!“, rief sie.

„Das ist ja das Schöne“, antwortete er. „Was einem gehört, kann man nicht stehlen, da hast du ganz Recht. Also, direkt verboten ist das dann nicht, höchstens so ein bisschen. Wenn dein Vater Goldie diesem Zirkuskerl wiedergeben will ... “

„Das lasse ich mir nicht gefallen!“, rief Sylvie schnell.

„Lass mich doch erst mal ausreden! Ich sage ja nur, wenn er es wirklich tun wollte, dann würde ich vorher nachts kommen, so wie damals, du weißt schon, als ich aus Versehen die Gartentür nicht wieder zugemacht hatte und Kais Pony Sternenauge fortlief. Du weißt ja, wie lange wir sie suchen mussten. Damals wussten wir nicht, wo Sternenauge hingelaufen war. Aber diesmal führe ich Goldie weg. Ich hab da ein altes, verlassenes Gemäuer gesehen, ganz einsam, es liegt ziemlich versteckt im Enddorn. Keine Ahnung, wozu man es gebaut hat. Vielleicht stammt es noch aus dem Krieg, ein alter Bunker oder so. Da verstecke ich Goldie. Sie bekommt Wasser und Futter, es wird ihr an nichts fehlen.“

Sylvie hörte gespannt zu, und je länger Uwe redete, desto aufgeregter wurde sie. „Du, wir werden sie suchen! Ich werde so tun, als ob ich mich furchtbar aufrege, dass sie verschwunden ist!“

„Keiner wird sie entdecken“, versprach Uwe. „Ich suche natürlich mit euch, und ein paar Schulfreunde schwärmen über die Insel. Aber die wissen alle Bescheid – niemand wird zum Enddorn gehen, das schwöre ich dir. Wir führen die Leute ganz woanders hin, bis nach Neuendorf oder Grieben!“

„Und Mario muss ohne sie abfahren, weil er ja schließlich nicht ewig hier bleiben kann“, rief Sylvie begeistert. „Eine Superidee! Klasse! Du bist richtig toll, Uwe.“ Aber plötzlich bekam sie Bedenken. „Glaubst du wirklich, dass das klappt? Niemand darf dich sehen!“

„Klar klappt es!“, rief er. „So wahr ich Uwe Johannes heiße! Du hast mir doch erzählt, dass der Zirkus weiter muss. Mario kann gar nicht so lange auf Hiddensee bleiben.“

„Das stimmt“, Sylvie nickte. „Sie fahren schon in ein paar Tagen. Deshalb kann Mario auch nicht viel länger bei uns bleiben. Der Zirkus gastiert dann woanders, in Rostock, glaube ich. Dann vergisst er Goldie bald, das glaube ich sicher, so wie ich ihn kenne! Er macht sich gar nicht so viel aus dem Pony. Außerdem hat er seinen Hund, Schneeball.“

Sylvie legte sich wieder zurück. Hinter ihr befand sich eine kleine Erhöhung, die mit buschigem Gras bewachsen war. Ihr Kopf fand darauf eine Stütze. Ihre Wuschelhaare bildeten einen hübschen Kontrast zu der grünen Farbe der Sträucher und dem gelben Sand. Sie schloss die Augen. Sie fühlte sich wieder richtig beruhigt. Niemand würde ihr Goldie wegnehmen. Dafür würde Uwe schon sorgen.

Nach einer Weile brachen sie auf und kehrten zum *Haus Schwalbennest* zurück.

Sylvie war traurig, dass Su abfuhr. Sie hatte sich so an ihre Anwesenheit gewöhnt. Su war verständnisvoll und sehr liebevoll zu Sylvie, und das tat ihr gut. Sie konnte sich das Leben ohne Su gar nicht mehr vorstellen. Ja, Su war nicht ihre richtige Mutter, aber die war mit dem Auto tödlich verunglückt, und seitdem waren Jahre vergangen. Sylvie war älter geworden. Sie hatte die Mutter nicht vergessen, aber neue Eindrücke und Erfahrungen hatte sie gemacht, und die hatten sie geprägt. Das Bild der Mutter, das Frido gemalt hatte, hing im Kaminzimmer. So war die Mutter irgendwie immer da. Aber Su war nun lebendige Gegenwart. Und es war schön, dass es so gekommen war, dachte Sylvie. Es war gut so.

Am Abend vor der Abreise setzte sich Su auf Sylvies Bettrand, um ihr gute Nacht zu sagen. „Du wirst es doch gut aushalten ohne mich, Spatz?“, meinte sie und sah Sylvie an.

Sylvie nickte, obwohl sie unsicher war. „Du hast mir versprochen, nicht lange fortzubleiben“, sagte sie leise.

„Ja, ich bin nur wenige Tage weg!“

„Du hattest mir eigentlich versprochen, mir bei Goldie zu helfen. Das ist doch noch alles so neu für mich! Und nun lässt du mich gleich am Anfang im Stich!“

„Es ist ja nur kurz, Spatz. Und du hast ja auch Hilfe hier!“

„Mario rührt Goldie nicht an“, rief Sylvie empört.

„Ich habe ja nicht von Mario gesprochen“, sagte Su lächelnd.

„Eigentlich meine ich es ja auch gar nicht so. Ich mag's einfach nicht, dass du weg bist, auch unabhängig von Goldie. Am liebsten würde ich gar niemand andern an sie heranlassen. Aber wenn schon, dann lieber Uwe oder Emil Deckert als Mario.“

Su lachte wieder leise. „Du kannst ihn nicht leiden, stimmt's?“

„Na ja, jedenfalls soll er Goldie nicht ...“

Su legte Sylvie den Finger auf die Lippen. „Wir haben uns fest versprochen, erst wieder darüber zu reden, wenn Mario abfährt. Erst dann wird entschieden. Du weißt doch, du kannst Vertrauen zu uns haben.“

„Vertrauen habe ich schon. Aber ich weiß doch, dass Frido immer will, dass Kinder genauso ernst genommen werden sollen wie Erwachsene. Na, und Marios Eltern haben ihn doch nicht ernst genommen, sonst hätten sie Goldie nicht heimlich verkauft. Aber ich gebe sie nie wieder her! Das ist endlich mein eigenes Pony. Und das Wichtigste ist – Goldie mag mich. Sie ist gern bei mir, das weiß ich. Sie freut sich, wenn ich komme."

„Das soll auch so bleiben." Su lächelte wieder und verschloss Sylvies Lippen mit den Fingerspitzen. „Mach dir keine Sorgen. Und hab Geduld, Spatz!"

„Geduld haben ist schrecklich schwer! Weißt du, Su, so ein Pony ist so was Warmes! Ich meine, nicht nur sein Körper, wenn ich es anfasse, nein, es strömt auch so eine andere Wärme aus …"

„Du meinst eine seelische?"

„Ja, wie wenn man mit einem ganz guten Freund zusammen ist."

Da sagte Su: „Sieh mal, Sylvie, du hast einmal ganz entrüstet gesagt, dass du dich nie verlieben wolltest, weil Verliebtsein so furchtbar blöd sei."

„Ja, das stimmt." Sylvie nickte.

„Und jetzt bist du doch selbst verliebt. Ich meine natürlich nur so ähnlich, nicht in einen Jungen, aber eben in dein Pony. Du erlebst dasselbe warme Gefühl, wenn du es ansiehst, als ob ein lieber Freund bei dir ist."

„Meinst du wirklich?"

„Ich glaube schon. Aber wir brauchen jetzt nicht weiter darüber zu sprechen. Die Zeit kommt schon noch, und mit Goldie wird alles gut werden, du wirst sehen."

Su schwieg eine Weile. Dann fuhr sie fort: „Nur noch eins, Sylvie. Versprich mir, nicht mit Mario zu streiten, ja? Das bringt jetzt nichts. Dein Vater braucht viel Ruhe für seine Arbeit, er muss sich ganz darauf konzentrieren können. Diese Ausstellung seiner Bilder im nächsten Jahr ist so wichtig für ihn – für uns alle. Und schau mal, der Mario ist doch eigentlich ein sehr netter Kerl. Frido sagt, dass er sehr begabt ist – beim Malen."

„Auch das noch!", rief Sylvie. „Mario ist überhaupt ein Wunderkind!"

Su sah sie an. „Sein Leben war bestimmt nicht immer ganz einfach", sagte sie. „Das wirst du auch noch feststellen. Er ist in einem Zirkus aufgewachsen, da lernt man andere Sachen als in einem stillen Haus auf Hiddensee!" Sie schwieg und überlegte. Endlich fuhr sie fort: „Schau mal, Sylvie, Frido und ich wollen eine Lösung, mit der alle zufrieden sind."

„Auch Mario?" Sylvie richtete sich im Bett auf.

„Auch Mario!" Su nickte.

„Aber das würde heißen, dass er sein Pony wiederkriegt, und damit wäre ich ganz und gar nicht glücklich. Überhaupt nicht!"

„Das wissen wir ja. Und das wird auch nicht so kommen."

„Wie meinst du das?"

„Nun, wie fändest du es, wenn Mario freiwillig, vielleicht sogar gern, auf Goldie verzichtete!"

„Das tut der nie! Das täte ja auch ich nie!", rief Sylvie, zutiefst von der Wahrheit ihrer Worte überzeugt.

Su nickte. „Ich weiß auch noch nicht, ob es gelingt, aber es wäre die einzige Möglichkeit, keinen von euch

unglücklich zu machen. Und das wollen wir versuchen."
„Habt ihr ihn deshalb eingeladen?"
„Ja, und wir haben uns das gut überlegt."
„Ich weiß nicht, wie das gehen soll!"
„Aber es ist doch nicht so schwer zu verstehen. Wenn man ein Problem mit einem anderen Menschen hat, dann löst man es leichter, wenn man sich so gut wie möglich kennt, denn dann kann man viel leichter über alles miteinander reden. Leute, die sich fremd sind, wissen nicht, was sie voneinander zu halten haben und sind daher leicht misstrauisch. Das weißt du selbst. Wenn du in eine neue Klasse unter lauter fremde Kinder kommst, fühlst du dich unwohl. Das geht auch Tieren so. Zuerst müssen sie einander kennen lernen. Hunde und Katzen beschnuppern sich. Pferde stecken die Köpfe zusammen und pusten sich gegenseitig ganz sanft in die Nüstern. Wenn sie sich fremd sind, sind sie zurückhaltend oder quietschen ein bisschen. Das ist ihre Art, sich miteinander vertraut zu machen, herauszukriegen, was sie vom anderen zu halten haben. Die Indianer rauchen zuerst eine Friedenspfeife und warten ab, ehe sie ihr Palaver beginnen."
„Du meinst ihre Verhandlung?"
„Genau. So wollen wir es auch mit Mario machen, nur dass wir uns nicht beschnuppern oder Pfeife rauchen, sondern eben miteinander reden, leben, arbeiten, malen, kochen, spielen. Je besser man sich kennt,

umso besser kann man sich einigen. Am allerbesten ist es natürlich, wenn man sich anfreundet. Da lösen sich manche Probleme oft ganz von selbst."

„Ach, so dachtet ihr euch das", murmelte Sylvie. Sie war enttäuscht. Sie glaubte nicht, dass sie sich mit Mario anfreunden würde. „Aber Freunde können sich auch verkrachen! Sehr sogar."

„Das ist leider wahr. Das geschieht oft. Aber durch unser Abkommen, nicht über unser Problem zu reden, wollten wir die Möglichkeit zum Streit einschränken."

„Und wenn es euch nicht gelingt? Was ist dann?"

„Darauf gebe ich dir heute noch keine Antwort. Niemand kann in die Zukunft sehen. Warte es ab! Aber wie wäre es denn, wenn du vielleicht ein anderes Pony bekämst?" Su sagte es so leise, als wäre ihr selbst nicht wohl dabei.

„Niemals! Nie!", rief Sylvie empört. „Ein Pony ist doch kein Gegenstand, den man einfach austauschen kann! Warum sagst du das!"

„Du hast Recht", murmelte Su. „Es war sehr dumm von mir, das zu sagen. Vergiss es. Und nun muss ich fertig packen." Sie gab Sylvie einen Kuss und verließ das Zimmer.

Sylvie lag noch lange wach. So vieles wirbelte ihr durch den Kopf. Sie dachte daran, dass Mario jetzt unter dem gleichen Dach wie sie schlief, in Kais Zimmer, und das war ihr irgendwie nicht recht – aber es war vielleicht auch wieder nicht so schlimm. Wenn sie es richtig überlegte, hatte Su ja eigentlich Recht, Mario war ein ganz netter Kerl. Wenn nur Goldie nicht gewesen wäre! Wenn Fridos und Sus Wunsch sich nun nicht erfüllte? Wenn Mario doch nicht auf Goldie verzichten wollte? Sylvie grübelte. Dann, beschloss sie, dann wird der „Plan Uwe“ ausgeführt. Mit einem starken Gefühl für Uwe spürte sie, wie gut es war, ihn zum Freund zu haben. Auf Uwe konnte sie sich verlassen. Nicht, dass sie Su und Frido misstraut hätte, aber es war doch besser, noch einen zusätzlichen Pfeil im Köcher zu haben. Schließlich konnte man nie wissen, und sie war fest entschlossen, auch selbst etwas für ihr Pony zu tun und nicht einfach alles anderen zu überlassen. Für Goldie würde sie kämpfen!

Sylvie knipste die Lampe aus. Eine Weile sah sie noch, wie ihr Zimmer vom kreisenden Licht des Leuchtturms erhellt wurde, wieder im Dunkeln versank, wieder hell wurde …

Endlich schlief sie ein. Ihre Augen fielen zu, und sie träumte von einem wunderbaren Ritt mit Goldie am Meer.

Am nächsten Morgen reiste Su ab. Es war noch früh, eine leichte Nebelschicht lag hell über dem Wasser, schwebte über dem Bodden. Auf den Stangen, die die Fahrrinne bezeichneten, saßen schwarze Kormorane. Sylvie und Frido hatten Su zum Dampfer gebracht und winkten lange, auch als er schon abgefahren war. Su winkte mit ihrem Schal vom Heck des Schiffes aus zurück. Möwen flogen kreischend über sie hinweg. Schließlich konnten sie Su nicht mehr erkennen. Da legte Frido den Arm um Sylvies Schulter und ging mit ihr zurück ins *Haus Schwalbennest*.

Daheim stand Mario an der Staffelei. Er hatte für nichts anderes Augen als für sein Bild. Sylvie wollte höflich sein und stellte sich neben ihn, um es zu betrachten. Aber sie konnte ihn beim besten Willen nicht loben. Sie fand, dass das Bild eine einzige Schmiererei war. Nur wilde Linien und Muster!

„Soll das ein Feuerwerk sein?", fragte sie.

„Nein", antwortete er. „Ein Bild ohne Worte!"

„Drum! So sieht es auch aus!", brummte Sylvie. „Dazu fällt mir kein Wort ein."

Mario lachte. „Das macht nichts", sagte er und war nicht beleidigt.

Frido sagte: „Mario hat viel Formgefühl und einen echten Sinn für Farben."

Na, meinetwegen, dachte Sylvie, soll er doch.

Mario genoss die Atmosphäre im *Haus Schwalbennest*, und Frido lachte viel mit ihm. Es gefiel ihm, dass Mario so unbefangen war.

Sylvie verzog sich in den Stall. Goldie graste draußen auf der Wiese, und Sylvie machte sich drinnen zu schaffen. Sie putzte, fegte und mistete aus. Viel gab es ja noch nicht zu tun, nach dem einen Tag, den Goldie erst hier war, aber es machte Sylvie einfach

Spaß. Sie trug Heu in die Krippe und verteilte frisches Stroh. Das Pony sollte es so schön wie möglich haben. Sylvie empfand eine ganz neue Verantwortung für Goldie. Es war anders, als sie es jemals gespürt hatte, bei ihren Teddybären oder Puppen war das ganz anders gewesen. Ein lebendiges Tier war eben kein Spielzeug, das man in die Ecke legen konnte, wenn man nicht mehr spielen wollte. Ein Pony brauchte einen eben immer.

Alles war wunderbar: Goldies weiches Maul streicheln, ihr den Schweif kämmen, ihre Hufe auskratzen und den hübschen, runden Leib bürsten, bis das Fell golden glänzte.

Drei, vier Tage vergingen. Sylvie gewöhnte sich sogar etwas an Mario. Sie vergaß beinahe, warum er eigentlich gekommen war.

Jeden Tag telefonierte Frido mit Su in Berlin. Danach war er immer sehr fröhlich. Nur eines Abends, nach dem letzten Gespräch, machte er ein bedrücktes Gesicht.

„Was hast du?“, fragte Sylvie und sah ihren Vater an.

„Eigentlich sollte ich mich ja freuen“, murmelte er. „Aber ich kann es nicht. Ich bin eben doch ein Egoist, Sylvie. Su hat heute ein tolles Angebot bekommen. Für eine Hauptrolle in einem internationalen Film, der später auch im Fernsehen laufen soll. Einer der besten jungen Regisseure und Filmemacher, um den sich alle reißen, will Su unbedingt haben. Er heißt Rainer Werner Krugflechter; seine Filme haben überall Erfolg, er hat schon viele Preise bekommen, eine Goldene Rose und einen Silbernen Bären, und sogar in Amerika, wo man deutsche Filme sonst kaum beachtet, interessiert man sich für ihn."

„Sag bloß nicht, dass sie nicht wiederkommt!", rief Sylvie entsetzt.

„Nein, das heißt, sie kommt schon. Das sagt sie jedenfalls. Sie will auch bei uns einziehen, sagt sie. Aber sie überlegt auch noch. Dann wäre sie wochenlang fort, Monate. Und wer weiß, was sich alles daraus ergeben könnte. Das ist dann vielleicht erst ein Anfang!"

Sylvie verstand – und verstand doch wieder nicht. Su hatte sich doch schon für Frido und sie und für das Leben hier und fürs Bücherschreiben entschieden – und für Goldie natürlich auch!

„Es gibt eben Situationen, die man nicht vorhersehen kann. So entstehen Konflikte …", murmelte Frido. Dann versuchte er sich selbst Mut zu machen: „Noch ist ja nichts entschieden. Rainer Werner Krugflechter sucht auch noch andere Darsteller. Irgendein junger Mann soll eine Art Hauptrolle spielen, den hat er noch nicht gefunden. Von dem hängt eigentlich das ganze Projekt ab."

Dann kam Su zurück. Sie war blass, die Tage in Berlin hatten sie angestrengt. „Es ist so viel los gewesen", sagte sie. „Viel mehr, als ich geahnt habe. Plötzlich stürzte alles auf mich ein."

Der Einzige, den nichts bekümmerte, war Mario. Er malte und schien vollkommen zufrieden. Er schien sogar vergessen zu haben, dass er in zwei Tagen wieder abreisen musste.

Sylvie war hin und her gerissen. Wie sollte sie das Angebot für Su finden? Einerseits war es doch toll, sie war stolz auf Su. Dann würde sie eine berühmte Schauspielerin, ein richtiger Star. Aber sie durfte Frido doch nicht schon wieder verlassen! Sie waren ja noch nicht einmal verheiratet. Vielleicht kam sie dann gar nicht wieder zurück nach Hiddensee!

Su selbst schien unsicher zu sein. Sie sagte: „Es ist wirklich wie verhext. Zuerst will jahrelang niemand etwas von mir wissen. Und dann, gerade da ich mich entschlossen habe, die Schauspielerei aufzugeben, kommt so ein Angebot – von so einem Regisseur!" Sie spielte nervös mit den Fingern. Aber endlich gab sie sich einen Ruck: „Nein! Ich bin doch kein Fähnchen im Wind! Ich will ja schreiben – obwohl ich noch nicht weiß, ob ich das überhaupt kann. Man überschätzt sich so leicht."

„Das ist wirklich eine schwere Entscheidung", sagte

Frido leise. Er nahm sie in den Arm. „Ich will dich nie wieder hergeben, das weißt du ja. Aber …“

„Ich sage ab!“, erklärte Su. Und wie um sich selbst jeden Rückweg zu verbauen, sprang sie auf, trat zum Telefon und nahm den Hörer ab. Das Gespräch war dann sehr kurz. Sie brauchte nicht zu diskutieren, sie sprach nur mit der Sekretärin von Rainer Werner Krugflechter und ließ ihm ausrichten, dass er sich eine andere Darstellerin suchen müsse.

Sylvie atmete auf. Sie hätte die ganze Welt umarmen mögen. Aber da das nicht möglich war, rannte sie in den Garten, warf ihre Arme um Goldies Hals und presste die Stirn an das warme, weiche Fell. Sie redete nicht, es gab ja auch nichts zu sagen. Dafür empfand sie umso mehr. Nun war alles klar.

Am nächsten Tag kam der Regisseur Rainer Werner Krugflechter selbst nach Hiddensee. Er hatte sich nicht einmal angemeldet. Er nahm sich in Schaprode ein Wassertaxi; den Weg zum *Haus Schwalbennest* hatte man ihm am Bollwerk beschrieben, er fand ihn leicht. Jetzt stand er auf der Terrasse. Die Glastür war halb offen, das Kaminzimmer leer.

Sylvie war gerade im Stall bei Goldie, sie hatte ihn nicht gehört, Frido und Mario malten im Atelier. Su saß oben in ihrem Zimmer am Schreibcomputer und grübelte über einem schwierigen Satz. Aber sie dachte auch an ihr Gespräch mit Frido und war wieder unsicher, ob sie sich richtig entschieden hatte.

Unten trat der Besucher ein. Sein Schritt war energisch. Laut rief er: „Hallo! Susanne! Hallo! Ich bin es! Krugflechter!"

Frido rannte aus dem Atelier. Er hatte einen Pinsel in der rechten, eine bunt beschmierte Palette in der linken Hand. Su hörte ihn rufen, sie sprang auf und trat an die Treppe. Sie beugte den Oberkörper über das Geländer, sodass ihr die Haare übers Gesicht fielen. Gerade kehrte auch Sylvie aus dem Stall zurück.

Da sahen sie den fremden Mann. Er stand mitten im Raum. Er sah so aus wie einer, den nichts aufhalten kann. Äußerlich war er stämmig und eher nachlässig gekleidet. Seine dunkelbraune Cordhose beulte sich aus, der dünne Wollpullover hing irgendwie auf seinem Oberkörper. Vor seinen dunklen Augen blitzte eine randlose Brille, die blonden Haare waren kurz geschnitten wie eine Bürste; das war jetzt modern, Sylvie wusste es. Dazu hatte der Regisseur einen Dreitagebart, das sah aus wie schlecht rasiert, war aber Absicht.

Irgendwie gefiel er Sylvie.

Er rief Su, nach oben gewandt, zu: „Wenn du nicht nach Berlin kommst, Mädchen, dann hole ich dich eben!"

Sylvie sah Su an, wie verblüfft sie war. Damit hatte sie nicht gerechnet. Sie murmelte: „Ach, Rainer Werner", und ging langsam die Treppe hinunter.

Sylvie spürte ganz deutlich, dass etwas Entscheidendes in der Luft lag. Ihre Haut kribbelte. Sie ließ sich in einen Sessel fallen, der etwas abseits in der Ecke stand. Sie wurde sowieso von keinem beachtet.

Nun war Su hinuntergekommen, und Rainer Werner nahm sie ohne große Umstände in die Arme und küsste sie auf beide Wangen.

Su wirkte verlegen, fast etwas hilflos, sie küsste ihn aber ebenso auf die Bartstoppeln. Dann machte sie sich frei, wandte sich an Frido und stellte ihm den Regisseur vor: „Das ist Rainer Werner Krugflechter", murmelte sie so undeutlich, dass Frido es fast nicht verstand. Es war aber auch egal, denn es war sowieso klar, wer der Besucher war. „Ich erzählte dir ja von ihm …", schloss Su.

Frido war womöglich noch unsicherer als Su. Er murmelte: „So …", und: „Ich freue mich …" Er klemmte seinen Pinsel zwischen die Lippen, um eine Hand frei zu kriegen und sie dem fremden Mann entgegenzustrecken.

„Scheinst dich nicht zu freuen!", erwiderte Rainer Werner Krugflechter. Er duzte jeden. Die Anrede „Sie" schien er nicht zu kennen. „Ich jedenfalls würde mich nicht freuen, wenn ein fremder Mann käme und mein Mädchen holen wollte."

„Ach", sagte Frido unsicher. Er bemühte sich um Fassung. „Setzen Sie sich doch. Wir müssen über alles reden! – Ja, ich komme gleich wieder." Er ging ins Atelier, legte Pinsel und Palette ab und kam zurück.

Im Kaminzimmer hatte sich Rainer Werner – wie er sich nennen ließ – bereits in einem Sessel niedergelassen, Su saß ihm halb schräg gegenüber, Frido nahm den Stuhl neben ihr.

Sylvie beobachtete die drei Erwachsenen. Ihr Herz klopfte, und ihr Mund war trocken.

„Also, ich mache keine lange Rede“, fing Rainer Werner an und drehte sich Su zu. „Als mir die Müllerin, also, meine Sekretärin, gestern Abend sagte, dass du ablehnen willst, Susanne, da habe ich mir gleich in Stralsund ein Zimmer bestellen lassen und mich ins Auto geschmissen. Du bist wohl nicht recht bei Trost, Mädchen? Tausende lecken sich alle zehn Finger nach so einer Rolle! Und du willst nicht? Du schwirrst auf diese gottverlassene Insel ab, fort von der Welt. Oder willst du mehr Geld haben, Mädchen, ein besseres Angebot? Darüber kann man ja reden, aber du kannst doch nicht so einfach verschwinden!“

„Das ist es nicht“, antwortete Su zögernd.

„Na, was ist es denn dann? Es ist doch immer das Geld. Überleg dir doch, was du tust! So eine Möglichkeit kriegst du nie wieder. Das ist die Chance deines Lebens! Ich will aus dir ja nicht irgendeinen Star machen, sondern eine richtige Schauspielerin. Du hast das Zeug dazu, ich hab dich doch spielen gesehen. In einem Jahr, das garantiere ich dir, hast du das erste

Angebot aus Hollywood. Dann ist sogar ein Oscar drin …"

Su starrte auf ihre Hände. „Aber …"

Sylvie fand, dass es zu unentschieden klang, nicht sicher genug.

„Nichts aber", rief Rainer Werner. „Du bist unglaublich begabt, Susanne. So etwas wirft man nicht weg, das tritt man nicht mit Füßen. Ein Talent ist nicht nur eine Gabe des Schicksals, es ist auch eine Verpflichtung. Frido, sei mal ehrlich, was sagst du, du bist doch auch Künstler …"

Frido war sehr blass. Er biss auf die Zähne, seine Backenknochen traten hervor. „Ich weiß es nicht", sagte er leise. „Das verändert ja nicht nur Susannes, das verändert unser aller Leben. So eine Entscheidung kann man nicht übers Knie brechen. Aber, Su, ich will nicht, dass du mir jemals vorwirfst, du hättest meinetwegen deine Karriere aufgegeben, mir und Sylvie geopfert. Nein, das möchte ich wirklich nicht. Ich will dir nicht im Wege stehen. Das könnte ich nicht verantworten."

„Das ist ja Unsinn!", rief Su, jetzt blitzten ihre Augen. „Ich entscheide für mich ganz allein!"

Na endlich, dachte Sylvie. Gib's ihm, Su, gib's ihm! Damit meinte sie Rainer Werner Krugflechter.

Frido musste sich eingestehen, dass er beeindruckt, sogar irgendwie erschlagen von Rainer Werners dynamischer Art war. Wie der mit Menschen umging! Frido ahnte, wie anziehend er auf Frauen wirken musste. Vielleicht war er an Su nicht nur als Schauspielerin interessiert? Dieser Gedanke machte, dass es ihm kalt den Rücken hinablief. Er wollte Su nicht verlieren.

Sie schien so etwas gespürt zu haben. Sie riss sich zusammen, ihre Gestalt straffte sich. „Ich habe mich entschieden“, erklärte sie. „Es ist endgültig. Ich weiß, was ich aufgebe. Es mag großartig, es mag toll, es mag aufregend und Erfolg versprechend sein. Aber dann ist es auch ein einziger Stress. Und außerdem bleibt alles doch immer sehr unsicher. Ich habe es ja erlebt. Andererseits weiß ich, was ich gewinne.“ Sie holte tief Luft, lächelte Frido an und reichte ihm die Hand. Er nahm sie und drückte sie zärtlich. „Ein Risiko ist natürlich auch hier dabei, wie überall“, meinte sie lächelnd.

Sylvie hätte laut jubeln mögen. Sie wurde aber abgelenkt, weil der Inselbriefträger kam. Neben vielen Drucksachen brachte er auch einen Brief für Su von einem Münchener Verlag. Su schaute kurz auf den Absender und murmelte: „Entschuldigung.“ Sie riss den Umschlag auf und überflog die wenigen Zeilen.

„Na?“, fragte Frido. „Eine Antwort auf deine Arbeitsprobe? Was schreiben sie?“

„Nicht viel“, antwortete Su. „Immerhin – es hat nicht schlecht gefallen. Man möchte mehr von mir lesen!“

„Na siehst du!“, rief Frido.

„Ach, das bedeutet ja noch nicht viel“, meinte sie,

fügte aber dann doch hinzu: „Trotzdem, ich freue mich natürlich!“

„Und ich ahne, dass ich vergeblich gekommen bin“, sagte Rainer Werner Krugflechter.

Mario kam aus dem Atelier. Er stand auf der Türschwelle und rief: „Frido, kannst du mal gucken? Ich glaube, mein Bild ist fertig!“ Er trug eine verschmierte Kittelschürze von Frido, die ihm viel zu groß war. Er hatte sie mit dem Gürtel in der Taille hochgebunden. Auf seinem Gesicht glänzten ein paar frische Farbtupfer. Seine schwarzen Locken standen wirr ab, und seine dunklen Augen leuchteten. Mario strahlte.

Rainer Werner blickte ihn erstaunt an. „Wer bist denn du?“, rief er. „Ich denke, hier ist nur eine Tochter!“

„Das ist Mario, unser Gast“, erklärte Frido, froh über die Unterbrechung.

„Ein Gast?“

Su erzählte schnell. Den Streit um das Pony Goldie verschwieg sie. Der interessierte Rainer Werner Krugflechter auch gar nicht.

„Ein Zirkusjunge“, murmelte er. „Ein Artist! Und er kann sich in der Manege bewegen? Vor vielen Leuten, vor Publikum? Kann er vielleicht irgendwelche Kunststücke?“

Da sprudelte Sylvie los, ohne zu überlegen. Was sie

sagte, kam nicht aus Absicht oder Schlauheit. So vieles, was sich in ihr aufgestaut hatte, brach jetzt hervor: „Mario? Ach, Mario kann einfach alles! Er kann malen und kochen und Harmonika spielen und Geige und Klavier und er kann wunderbar singen. Er kann Tiere dressieren und natürlich kann er jonglieren, mit Zylinderhüten und Keulen und Messern und Bällen, er kann auf dem Seil tanzen und in der Zirkuskuppel von Trapez zu Trapez den dreifachen Salto machen. Er spricht Französisch, Englisch, Italienisch und Chinesisch, ja, bestimmt, er kann einfach alles. Und alles ohne Netz und doppelten Boden."

„Halt, halt!", rief Mario. „Das möchtest du wohl gern, Kleine, aber das alles stimmt nun doch nicht!"

Rainer Werner überhörte die Einschränkung. Er stand auf und ging zu Mario, der ihn neugierig, aber auch erwartungsvoll ansah. Der Regisseur nahm den Kopf des Jungen in die Hände, drehte ihn nach allen Seiten, schaute ihn aufmerksam an, trat wieder zurück, formte mit flach ausgestreckten Händen zuerst senkrecht, dann waagrecht eine Art Bilderrahmen und betrachtete Mario durch diese Begrenzung. Dann sagte er, halb zu sich, halb zu Mario: „Ja, ich glaube, du bist ganz fotogen …"

„Was heißt das?", fragte Mario.

„Das heißt, dass du auf Fotos gut rauskommst", murmelte Rainer Werner. „Ich denke, man müsste dich gut fotografieren können. Das wäre für einen

Film ja die Voraussetzung. Sag mal, Junge, hättest du Lust, glaubst du, dass du mit mir nach Berlin kommen dürftest? Ich möchte Probeaufnahmen von dir machen!“

„Berlin? Probeaufnahmen? Für einen Film? Fürs Fernsehen?“ Mario sprang fast in die Luft. Sein erstes eigenes Bild, auf das er eben noch so stolz gewesen war, schien vergessen zu sein.

„Wir müssten seine Eltern fragen!“, sagte Su. Sie war genauso überrumpelt wie alle anderen. „Wie ist es denn mit der Schule?“

„Als Schaustellerkind habe ich eine Sonderregelung“, erklärte Mario. „Das heißt, ich gehe in die Schule, wo ich gerade bin und wann ich gerade kann. Oder ich bekomme Privatunterricht!“

„Mann, hast du es gut!“, rief Sylvie. Sie war ehrlich begeistert.

„Ich frage deine Eltern“, sagte Rainer Werner zu Mario. Er fragte Frido: „Ich darf doch mal telefonieren?“ Er brauchte die Zustimmung nicht abzuwarten; Su wählte und reichte ihm den Hörer. Der Regisseur redete rasch nacheinander mit Marios Vater, dann mit seiner Mutter, der Mamma. Er brauchte keine große Überredungskunst, die beiden waren bald einverstanden. So eine Chance bekam ihr Junge vielleicht nie wieder.

„Ich werde Schauspieler!“ Mario riss sich den Kittel ab, warf ihn ins Atelier und raste im Kaminzimmer im Kreis herum.

„Mach dir keine Illusionen“, beruhigte ihn Rainer Werner. „Das ist harte Arbeit! Wirst schon sehen!“

Mario blieb stehen, wandte sich ihm zu und strahlte ihn an.

„Na“, murmelte Rainer Werner schließlich, „vielleicht hat sich mein Besuch hier ja doch gelohnt. Wenn auch auf andere Weise, als ich dachte. Wer weiß? Sicher ist noch nichts, Junge. Aber eins steht fest: Ein guter Jugenddarsteller ist schwerer zu finden als ein Schauspieler oder eine Schauspielerin. Gute Kinder und Jugendliche kann man suchen. Aber wenn sie wirklich ankommen, dann spielen sie jeden Erwachsenen an die Wand. Kinder und Tiere – dagegen kommt niemand an.“ Er sah Su nachdenklich an und murmelte: „Du bist natürlich auch nicht zu ersetzen, Su. Ich bin schon traurig. Willst du es dir nicht doch noch einmal überlegen?“

„Nein“, erwiderte sie. „Es ist endgültig. Ich bleibe dabei. Und ich weiß, warum.“ Sie trat zu Frido und legte den Arm um ihn. Frido zog sie an sich. Su streckte ihre Hand nach Sylvie aus, die kam, und Su legte einen Arm auch um ihre Schulter.

„Tja“, meinte Rainer Werner. „Wenn es so ist, dann wollen wir keine Zeit verlieren, Mario. Deine Zahnbürste ist wohl rasch gepackt, und wenn nicht, kriegst du in Berlin eine neue.“ Er lachte.

„Ich bin gleich wieder da.“ Mario rannte die Treppe hinauf. Schnell kam er mit seinem Sack über der Schulter zurück. Er hatte einfach alles hineingestopft.

„Also dann, Leute, es war Klasse bei euch! Danke!“, rief er. Frido reichte er die Hand. „Wirf mein Bild nicht weg, ich hole es mir bestimmt einmal ab!“

„Gemacht, Junge!“

Zu Su reckte er sich empor, sie beugte sich ein wenig hinab. Mario legte den Arm um ihren Hals und küsste sie auf beide Backen. „Auf Wiedersehen, Su. Und danke!“

Als er sich Sylvie näherte, zuckte sie zurück. „Lass mich bloß in Ruhe!“

„Keine Angst, Prinzessin auf der Erbse“, Mario lachte. „Ich küsse dich nicht. Also, mach's gut, Kleine!“ Er ging zur Terrassentür. Rainer Werner Krugflechter folgte ihm. Auch die anderen drei gingen hinter ihnen her ins Freie. Draußen weidete Goldie, da lag Schneeball im Gras und döste vor sich hin. Als er sein Herrchen sah, spitzte er die Ohren, stand aber nicht auf.

„Nun komm schon her, du Stromer“, rief Mario. Er drehte sich Rainer Werner Krugflechter zu. „Die Tiere hätte ich fast vergessen. Das Pony Arabella und Schneeball, mein Hund, die müssen natürlich erst in den Zirkus zurückgebracht werden.“ Dann wandte er sich Frido und Su zu: „Für das Pony gebe ich euch das Doppelte von dem, was ihr bezahlt habt. Jetzt gleich fünfhundert Mark und den Rest von meiner ersten Gage!“

Sylvie blieb die Luft weg. Was war nun aus dem schönen Plan von Frido und Su geworden? Ganz umsonst hatten sie sich so viel Mühe mit Mario gegeben, waren besonders nett zu ihm gewesen. Sie hatten sich wirklich kennen gelernt, hatten so gut miteinander geredet, und nun hatte es alles nichts genützt.

Ja, nun blieb nicht einmal mehr Zeit für den „Plan Uwe“. Niemand konnte Goldie jetzt noch heimlich wegbringen und verstecken. Das alles wirbelte Sylvie durch den Kopf – und auch wieder gar nichts, da war nur ein großer Nebel. Sie fühlte sich plötzlich ganz leer, vermochte keinen klaren Gedanken zu fassen. Wie blind starrte sie zu ihrem Pony hinüber. Goldies Fell leuchtete in der Sonne golden auf.

Auch Frido und Su sahen sich erschrocken und etwas hilflos an.

Rainer Werner wusste zwar nicht, um was es ging, aber er spürte, dass etwas Besonderes in der Luft lag. „Langsam, langsam“, sagte er. „Sachte, Junge, sachte, da gibt es noch keine Gage zu verteilen. Wir machen vorläufig nur Probeaufnahmen. Du hast noch keinen Vertrag!“ Er überlegte ganz schnell, wie er das Pony dort nach Bergen auf Rügen bringen sollte. Der Hund, das ginge ja noch – aber ein Pony! Im Wassertaxi vielleicht? Nun ja, warum nicht? Bis nach Schaprode, wo sein Auto stand, würden sie kommen. Und dann würde sich auch irgendeine Lösung finden lassen. Er war es gewöhnt, mit ungewöhnlichen Situationen fertig zu werden.

Gerade als Su heftig widersprechen wollte, rief Mario: „Na, jetzt habe ich euch aber alle erschreckt!

Schön, dass ihr drauf reingefallen seid! Seid mal nicht böse! Was denkt ihr denn? Arabella bleibt natürlich hier, sie heißt jetzt für immer Goldie. Das war doch sowieso schon klar. Hier hat sie es am allerbesten, das habe ich selbst gesehen. Außerdem seid ihr unheimlich nette Leute. Ehrlich gesagt, ich wollte sie auch deshalb wiederhaben, weil ich mich so über meine Eltern geärgert hatte. Das konnte ich mir doch nicht einfach so gefallen lassen! Aber es ist nun mal passiert, also, die Sache ist abgehakt. Und jetzt, wo ich Schauspieler werde, habe ich auch keine Zeit mehr für ein Pony. Das ginge gar nicht. Schneeball nehme ich natürlich mit. Von dem Hund trenne ich mich nicht. Niemals! Er ist mein bester Freund! Und ihn kann ich überall mit hinnehmen, er ist ganz brav. Alles klar? Sind alle zufrieden?“

Rainer Werner Krugflechter nickte als Erster. Wenn das die einzige Bedingung war, die der Junge stellte, okay. Da gab es Dutzende von Leuten im Team, die sich gern um den schwarzen Hund kümmern würden.

Su sagte gar nichts. Aber sie sah Frido an und dann Sylvie, mit einem Ausdruck, als ob sie sagen wollte: Habe ich es nicht vorhergesagt?

Und Sylvie? Sie konnte es kaum fassen. Sie musste erst einmal tief Luft holen. Jetzt war alles gut! Sie rannte einfach los, zu Mario, und boxte ihn kräftig in die Seite, dann sauste sie in den Garten. Sie streichelte Schneeball schnell. „Los, komm, du schwarzer Hund! Oben wartet dein Herrchen!“

Und dann war sie bei Goldie. Sie legte dem Pony die Arme um den Hals und drückte ihren rotbraunen Schopf an die flachsfarbene Mähne. Sie spürte die Wärme des Fells, atmete den herben Geruch und dachte: Jetzt gehört sie mir! Niemand kann sie mir mehr wegnehmen.

Sie bemerkte nicht, wie Rainer Werner Krugflechter und Mario den Garten durch das Tor verließen, zusammen mit dem schwarzen Schneeball. Draußen drehten sie sich noch einmal um und winkten.

Auf der Terrasse zog Frido Su an sich. Die beiden standen da und wirkten wie eine einzige Person.

Sylvie sah auch nicht, dass ein verstruwwelter Junge mit zerknitterter Hose an den Zaun trat.

Da störe ich jetzt nur, dachte Uwe, als er zu Sylvie und ihrem Pony hinübersah. Aber es machte ihm nichts aus. Es war wohl alles gut dort drüben.

Ein paar Tränen liefen über Sylvies Wangen und in die dichte Mähne des Ponys.

Freudentränen.

Silberfell

Sylvie drückte den Kopf an Goldies Hals. Sie vergrub ihre Stirn und die rotbraunen Wuschelhaare in der hellen Ponymähne. Sie streichelte das weiche Fell und die lang herabhängenden Strähnen. Die Ponyhaare waren zwar so hart, wie Pferdehaare nun einmal sind, doch für Sylvie waren sie wie Seide.

„Ich hab dich so lieb, Goldie", flüsterte Sylvie. „Aber ..." Sie schwieg. Sie wollte Goldie nicht kränken. Sie sollte nicht wissen, dass es eine Einschränkung gab. Gewiss, Goldie konnte ihre Worte nicht verstehen, aber wenn sie auch nicht reden und antworten konnte, bestimmt fühlte sie, was Sylvie meinte. Da war Sylvie ganz sicher.

Goldie war Sylvies Shetlandpony. Es hatte sandfarbenes Fell, das etwas dunkler war als ihr Haarschopf, ihr Schweif und die Mähne. Manchmal schaute sie

Sylvie mit ihren dunklen Augen so klug und mitfühlend an, dass Sylvie genau wusste, dass Goldie viel mehr verstand, als die Menschen annahmen. Wer weiß denn schon wirklich, wie viel so ein Tier versteht? Es reagiert doch fast aufs Wort, auf die kleinsten Befehle. Aufmerksam ließ Goldie die Ohren spielen, wenn Sylvie mit ihr sprach, sie nickte mit dem Kopf, was wie ein Ja aussah, oder sie schüttelte ihn wie eine Verneinung.

Was Sylvie nicht aussprach, hätte so geklungen: Ich hab dich sehr lieb, kleines Pony, genauso lieb wie Frido und Su. Aber das ist der Punkt, Goldie: Ich wünsch mir so einen anderen Menschen, mit dem ich alles besprechen kann, der mir antwortet, der mit mir lacht, der mit mir weint, der mich versteht.

Frido war Sylvies Vater. Und Su, die eigentlich Susanne hieß, war die schöne junge Frau, die er seit vergangenem Sommer liebte. Su war nicht Sylvies Mutter, die war vor sechs Jahren bei einem Autounfall ums Leben gekommen. Vielleicht war es dieser Schmerz, den Sylvie immer noch nicht überwunden hatte. Sie hatte Su gern und Su war auch liebevoll zu ihr. Aber Su und Frido waren doch Erwachsene. Und die haben andere Probleme als Kinder, und sie haben außerdem selten Zeit für sie. Vater Frido malte Bilder, jetzt sogar mehr als jemals zuvor, denn seit dem vergangenen Winter hatte er mehr Erfolg als früher. Su war eigentlich Schauspielerin, aber jetzt schrieb sie einen Roman. Sie hatte das fertige Manuskript bis

Mitte August einem Verlag in Leipzig versprochen und noch viel zu tun. Mit sich und ihrer Arbeit war sie nie zufrieden. Sie war in der letzten Zeit sogar recht nervös, denn es war ihr erstes Buch. Fast schien es, als hinge ihr ganzes Leben davon ab. Es musste ihr einfach gelingen und Erfolg haben.

Deshalb hätte Sylvie ihre Rede an Goldie so fortsetzen können: Ich wünsch mir so sehr eine Freundin, ein Mädchen in meinem Alter. Sie kann auch ein bisschen älter sein. Aber sie sollte so empfinden wie ich, ähnliche Probleme haben und ähnlich denken. Der Uwe aus Vitte ist zwar mein Freund, du kennst ihn ja, aber erstens ist er kleiner als ich, und zweitens ist er nun mal ein Junge. Mit Jungen ist man anders befreundet als mit Mädchen. Jungen sind einfach anders.

Sylvie seufzte. Sie spürte ihre Knochen und Muskeln. Fast zwei Stunden war sie geritten, über die Hügel der Insel, die wilden Pfade durch den Dornbuschwald, an den romantischen Schluchten der Hochufer vorbei, von wo die Brandung der Ostsee heraufrauscht. Da wuchsen meterhohe goldgelbe Königskerzen, Gräser und Kräuter, Sonnentau, Lichtnelken und Orchideen wie das seltene Knabenkraut. Sie war bis zum Leuchtturm geritten und über das Dorf Grieben zurück. Gerade hatte sie Goldie abgesattelt, trockengerieben und gebürstet, die Mähne und den Schweif gekämmt, hinterher den Sattel zum Trocknen aufgehängt und die Putzkiste aufgeräumt. Mehr als eine Stunde hatte sie im Stall gearbeitet. Sie hatte Goldie mit Futter, Heu und frischem Wasser versorgt und sorgfältig ihre Hufe ausgekratzt. Mit gespreizten Fingern fuhr sie dem Pony zärtlich durch den Stirnschopf, wie mit dem Kamm, und nahm das Haarbüschel. So schaute es über ihrer Faust wie ein Blumenstrauß in der Vase aus und fiel nach den Seiten lustig auseinander.

Sylvie stand auf. Sie strich über die lange Hose ihres Overalls, die Träger zogen breite Linien über ihren hellblauen Baumwollnicki. In den unergründlichen Hosentaschen fand sie einen kleinen Kamm, mit dem sie ihre verstruwwelten Haare flüchtig in Ordnung brachte. Goldie stand geduldig still. Das Shetty senkte das Maul in die Futterkrippe und mampfte. Das Spezialfutter, ein Gemisch aus Hafer, Leinsamen und Kleie, schmeckte ihm. Sylvie hörte das Mahlen und Kauen der Ponystute.

Sylvie ließ ihre Augen noch einmal prüfend im kleinen Stall umherwandern. Früher war er ein Holzschuppen gewesen, aber im vorigen Jahr war er als Stall hergerichtet worden. Der alte Emil Deckert vom Gutshof hatte dabei geholfen. Nun war der kleine Stall mit allem Nötigen versehen, Stroh war dick aufgeschüttet, der Wassereimer stand neben der Futterkrippe. Da hingen Führstrick, Zaumzeug und Trense ordentlich am Haken, daneben ein kleines Ponyhalfter. Das Putzzeug lag in der Kiste.

Es war warm, Juliwärme, heute war der erste Tag der Sommerferien. Bienen summten und Mücken, die waren für Goldie sehr lästig. Trotzdem, sie gehörten zum Sommer.

Das Pony hob das Maul aus der Krippe, ein paar Körner fielen herab, Goldie prustete und mampfte gleich weiter. Sylvie gab ihr noch einen liebevollen Klaps auf die Kruppe. Dann verließ sie den Stall.

Sie stand im Garten, vor ihr lag die wilde Wiese, die nie gedüngt wurde, schon gar nicht mit Chemikalien; sie sollte gesund und mager sein, zu fettes Gras wäre schlecht für das Pony. Der Garten bestand nur aus diesem wuchernden Rasen, auf dem alles wachsen durfte, wie es wollte. Dass keine wild wachsenden Giftkräuter entstanden, dafür sorgte Emil Deckert. Er ging regelmäßig die Wiese ab und zupfte alles Giftige heraus. Auch das Absammeln der Pferdeäpfel machte Emil oft. Die waren bei manchen Gärtnern ein begehrter Dünger. Etwas erhöht lag das Haus, genannt *Haus Schwalbennest*. Es war weiß, das Dach mit den Fenstergauben darüber war mit einer dicken, grünbraunen Schicht Reet gedeckt, einem Material wie feste Strohhalme oder Schilf. Es sah lustig aus, als trüge das Haus eine Mütze, die tief herabgezogen war. Behaglich und gemütlich war es. Sylvie und Frido wohnten nun schon viele Jahre hier, von Sylvies fünftem Lebensjahr an. In weniger als zwei Monaten, nämlich Ende August, wurde sie zehn.

Und seit vergangenem Sommer war Su bei ihnen. Das war ein Glück, fand Sylvie.

Sylvie schlenderte über die Wiese. Sie ging etwas vornüber gebeugt, langsam, mit langen Schritten. Sie überquerte die rot geklinkerte Terrasse, schob sich durch die Glastür und in das Wohnzimmer. Aus Fridos Atelier kam Musik, Sylvie erkannte sie, es war ein Violinkonzert von Mozart, er spielte die CD und sagte, er könne dann besser arbeiten. Sie öffnete die Tür, ihr Vater stand vor einer Staffelei, auf der ein angefangenes Bild lehnte. Frido war ein schlanker, fast hagerer Mann mit dünnem blonden Haar. Auf seinem linken Unterarm ruhte die Palette, die er mit dem durchgesteckten Daumen festhielt, mit der rechten Hand führte er die Pinsel, nahm Ölfarbe auf, tupfte, strich, zeichnete Linien und Muster. Die Farben leuchteten wie in einem üppigen tropischen Garten, aber es gab keine richtigen Formen, jedenfalls keine Gegenstände. Doch hatte Sylvie den Eindruck einer feurigen Komposition.

Frido schaute sich nicht um, er trat einen Schritt zurück, kniff die Augen zusammen und musterte sein Werk.

Sylvie blieb in der Tür stehen. Überall standen ähnliche Bilder, an die Wände gelehnt, am Tisch oder an Stuhlbeinen.

„Frido“, begann sie leise.

Der Vater murmelte: „Nicht jetzt, Spatz, bitte! Das Licht ist gerade so gut, und bald wird es dunkel!“

Sylvie schluckte. Sie kannte das schon. Irgendetwas war immer, das Licht, die trocknende Farbe, eine besonders gute Idee. Dann hieß es: „Nur noch schnell dieses … oder jenes …“

„Ist Su oben?“, wollte Sylvie wissen.

„Sie ist in ihrem Zimmer und schreibt. Bitte lass sie in Ruhe. Sie ist so in Druck, du weißt ja, dass wir sie bei der Arbeit nicht stören sollen. Jetzt schon gar nicht. In vierzehn Tagen muss das Manuskript beim Verlag sein.“

Sylvie antwortete gar nicht erst, wozu auch. Frido schien ihre Enttäuschung zu spüren. Endlich warf er ihr einen kurzen Blick zu. „Sei lieb, sei nicht traurig, Kleine.“

Sylvie mochte diese Anrede nicht. Aber jetzt schwieg sie dazu.

Frido fuhr fort: „Wir haben einfach beide gerade jetzt besonders viel zu tun. Und das ist ja auch gut so. Heute Abend zünden wir den Kamin wieder an und sitzen zusammen, ja? Su will uns den Anfang ihres Romans vorlesen. Er spielt hier auf Hiddensee, weißt du.“

Sylvie schob die Unterlippe vor, sie ließ den Kopf hängen. Da klingelte das Telefon.

Vater Frido stieß einen Seufzer aus, der Ähnlichkeit mit einem Knurren hatte. Er legte die Palette und den Pinsel ab, nahm den Hörer auf und drückte die Einschalttaste. Sein Gesichtsausdruck veränderte sich schlagartig. Er wurde aufmerksam und sehr höflich.

„Hallo, Herr Heräus!“, rief er. „Wie schön, Sie zu hören! Aber natürlich! Wir freuen uns doch riesig … Wie bitte?“ Dann schwieg er und hörte nur noch zu. Manchmal murmelte er: „Ach so …“ Manchmal brummte er nur, dann wieder machte er: „Hm.“ Schließlich erklärte er: „Wir werden es besprechen und uns überlegen. Irgendeine Lösung werden wir schon finden. Ich rufe Sie wieder an. Wie? Heute nicht mehr? Gut, dann morgen. Bis dahin habe ich vielleicht alles geklärt. Bitte grüßen Sie Ihre Tochter Betty!“

Frido drückte die Abschalttaste, das rote Signallichtchen erlosch. Er legte den Hörer auf den Tisch. Sein Blick streifte Sylvie, ging über sie hinweg.

„Was ist denn, Frido?“, fragte sie. „Nun sag schon!“

Er strich ihr geistesabwesend über den rotbraunen Schopf. „Nein, nein …“, murmelte er. „Ich meine, natürlich ja, aber später. Jetzt muss ich das letzte Licht ausnutzen, es läuft mir sonst weg! Schau mal, wie lang die Schatten schon werden.“

Frido nahm Pinsel und Palette und sprach weiter, während er schon wieder malte: „Ich erzähle euch später alles, Su muss unbedingt dabei sein. Dann brauch ich nicht alles zweimal zu sagen. Außerdem geht es auch sie an, euch beide! Warte bis heute Abend, Spatz.“

Sylvie sah ihm an, dass er jetzt nicht mehr reden wollte.

Da drehte sie sich um. Am liebsten wäre sie in ihr

Zimmer gelaufen und hätte sich aufs Bett geworfen, mit dem Kopf nach unten, auf ihr Kissen. Aber sie hatte so das Bedürfnis nach einem anderen lebenden Wesen. Deshalb ging sie noch einmal in den Stall. Hier war es schon dämmerig.

Goldie drehte ihr den Kopf zu, ihre dunklen Augen schimmerten unter den langen Wimpern. Sie begrüßte Sylvie mit einem leisen, freudigen Wiehern.

Sylvie nahm einen kleinen Apfel vom Regal, auf dem einige Äpfel aufgereiht lagen und dufteten. Sie brach ihn in drei Teile und hielt die Spalten Goldie auf der flachen Hand hin. Das Pony drehte ihr den Kopf zu, schob das Maul vor und schnoberte aus geweiteten Nüstern darüber. Sylvie spürte den warmen Atem. Wie schön das war! Goldie nahm die Apfelstücke vorsichtig mit weichen Lippen von ihrer Handfläche. Die feinen Lippenhärchen kitzelten. Entzückt spürte Sylvie den warmen Atem, der aus den Nüstern drang. Das Apfelstück zerkrachte, dünne silberne Speichelfäden rannen nach unten und tropften zu Boden. Da kauerte sich Sylvie nieder und schlang die Arme um ihre angezogenen Knie.

„Ach Goldie, wenn du doch sprechen könntest“, sagte sie leise. „Richtig sprechen, meine ich.“

Später, als es anfing dunkel zu werden, brannte das Kaminfeuer im Wohnzimmer.

Su, Frido und Sylvie saßen vor dem Feuer. Sein Licht zuckte über die Gesichter, das Holz knackte und zischte, die Flammen tanzten, stiegen züngelnd empor und sanken wieder in sich zusammen. Es war ein dauerndes Spiel, das die Augen magisch anzog. Es leuchtete ins Zimmer, das sonst im Dämmer lag.

Frido rauchte Pfeife, er trank von Zeit zu Zeit einen Schluck Rotwein. Die schöne Su trug Jeans, wie Sylvie, und einen hellen Pullover. Sie hatte die Ärmel bis zu den Ellbogen hochgeschoben. Der Feuerschein streichelte ihre schwarzen Haare. Auf ihrem Schoß lag ein Stapel beschriebenes Papier.

Sylvie saß zwischen den beiden, die Beine hochgezogen, den Kopf auf die Knie gelegt – manchmal machte sie die Augen zu –, dann schrak sie zusammen, plinkerte und riss sie schnell wieder auf. Sie wollte nicht einschlafen.

Frido räusperte sich.

Su fragte: „Was hast du auf dem Herzen? Heraus damit!“

„Henry Heräus will auf der *Lietzenburg* Urlaub machen!“, antwortete er.

„Na, das ist doch nett! Du verdankst ihm so viel. Er hat dir im Winter die große Ausstellung in Hamburg organisiert, das hat dich und deine Bilder bekannt gemacht, du hast viele Aufträge bekommen!"

„Ja, ich weiß, ich schulde ihm einiges. Aber wir können beide keine zusätzlichen Aufgaben übernehmen!"

„Was für Aufgaben? Was will er denn!" Su sah ihn an.

„Ihr wisst doch, dass er eine Tochter hat, Bettina, er nennt sie nur Betty. Sie ist behindert, muss etwas älter als Sylvie sein, wirkt aber erwachsener. Im vergangenen Sommer war sie noch auf einen Rollstuhl angewiesen. Dann ist sie in Amerika operiert worden, mit Erfolg, jetzt ist sie zwar noch nicht ganz wiederhergestellt, aber sie macht große Fortschritte. Sie geht schon wieder, braucht aber noch Krücken."

„Du meinst, wir müssen uns um sie kümmern? Ihr Vater wollte ihr doch im vorigen Jahr Sternenauge schenken, das Pony von Kai!", sagte Sylvie.

„Ja. Und weil wir es ihm nicht verkauft haben, hat Henry Heräus Betty ein anderes Pony gekauft. Sie darf zwar noch nicht reiten, wohl aber mit der Ponykutsche fahren. Heräus hat einen großen Garten, und gleich angrenzend ist ein Park. Da kann sie fahren. Und sie will sich auf keinen Fall von ihrem Pony trennen!"

„Du meinst, sie will es mitbringen – oder zu Hause bleiben?", fragte Su nüchtern. „Das ist es doch, was du uns sagen willst!"

„Richtig. Er will mit Betty herkommen. Es wäre

wichtig, sagte er, sie müsse wieder unter Menschen, sie war zu lange allein. Ihr Hauslehrer soll auch mitkommen. Betty soll im Meer schwimmen, das würde ihr gut tun. Zimmer auf der *Lietzenburg* hat er schon bekommen, und nun fragt er, ob wir Bettys Pony mit versorgen könnten. Sein Gärtner, der es in Hamburg betreut, hat nämlich noch Urlaub zu bekommen und soll ihn jetzt nehmen."

„Unser Stall ist zu klein für zwei Ponys", murmelte Su gedehnt. „Es ist sowieso kein richtiger Stall. Für Sylvie wird das auch zu viel! Ein behindertes Mädchen wie Betty wird ihr kaum helfen können, im Gegenteil ..." Su seufzte und dachte an die viele Arbeit, die dann an ihr hängen bleiben würde – gerade jetzt! Sie setzte deshalb zögernd hinzu: „Ich kann das Pony auch nicht versorgen, und du erst recht nicht, Frido!"

„Richtig, das ist unmöglich!", sagte er. „Aber ich kann es auch nicht ablehnen. Also bleibt uns keine andere Wahl, als dass ihr es macht, du und Sylvie. Überleg doch, Su, ob es nicht doch geht!"

„Nein!" Es klang entschlossen.

Und Frido hatte es nicht anders erwartet. Er wusste, wie viel ihr die Arbeit bedeutete. Erregt trank er einen Schluck Wein. Er murmelte: „Ich habe Henry Heräus versprochen, ihm morgen Bescheid zu geben. Was soll ich denn machen?"

„Wo liegt eigentlich das Problem?", rief Sylvie plötzlich. Sie sprang auf und schüttelte den Kopf mit den wirren Haaren.

Su und Frido blickten sie erstaunt an.

„Es kommt gar nicht in Frage, dass du jetzt versprichst, Bettys Pony auch noch zu versorgen. Schon nach drei Tagen wird es dir zu viel werden, und alles bleibt an Su oder mir hängen“, erklärte ihr Vater. „Du weißt doch, dass ich nichts von Pferden verstehe!“

„Ich verspreche ja gar nichts“, rief Sylvie. Sie war jetzt hellwach. „Natürlich geht es nicht bei uns. Aber habt ihr schon mal an den Gutshof gedacht? Ich sag nur: Emil Deckert! Er wird uns helfen und sogar gern. Im Gutshof ist bestimmt eine Pferdebox frei. Viel wird es auch nicht kosten, Bettys Pony da unterzubringen. Ich wette, dass Emil sich freut, wenn er Bettys Pony betreuen kann und sich etwas dazuverdient. Seine Rente ist doch nicht so groß. Und am Geld wird es ja nicht liegen, wie ich Herrn Heräus einschätze!“

„Sylvie, du bist ein Schatz!“, rief der Vater.

Su lächelte. „Ich rufe morgen früh gleich als Erstes Emil Deckert an. Mir fällt ein Stein vom Herzen. Da sieht man mal wieder, wie kreativ Kinder sind! Wenn alles geregelt ist, bekommt Herr Heräus die gute Nachricht. Er wird zufrieden sein. Er hängt so an seiner Tochter! Du wirst dich natürlich trotzdem um ihr Pony kümmern müssen, Sylvie!“

„Aber klar!“ Sylvie ließ sich wieder in ihren Sessel plumpsen. „Mach ich doch. Und Uwe ist ja auch noch da!“

Fridos große Hoffnung war jedoch Emil Deckert.

Der alte Mann war bereits pensioniert, er verstand einiges von Pferden und zuverlässig war er auch. Das hatte er schon oft bewiesen, wenn er Sylvie von Zeit zu Zeit bei Goldies Pflege half und ihr gute Ratschläge gab.

„Nun lies uns etwas aus deinem Buch vor“, bat Frido und sah seine schöne Freundin an.

Sylvie kuschelte sich ins Kissen. Su knipste eine Stehlampe an. „Wenn ihr wollt“, murmelte sie und nahm die beschriebenen Blätter auf ihren Schoß. „Das Buch soll ganz einfach *Inselroman* heißen. Es ist eine Liebesgeschichte, sie spielt auf Hiddensee. Deshalb beschreibe ich auch die Insel am Anfang, damit man sie sich vorstellen kann. Kerstin, so heißt meine Hauptperson, ist ungefähr fünfundzwanzig Jahre alt und vor kurzem hierher gekommen. Ich sehe Hiddensee mit ihren Augen. Da heißt es: Der Ginster blühte, die Hügel über dem kleinen Ort Kloster waren wie mit Gold betupft. Auch entlang der Wege zum Leuchtturm blühten die dunkelgrünen Büsche goldgelb, sprühend, wie leuchtende Kissen, kleine und größere Zweige, die verschieden große Büsche bildeten. Hiddensee hieß die kleine Insel. Und wenn Kerstin auf der Anhöhe stand, vom Wind umspielt, dann konnte sie nach Osten über den Bodden schauen, bis zur großen Insel Rügen, und auf der anderen Seite nach

Westen über die See bis zur dänischen Insel Möen, die von Hiddensee aus wie eine Fata Morgana über dem Meer schwebte. Kerstin schloss vor Glück die Augen. Ja, sagte sie zu sich selbst, hier ist das Paradies! Damals ahnte sie nicht, wie rasch man aus einem Paradies vertrieben werden kann ..."

Su ließ das Blatt sinken. „Könnt ihr es euch vorstellen?", fragte sie ein wenig unsicher.

„Aber ja", antwortete Frido. Er lächelte. „Nur Sylvie ist eingeschlafen. Sie war sehr müde. Ich trage sie nach oben. Nachher werden wir uns weiter mit deinem Manuskript beschäftigen!"

Frido hob seine Tochter auf, ihr Kopf sank über seinen linken Arm, die Beine hingen rechts herunter. Sie kuschelte sich an ihn, wachte aber nicht auf. Behutsam brachte er sie in ihr Schlafzimmer. Su ging voraus und öffnete die Tür. Frido legte Sylvie sanft aufs Bett. „Wir ziehen sie später aus", meinte er. „Sie soll erst einmal schlafen. Wenn sie mal ein oder zwei Stunden in ihren Kleidern schläft, wie ein Pfadfinder, schadet es auch nichts. Komm, Su, wir wollen das Kaminfeuer nicht unbeaufsichtigt lassen."

Su zog die Wolldecke von Sylvies Füßen bis zu ihrem Kinn. Sylvie maunzte und rollte sich zur Seite. Su und Frido knipsten das Licht aus und verließen das Zimmer. Nur der Lichtfinger des Leuchtturms huschte über die Wände, er wanderte über ein Blumenbild von Frido und verschwand, nachdem er den Kleiderschrank gestreift hatte.

Frido und Su setzten sich wieder vor den Kamin. Aber das Buch war jetzt kein Thema mehr. Frido zog Su an sich. „Ich bin so froh, dass du da bist!“, flüsterte er. „Hoffentlich bleibt es so, hoffentlich bleibst du!“

„Aber natürlich, Frido, was redest du da?“

„Man darf dem Glück nicht trauen“, sagte er. „Von einem Tag auf den nächsten kann sich alles verändern.“

Da hatte er wohl Recht. Wenn man einmal einen geliebten Menschen verloren hat, wie Frido seine Frau, Sylvies Mutter, vergisst man das nicht mehr.

Su küsste ihn. Ihr Manuskript lag unbeachtet auf dem niedrigen Tisch, das Feuer flackerte, niemand kümmerte sich darum, langsam brannte es herab.

Früh am nächsten Morgen lief Sylvie zu ihrem Pony. Sie holte frisches Wasser und legte Heu in die Futterkrippe. Die Sonne folgte ihr durch die Tür und malte einen hellen Fleck auf den Boden.

Sylvie kauerte sich neben ihr Pony, wo sie so oft saß.

Goldie spielte mit den Ohren, drehte den Kopf und schaute zu ihr hinab. Sylvie streichelte die Unterseite der weichen Kehle. Dabei erzählte sie Goldie: „Du bekommst Gesellschaft! Frido hat schon mit Emil im

Gutshof telefoniert und auch mit Herrn Heräus in Hamburg. Henry Heräus kommt nämlich als Gast auf die *Lietzenburg*, so wie voriges Jahr, aber diesmal mit seiner Tochter. Und Betty darf ihr Pony mitbringen. Es wird im Gutshof eine Box kriegen, und Emil kümmert sich um das Pony. Natürlich werden wir zusammen Ausflüge machen, reiten und fahren, denn Betty darf noch nicht wieder reiten. Sie hat einen Hauslehrer, der auch mitkommt, einen Doktor, weil Betty auch in den Ferien arbeiten muss, damit sie im Herbst die Prüfung fürs Gymnasium besteht. Ich freu mich auf sie und ihr Pony – freust du dich auch?“

Dann wurde Sylvie nachdenklich. Freute sie sich wirklich? Sie dachte, dass sie keine Erfahrung im Umgang mit behinderten Kindern hatte. Womöglich war diese Betty sehr verwöhnt und zickig und Sylvie musste ständig auf sie Rücksicht nehmen und sich dauernd um sie kümmern! O Gott! „Was meinst du, Goldhaar?“

Goldie hob den Kopf und senkte ihn gleich wieder. Das sah wie ein verständnisvolles Nicken aus. Dann schüttelte sie die Mähne. Ein paar Körner flogen zur Seite.

Da Goldie darüber hinaus weiter keine Teilnahme zeigte, vertrieb Sylvie alle trüben Gedanken. Sie klopfte Goldhaar auf die Kruppe und rief: „Hinaus mit dir!“ Goldie sollte auf die Wiese. Das Pony stob davon, übermütig trabte es durchs Gras. Sylvie nahm die Mistgabel, um Goldies kleine Box zu säubern.

„Ich verspreche dir, dass wir heute noch ausreiten", rief Sylvie ihrem Pony nach. Noch konnte sie ja frei über ihre Zeit verfügen. „Heute machen wir den umgekehrten Weg, erst nach Grieben und dann zum Leuchtturm hinauf."

Ein wenig größer, dachte sie, könnte Hiddensee schon sein. Sehr viele Reitwege gab es nicht, wenn man nicht nach Vitte und bis Neuendorf wollte. Doch es war sehr schön, übers Flachland durch die Heidelandschaft zu reiten, über Moose und Flechten, vorbei am Moor und an kleinen Wassertümpeln.

Trotzdem, das machte Sylvie nur im Frühjahr oder im Herbst, wenn die meisten Sommergäste wieder abgereist waren. Sie mochte es nicht, von den Leuten angeredet zu werden: Na, Kleine, hast du aber ein hübsches Pony! Und reiten kannst du auch schon! Und dann wollten sie Goldie streicheln und füttern, noch dazu mit Keksen und Bonbons. Überhaupt, wenn man Kleine zu Sylvie sagte, war sie sauer. Da war der Weg nach Grieben und zum Leuchtturm schon besser, da gab es weniger Leute, die meisten wohnten ja in Vitte und machten den weiten Weg über die Hucke und zum Klausner nur einmal. Viele verließen ihre Ferienwohnungen sowieso nur, um zum Strand zu gehen. Da lagen sie dann den ganzen Tag, genossen die Sonne oder auch nur die frische Luft und badeten in der Ostsee.

Ganz schön langweilig ist das, fand Sylvie. Sie brachte den letzten Schwung feuchtes Stroh hinter den Schuppen. Von dort holte der alte Schluck den Mist dann mit seinem kleinen Pferdewagen ab.

Zufrieden betrachtete Sylvie die saubere trockene Box. Sie machte die Schuppentür weit auf, damit Luft und Sonne hereinkamen. Goldie sollte nicht in einem muffigen Stall wohnen. Dann schlenderte sie ins Haus.

Ein paar Tage später stand sie zwischen Frido und Su an der Anlegestelle hinter dem Gutshof. Alle warteten auf den Schuber.

Der Schuber ist das Lastschiff, das zwischen dem Dorf Schaprode auf Rügen und der Insel Hiddensee verkehrt. Er musste eine andere Stelle ansteuern als die Personendampfer aus Stralsund oder die Wassertaxis. Das große Bollwerk lag näher am Ort Kloster, war aber zu hoch für den Schuber; seine Laderampe ragte kaum über das Wasser, damit auch Lastwagen und Pferdewagen hinüberfahren konnten.

Sylvie verschränkte die Hände auf dem Rücken. Emil Deckert stand in ihrer Nähe. Er hatte seinen besten Anzug angezogen. Sylvie mochte den alten Mann, er kannte sich mit Pferden und Ponys aus und ging liebevoll mit ihnen um.

Da tauchte Uwe, Sylvies Schulkamerad, mit seinem Fahrrad über dem Abhang auf. Sein weißblonder Haarschopf leuchtete. Dort oben ging der sandige

Weg zum Wasser hinab. Uwe fuhr hinunter, er bremste, und das Rad rutschte zur Seite weg, aber er sprang im letzten Moment ab und hielt es am Lenker. Dann blies er Luft durch die Lippen, was wie Motorgeräusch klingen sollte. Da stand er nun hinter Sylvie, stieß sie an und keuchte von der schnellen Fahrt. Er kam ja aus Vitte, und das war ziemlich weit, das letzte Stück war er ziemlich schnell gefahren.

„Lass das“, sagte Sylvie, sie schaute sich aber nicht nach ihm um.

Sie hatte einen Jungen entdeckt, den sie noch nie auf Hiddensee gesehen hatte, und hier kannte man sich. Der Junge schien ein Feriengast zu sein. Er war etwa zwölf oder dreizehn Jahre alt, etwa so alt wie Sylvies Vetter Kai, der im vergangenen Jahr mit seinem Pony Sternenauge bei ihnen im *Haus Schwalbennest* gewesen war.

Dieser Junge dort hatte rotblonde, sehr kurze Haare, helle Augen und offene Gesichtszüge und gebräunte Haut. Er trug eine dunkelbraune Leinenhose zum hellen Baumwollhemd, dazu Turnschuhe.

Der Schuber war schon gut zu erkennen. Mit ihm wurden alle größeren Waren auf Lastwagen oder Lieferwagen über den Bodden nach Hiddensee gebracht. Der Bodden – so wurde die Wasserrinne zwischen Hiddensee und Rügen genannt. Bald würde der Schuber anlegen. Sein gleichmäßiges Tuckern ertönte, dann wurde der Motor gedrosselt, es wurde leiser. Das Schiff mit der breiten Rampe glitt langsam näher.

An Bord standen viele Menschen, alle schauten herüber, unter ihnen erkannte Frido sofort Henry Heräus. Der Hamburger Reeder war groß und breit, eine seiner Hände lag auf der Schulter eines Mädchens, das dicht neben ihm stand. Es war eine fürsorgliche Geste. Das Mädchen wirkte zerbrechlich, war etwas größer als Sylvie. Betty stand reglos da, auf zwei Krücken gestützt.

„Also braucht sie doch noch Krücken", stellte Sylvie sachlich fest.

„Wie man sieht", antwortete Frido. „Ich hoffe, ihr mögt euch." Er winkte hinüber, vom Schuber wurde zurückgewinkt.

An Bettys anderer Seite stand ein schmaler, kleiner Herr mit Brille. „Das ist sicher der Doktor, Bettys Hauslehrer", erklärte Frido.

Sylvie runzelte die Stirn. Das Wort Hauslehrer missfiel ihr, es ließ keine ungestörten Ferien ahnen. Aber ehe sie etwas sagen konnte, verlor sie jedes Interesse an dem Mädchen und an seinem Lehrer. Da trat nämlich ein drahtiger Mann im Lodenanzug nach vorn. Und er führte ein Pony.

„Das ist sicher der Gärtner", setzte Frido seine Erklärungen fort.

Der Gärtner! Was interessierte Sylvie der Gärtner! Sie verschwendete keinen Blick an ihn und keinen an den Doktor, auch nicht an Henry Heräus – und auch nicht mehr an Betty. Sie hatte nur noch Augen für das Pony. Es war silbergrau, eher weiß, fast ein Schimmel.

Seine dichte Mähne und der vom Wind verwirbelte Stirnschopf waren etwas dunkler, ebenso der lange Schweif. Manchmal hob es nervös einen Vorderfuß mit dem dunklen Huf, dann den anderen, wie tänzelnd.

„Das Pony zittert“, murmelte Sylvie.

„Es wird aufgeregt sein, es fährt ja nicht alle Tage auf einem Schiff“, beruhigte sie Su.

Uwe schob sich von hinten neben Sylvie. Auch er starrte gebannt auf das Pony. Seine Augen wurden immer größer. Er legte sein Rad auf den Boden, puffte Sylvie noch einmal an und fragte heiser: „Siehst du es auch!“

„Natürlich sehe ich das Pony!“ Sylvie zuckte mit den Schultern. „Ich bin ja nicht blind!“

Uwe drängte weiter. „Schau genau hin!“ Er zeigte auf das Tier. „Es ist nämlich gar kein Pony“, flüsterte er und nickte heftig, wie um seinen Worten Nachdruck zu verleihen.

„Blödmann, was soll es denn sonst sein?“

„Siehst du das Horn nicht? Es ist doch wirklich lang genug, ich schätze mal dreißig Zentimeter oder sogar einen halben Meter. Und es glänzt so, dass es alles überstrahlt. Es blendet mich direkt. Klar, das ist ein Einhorn! Klasse! Ein schneeweißes Einhorn, wie es sie nur im Märchen gibt. Da schwebt es im Mondlicht durch die Wälder, und wenn es eine echte Prinzessin trifft, so eine auf der Erbse, dann legt es seinen Kopf in ihren Schoß. Etwas so Schönes hab ich noch nie gesehen!“

„Aber nun siehst du es?“ Su lachte, ihr gefielen Uwes Fantasien. „Du kennst also das Märchen von der Prinzessin auf der Erbse?“

„Klar, sie war so empfindlich, dass sie keinen genau so feinen Prinzen finden konnte.“ Das stimmte zwar mit dem Märchen nicht überein, da war es ja umgekehrt, aber sinngemäß war es natürlich auch richtig.

Uwe war zufrieden, dass ihm jemand zuhörte, dass er ernst genommen wurde. Voriges Jahr hatte er Kais Pony Sternenauge eine Märchenprinzessin genannt. Nun sah er in diesem Pony also ein Einhorn.

„Der spinnt doch!“, murmelte Sylvie. Märchenerzählen war Uwes Lieblingsbeschäftigung.

Der Schuber legte an, die ersten Fahrgäste gingen an Land, die anderen folgten etwas langsamer. Henry Heräus zögerte noch, ebenso der Gärtner mit dem Pony und der schmächtige Lehrer. Erst als alle anderen ausgestiegen waren, erlaubte Henry Heräus seiner Tochter über die kleine Stufe zwischen Schuber und Anlegestelle zu steigen. „Pass auf“, rief er. „Nimm die Stützen! Sei vorsichtig!“ Er war sehr besorgt.

Das Mädchen schaute ungeduldig zum Himmel; sie runzelte die Stirn, stützte sich auf die Stöcke aus Aluminiumrohr und ging langsam. Halbrunde Schienen umfassten die Unterarme dicht bei den Ellbogen.

Frido trat vor, er wollte ihr über die Stufe vom Schuber zum Land helfen.

Aber sie rief: „Danke, ich hab ja die Krücken!“

„Es sind keine Krücken, es sind Stützen!“, verbesserte sie ihr Vater, in seiner Stimme klangen Kummer und Ungeduld.

Betty hatte ein schmales, blasses Gesicht. Sie schleuderte ihre dunkelblonden Haare mit einer energischen Bewegung zurück. Die Haare reichten hinten bis über die Schulterblätter und waren mit einer großen roten Schleife zu einem Pferdeschwanz zusammengefasst. Auf dem Dunkelblond lag ein goldener Schimmer, darunter leuchteten sehr blaue Augen. Sie hielt die Griffe fest, umklammerte sie förmlich, ihre Knöchel traten weiß hervor. Nun fasste ihr der Lehrer unter die Achsel. Und ihn wies sie nicht zurück, sie nickte und lächelte.

Der rotblonde Junge in der braunen Leinenhose schob sich etwas näher heran. Seine Hemdsärmel waren bis über die Ellbogen hochgekrempelt, auf seinen kräftigen Unterarmen leuchteten goldblonde Härchen.

Als Sylvie merkte, wie sie ihn anstarrte, gab sie sich einen Ruck, sie ärgerte sich selbst. Was geht der mich an?, dachte sie.

Aber sie wurde gleich wieder abgelenkt. Sie hatte zwar Betty begrüßen wollen, aber nun führte der Gärtner das Pony über die Rampe – da hielt es sie nicht mehr, sie musste zu ihm. Sie drehte sich ihm zu, doch da hielt Henry Heräus sie zurück. „Hallo, Sylvie“, rief er. Seine Stimme dröhnte. „Schön, dich wieder zu sehen! Du bist ziemlich gewachsen in dem einen Jahr! Schau, das ist meine Betty, eigentlich heißt sie Bettina.“

Betty klemmte eine Krücke unter einen Arm und hielt Sylvie die freie Hand hin. Sylvie traute sich kaum, sie zu berühren, so zerbrechlich erschien ihr Betty. Wie aus Porzellan, dachte sie.

Das war sicher keine Freundin, mit der sie rennen, toben und spielen konnte. Schade.

Die Begrüßung war kurz.

Henry Heräus erklärte, dass der Gärtner, Herr Wagner, gleich wieder nach Hamburg zurückführe, zwei große Hunde und auch der Park brauchten ihn.

„Nu, das macht nichts“, ließ sich die knurrige Stimme von Emil Deckert vernehmen. Auf seinem Kopf schimmerten silberne Strähnen. Sein Gesicht war von vielen Falten durchzogen, vom Ostseewind gegerbt wie Leder.

Frido sah ihn freundlich an. „Schön, dass Sie da sind, Deckert“, sagte er. „Da können Sie Ihren neuen Schützling gleich übernehmen!“

Von der Straße war der alte Schluck mit seinem Pferdewagen auf Gummirädern heruntergefahren. Alles Gepäck konnte da aufgeladen werden. Sylvie staunte: so eine Menge Zeug! Nicht nur Koffer und Taschen, sondern auch ein schwarzer Geigenkasten mit gewölbtem Deckel und – das vor allem – die kleine Ponykutsche! Auf ihrem Sitz war ein Sattel festgebunden.

Henry Heräus bemerkte Sylvies Staunen. „Du wunderst dich, dass wir einen Sattel mitgebracht haben. Ja, vielleicht brauchen wir ihn doch“, erklärte er. „Es war ja kaum zusätzliches Gepäck. Zwar darf Betty noch nicht wieder reiten, aber wer weiß – vielleicht jemand anders!"

Da sagte Betty schnell: „Nun mal langsam, Henry. Ich lass doch nicht jeden Silberfell reiten. Nein, da müsste ich den schon sehr gut kennen. Und wissen, wie er reitet."

Ihr Vater nickte und fuhr fort, zu Sylvie gewandt: „Jedenfalls kann Betty mit der Kutsche fahren, das weißt du wohl, und wenn du sie auf deinem Pony begleitest, würde sie sich bestimmt freuen. Ein Erwachsener sollte aber trotzdem immer dabei sein. Es muss jemand auf Betty achten, sie wird leicht übermütig und riskiert zu viel."

Auch das noch, dachte Sylvie seufzend, das wird ja ein echtes Vergnügen! Schöne Sommerferien!

„Silberfell", fuhr Henry Heräus fort, „ist als Reitpony ausgebildet, sie kann aber auch vor der Kutsche gehen. Sie macht das sogar gern, vielleicht noch lieber als geritten werden."

„Silberfell?"

„So heißt Bettys Pony."

„Wie das passt!", rief Sylvie. „Einfach toll!"

Betty sagte: „Geh nur zu ihr. Du kannst es ja kaum erwarten. Ich nenne sie oft auch Silberfee."

„Silberfee ist schön!", antwortete Sylvie. Sie blieb noch stehen. „Aber es ist so lang! Darf ich sie einfach Fee nennen?"

Schon während sie es sagte, dachte sie, dass sie damit einfach in Uwes Märchen einstieg, aber das war ihr jetzt egal. Sollte Uwe doch denken, was er wollte.

„Fee? Gut, ja, wenn du willst", meinte Betty. „Fee ist ein hübscher Name!" Ein leichtes Lächeln flog über ihr schmales Gesicht. „Das wird sie sicher verstehen!"

Henry Heräus sprach weiter: „Über Schiffe könnt ihr mich alles fragen, aber über Ponys, nein. Immerhin, so viel weiß ich, Silberfell gehörte einem netten Jungen mit richtigem Pferdeverstand. Er war zu groß geworden für das Pony."

Der Gärtner Ewald Wagner und Emil Deckert hatten sich unterdessen miteinander bekannt gemacht. Das Pony stand zwischen ihnen. Über seinen hellen Kopf hinweg redeten die beiden Männer miteinander. Ewald Wagner wollte Deckert einige Ratschläge geben, aber er merkte rasch, dass das nicht nötig war. Emil Deckert kannte sich besser mit Pferden und Ponys aus als mancher große Reiter.

Jetzt drehte sich Sylvie Silberfell zu ... und stieß heftig mit dem fremden Jungen zusammen.

„Hoppla", sagte der.

„Pass doch auf!", zischte sie.

Er sagte: „Verzeihung, dass ich dir im Weg stand!" Aber er sagte es lachend, fast spöttisch. „Eigentlich hast ja du mich angestoßen und nicht ich dich!"

Sie spürte, dass sie rot wurde. Das ärgerte sie, außerdem hatte er ja Recht.

„Ich heiße Jan", erklärte er einfach.

„Meinetwegen", murmelte sie und wandte sich rasch

Silberfell zu. Sie wühlte in ihren ausgebeulten Jeanstaschen und zog ein paar Ponyleckereien hervor; einen saftigen Apfel mit schrumpeliger Haut, eine halbe Karotte.

Silberfell streckte das Maul vor. Wie Sylvie das liebte, dieses warme Schnobern, die Berührung der weichen, ein wenig vorgestülpten Lippen, mit denen die Ponystute den Apfel von Sylvies flacher Hand nahm, das Kitzeln der Tasthaare an ihren Fingern und dann das behagliche Mampfen.

Sanft strich Sylvie über Silberfells Stirnschopf. Das Pony nickte, wie wenn es sich bedanken wollte. Die Augen mit den dichten Wimpern schimmerten und blickten freundlich und vertrauensvoll.

Uwe trat neben Sylvie. „Na?“, fragte er und schob die Hände in die Hosentaschen.

„Was heißt na?“, gab sie zurück.

„Siehst du es jetzt auch, das silberne Einhorn?“

„Ich glaube, du hast auch ein Horn, aber ein Dummhorn“, antwortete sie. Sie strich mit den Fingern sanft über Silberfells Stirn. „Ganz glatt. Da ist kein Horn. Du spinnst doch, Uwe!“

Er machte es ihr nach, tat aber so, als stieße er an etwas Hartes. „Hier! Na ja, hatte ich vergessen, natürlich kannst du es nicht fühlen, es ist ja ein Zauberhorn!“

Sylvie tippte gegen ihre Stirn.

Herr Wagner wurde gerufen. Zusammen mit dem Doktor hob er Betty auf den Bock von Schlucks Pferdewagen. Der sollte sie zur *Lietzenburg* bringen. Den weiten Weg hätte sie nicht zu Fuß machen können. Ihre blauen Augen streiften kurz den fremden Jungen, Jan. Auch er blickte sie an. Er stand ganz ruhig da.

Betty wendete sich ab, sie warf ihre Haare zurück und schob den Geigenkasten etwas weiter in den Wagen.

Schlucks geduldiges Pferd wurde leicht mit der langen Wagenpeitsche angetippt und setzte sich in Bewegung. Der Wagen fuhr die Anhöhe hinauf, lautlos, Gummireifen auf Sand. Auch Jan setzte sich in Bewegung. Er schlenderte hinter dem Wagen her.

Warum geht der mit?, dachte Sylvie. Es gefiel ihr nicht, warum, wusste sie nicht. Es war nur so ein Gefühl.

Auch die anderen machten sich auf den Weg. Nur der Gärtner Ewald Wagner blieb am Kai, er fuhr mit dem Schuber gleich wieder nach Schaprode und dann weiter, zurück nach Hamburg.

Su und Frido wollten Henry Heräus und den Doktor in die *Lietzenburg* begleiten. Emil Deckert führte Silberfell am Führstrick. Sylvie und Uwe gingen mit, bis Uwe plötzlich zurückrannte und sein Fahrrad holte, das am Kai liegen geblieben war. Er schob es und wünschte sich insgeheim, dass er Silberfell führen durfte. Wie schön sie war! Der Wind ließ ihre Mähne und den silbrigen Schweif aufwehen.

Sylvie dachte, bestimmt spinnt Uwe schon wieder. Sie ging auf Silberfells rechter Seite. Sie strich ihr schnell über die Mähne, über ihren gebogenen seidenglatten Hals und den kräftigen Rücken.

Emil Deckert ging schweigend voran. Ein- oder zweimal spuckte er gezielt neben den Weg, der am Gutshof vorbei nach dem Ort Kloster und weiter zur *Lietzenburg* führte. Und dann bog Emil in den Gutshof ein. Der Platz innerhalb der Gebäude war von Stallungen, Scheunen und Schuppen in rotem Backstein eingefasst. Das Wohnhaus erstreckte sich breit an der gegenüberliegenden Seite der Einfahrt. Emil Deckert wandte sich gleich am ersten Gebäude nach links, ein großes Tor stand offen, der Pferdestall. Drinnen stand schon die Ponykutsche mit dem Sattel, der alte Schluck war bereits hier gewesen und hatte alles abgeladen.

Uwe lehnte sein Rad gegen die Wand aus rotem Backstein.

„Na, Uwe, wie wär's?", fragte Sylvie spöttisch und zeigte auf den Sattel. Sie wusste genau, dass Uwe ablehnen würde.

Uwe grinste und schüttelte energisch den Kopf. „Nein, aber ich weiß ein paar Kinder in Vitte, die gern mal reiten würden."

„Ph", machte Sylvie. „Jeden lassen wir doch nicht auf Fee. Ich glaube, das würde Betty gar nicht erlauben!"

„Aber vielleicht erlaubt sie es dem Jungen vom Kai?“

Sylvie wusste sofort, wer gemeint war, aber sie fragte: „Welcher Junge?“

„Na, der mit den blonden Haaren und den aufgekrempelten Ärmeln, der in der braunen Hose. Du hast ihn ja lange genug angestarrt! Heißt er nicht Jan? Gib’s zu, er hat dir gefallen!“

„Blödmann!“

Im Stall standen drei schwere Pferde, sie hoben die Köpfe über die Boxen, Heu im Maul oder Hafer kauend. Andere Pferde waren draußen bei der Arbeit oder auf der Koppel. Die warme Luft roch nach Pferden. Fliegen summten, sie gehörten zum Sommer.

Emil führte Silberfell in eine Box. Alles war schon sorgfältig vorbereitet und gereinigt; frisches Stroh war aufgeschüttet, Wasser in der Tränke, die Krippe gefüllt.

Silberfell ging willig mit und stand geduldig still, als Emil sie behutsam untersuchte. Ihre Ohren spielten, sie schob das Maul zögernd in die Krippe, rupfte ein paar Heuhalme heraus und begann gleich darauf in langsamen Zügen zu trinken.

„Die weite Fahrt hat sie durstig gemacht“, sagte Sylvie.

Emil Deckert betrachtete die kleine Stute aufmerksam. Er hob ihre Hufe, strich ihr über die Beine, den Rücken und die Flanken, ließ Mähne und Schweif durch seine Hände gleiten und murmelte: „Scheint alles in Ordnung zu sein. Sie ist unterwegs ein bisschen staubig geworden, muss sie gut putzen. Aber das kommt später, jetzt soll sie erst mal ihre Ruhe haben und fressen. Komm mit raus, Kleine!“

Sylvie schluckte und tat so, als habe sie die „Kleine“ nicht gehört.

Später dann striegelte Emil Deckert Silberfell, Staub tanzte im Sonnenlicht auf der Stallgasse. Das Pony stampfte manchmal mit dem Huf, schien aber das Bürsten zu genießen. Es prustete durch die geweiteten Nüstern. Einmal schaute es Sylvie mit seinen dunklen Augen schnell an, wie wenn es ein geheimes Einverständnis zwischen ihnen gäbe. Sylvie war entzückt, sie streichelte das hübsche Tier sanft.

Dann bürstete Emil Silberfells Mähne und ihren Schweif. Er sagte, dass das Pony in gutem Zustand wäre, keine Anzeichen von Überanstrengung, Fesseln und Hufe seien gesund, es hätte die Fahrt von Hamburg her im Transporter gut überstanden. Er wischte Silberfell die Augen mit weichen Lappen aus, die er mit klarem Wasser feucht gemacht hatte.

Sylvie trennte sich ungern von dem silberweißen Pony, aber Emil Deckert meinte: „Nu, Sylvie, geh mal heim. Es gibt sicher bald Abendbrot, und man wird schon auf dich warten!“

Uwe rief: „He, dann muss ich auch los!“ Sein Weg nach Vitte war weiter als Sylvies zum *Haus Schwalbennest*, aber Uwe hatte ein Fahrrad. Schon sauste er davon.

Sylvie stand noch eine Weile unschlüssig herum, bis Emil versprach: „Morgen bringe ich Silberfell zu euch. Das ist so ausgemacht. Goldie und sie können dann auf eurer Wiese grasen und miteinander spielen. Ponys mögen es, wenn sie Gesellschaft haben."

Wer mag das nicht?, dachte Sylvie. Sie streichelte Silberfell noch einmal, rief: „Bis morgen also!", und trollte sich.

Daheim brachte sie als erstes Goldie, die noch draußen auf der Wiese war, in den Stall und versorgte sie. Dann hockte sie sich wie so oft neben ihr sandfarbenes Pony und sprach mit ihm. „Jetzt bekommst du eine Freundin, Goldhaar. Ich hoffe, dass du Fee magst. Sie ist wirklich schön, weißt du, vielleicht ein wenig vornehmer als du, aber auch sehr lieb. Sie gefällt mir …" Dann war sie einen Augenblick still und presste die Lippen aufeinander. Endlich flüsterte sie Goldie ins Ohr: „Aber du brauchst nicht eifersüchtig zu sein, du bist die Liebste, Beste und Einzige für mich. Meine beste Freundin, und das bleibst du auch!"

Jetzt war sie zufrieden, sie strich Goldie noch einmal über die Mähne und ließ sie allein. Als sie später noch einmal nach ihr sah, hatte sich das Pony schon ins Stroh gelegt und döste.

An diesem Abend saß Su an Sylvies Bett und fragte: „Glaubst du, dass du dich gut mit Betty vertragen wirst?"

Ehe Sylvie antworten konnte, hörten sie das Telefon klingeln.

„Jetzt noch?“, murmelte Su. Sie lauschte nach unten.

Es blieb eine ganze Weile still. Dann hörten sie Frido auf dem unteren Flur. Seine Stimme klang irgendwie verändert, rau, bedrückt oder verärgert, vielleicht auch besorgt. Oder alles zusammen. Er räusperte sich, ehe er antwortete: „Das war Rainer Werner Krugflechter! Er ist mit ein paar Mitarbeitern in Vitte und möchte dich mal besuchen!“

„Ach, was will der denn schon wieder?“, murmelte Su.

Sylvie zog die Augenbrauen zusammen. „Ausgerechnet!“, maulte sie. Sie schaute Su an. Die zuckte die Achseln, dann gab sie Sylvie einen Kuss und wünschte ihr gute Nacht.

Am nächsten Morgen brachte Emil Deckert die weiß schimmernde Ponystute Silberfell auf die Wiese von *Haus Schwalbennest*. Sylvie war eben in ihre Jeans und den gelben Baumwollpullover geschlüpft. Sorgfältig schloss Emil das Gartentor hinter sich, dann nahm er Silberfell das Halfter ab. Frei und ohne alles Leder, zierlich und edel stand das Pony und sog witternd die Luft ein. Sein Schweif peitschte erwartungsvoll, dann trabte es vergnügt auf die Wiese.

Sylvie rannte zu Goldhaar in den Stall und ließ ihr Pony hinaus. Goldie begrüßte den Tag mit einem fröhlichen Wiehern. Erst blieb sie bei der Tür des

Schuppens stehen, wandte den Kopf mit dem hellen Stirnschopf zu Sylvie zurück und witterte. Sie stand ruhig auf ihren stämmigen Beinchen mit den festen Fesseln, dann trippelte sie los, zur Wiese hinaus. Und da sah sie das andere Pony.

Und Silberfell sah sie. Die Schimmelstute trabte über den Rasen heran, mit hohen, ausgreifenden Schritten, fast schwebend, ihre Mähne wehte; sie schnaubte und hielt den edlen schmalen Kopf mit den großen Augen neugierig erhoben.

Goldie beobachtete sie ruhig, bis sie ganz nah war, dann machte sie einen Satz und trabte davon. Silberfell lief ihr nach, mit ein paar eifrigen kleinen Sprüngen, und dann galoppierten beide, blieben stehen, keilten übermütig aus, beknabberten sich gegenseitig den Hals, liefen wieder los.

Su kam aus dem Haus. Sie trat neben Sylvie und legte ihr den Arm um die Schulter. Lange standen sie so und beobachteten die beiden Ponys. Su spürte Sylvies Freude, sie brauchte nichts zu sagen. Endlich ging sie wieder ins Haus. Die beiden Ponys ließen sich ins Gras fallen, wälzten sich genüsslich und gaben wohlige Brummlaute von sich.

Sylvie lachte. Sie riss ein paar Grasbüschel aus und ging zu ihnen hinüber. Die kleinen Pferde sprangen auf. Sylvie teilte das Gras und hielt es ihnen entgegen, mit beiden vorgestreckten Armen. Die Ponys schnoberten und nahmen die Halme vorsichtig.

Su kam ein zweites Mal auf die Terrasse. Sie rief

Sylvie zu: „Magst du nicht zu Betty in die *Lietzenburg* gehen? Sie freut sich bestimmt! Die Ponys werden dich jetzt nicht vermissen, glaube ich!"

Sylvie nickte, wenn auch zögernd. Sie trennte sich nur ungern von den beiden Ponys. Auch lag ihr noch eine Frage auf den Lippen, eine wichtige Frage. „Was ist mit Rainer Werner Krugflechter?"

„Er kommt irgendwann mal vorbei", antwortete Su ausweichend.

Sylvie spürte, dass sie nicht mehr sagen wollte.

Su winkte ihr zu und verschwand im Haus.

Sylvie hatte es nicht eilig. Ein wenig fürchtete sie sich vor der Begegnung mit dem behinderten Mädchen. Sie schlenderte durch den Garten, blieb an der Gartenpforte stehen und wollte eigentlich nicht fort. Sie schaute zurück zu den beiden Ponys, die nebeneinander hertrabten. Sylvie atmete tief ein. Die beiden brauchten sie jetzt nicht, sie waren so miteinander beschäftigt, dass sie es kaum merken würden, wenn sie wegging.

Der Weg vom *Haus Schwalbennest* zur *Lietzenburg* führte aufwärts über den Hügel, über blühende duftende Wiesen, auf denen Bärlapp, Hungerblümchen, Buntklee, Margeriten und die kleinen Immortellen wuchsen, die einen so unverwechselbaren Geruch verströmten, vorbei an dunklem Ginstergebüsch, später zu einer Kieferngruppe.

Schon als sie zwischen den Bäumen war, hörte Sylvie die Töne der Geige. Die Töne schienen sich mit dem harzigen Duft der Nadeln zu mischen, die auf dem Sandboden lagen und die Schritte federn ließen.

Sylvie stieg die überdachte Außentreppe hinauf und schaute über die rot verklinkerten Sonnenterrassen der *Lietzenburg*. Kein Mensch war zu sehen. Sie öffnete die Eingangstür, die tagsüber nie verschlossen war, jeder sollte kommen und gehen können, wie er wollte. Das Haus aus rotem Backstein war für seine ungezwungene, künstlerische Atmosphäre bekannt.

Im Inneren sangen die Geigentöne lauter. Es erinnerte an Üben; Tonleitern und Akkorde erklangen. Sylvie musste an den Geigenkasten denken, der beim Gepäck von Henry Heräus gewesen war. Sie wollte nicht stören, deshalb ging sie auf Zehenspitzen durch den halbdunklen Vorraum mit dem Kamin. In der Mitte über ihr schwebte die große alte Lampe mit dem hübschen Lüsterweibchen. Die Deckenlampe stammte aus Stralsund; sie hing an drei Ketten, und das Lüsterweibchen schien durch den Raum zu fliegen und hielt Kerzen in den Händen. Vor der reich mit Bernstein eingelegten Tür zum großen Wohn- und Lesezimmer blieb Sylvie stehen und lauschte. Sollte sie hineingehen oder lieber wieder umkehren? Nach Hause gehen und ein anderes Mal wiederkommen? Sie wartete, mit der Hand auf der Türklinke. Da brachen die Geigentöne ab, eine Pause entstand.

Sylvie überwand sich und trat ein. Betty saß auf einem Stuhl ohne Armlehnen, vor ihr stand der Notenständer. Das Mädchen bemerkte Sylvie zunächst nicht, sie strich ihren Geigenbogen mit Kolophonium ein, dann spielte sie weiter. Sylvie hörte ihr zu, Bettys Strich war sicher und melodisch, sie war keine Anfängerin.

Sylvie trat einen Schritt vor, da bemerkte Betty, dass jemand hereingekommen war. Sie ließ Geige und Bogen sinken und erkannte Sylvie. Ein Lächeln flog über ihr blasses Gesicht. „Ach, du bist es! Ich hab die Erlaubnis bekommen, vormittags hier zu üben. Da sind die meisten anderen Gäste am Strand oder gehen spazieren."

Sylvie nickte. Sie stand nun neben Betty. „Spiel bitte weiter. Ich komme ein anderes Mal wieder!"

„Nein, bleib doch! Ich freue mich, dass du da bist."

„Du spielst gut", meinte Sylvie. „Es ist toll, wenn man das kann. Ich beneide dich. Ich höre es gern. Spielst du schon lange? Du bist doch noch gar nicht so alt?"

Der letzte Satz war eine Frage, aber Betty überhörte sie. „Ja", antwortete sie. „Ich hab mit vier Jahren angefangen. Meine Mutter war Geigerin, eine sehr gute, sie hat Konzerte gegeben und in einem Kammermusikquartett gespielt. Bei ihr hab ich angefangen ... bis sie ... ja, bis sie meinen Vater verließ und nach Amerika ging. Sie ist heute mit einem anderen Mann verheiratet ... und Geigenlehrerin. Aber ich hab jetzt auch eine sehr gute Lehrerin in Hamburg. Im nächsten Jahr will ich am Wettbewerb *Jugend musiziert* teilnehmen. Dafür muss ich noch viel arbeiten. Henry, also mein Vater, will, dass ich so oft wie möglich vor Publikum spiele, damit ich sicherer werde und mein Lampenfieber überwinde, deshalb soll ich hier einmal ein kleines Konzert geben. Der Doktor begleitet mich dann am Klavier, wir spielen eine Mozart-Sonate."

„Bist du dafür nicht zu jung?", fragte Sylvie.

„Im Gegenteil, fast schon zu alt. Vor ein paar Jahren hat ein dreizehnjähriger Junge in Wien den Wettbewerb der Fernseh-Eurovision gewonnen, vor einer Jury der besten Geiger der Welt. Es hieß, er spielte besser als viele Erwachsene. Aber so weit bin ich noch lange nicht."

„Vielleicht gewinnst du aber doch!"

„Nein, aber wenn ich in Hamburg eine gute Bewertung erreiche und in die engere Wahl für den Bundeswettbewerb komme, wäre ich schon sehr froh. Mitmachen kann ich auf jeden Fall, obwohl sehr viel verlangt wird."

„Frido hört fast immer Musik beim Malen, auch Mozart. Klavier und Violinkonzerte, von der CD natürlich. Ich kann leider kein Instrument."

„Du könntest ja anfangen", meinte Betty. „Warum nicht?"

Sylvie nickte, aber sie sagte nichts. Ein Musikinstrument spielen? Sie wusste gar nicht, ob sie das wollte. Sie war lieber draußen, bei ihrem Pony.

„Als meine Beine noch ganz gelähmt waren“, fuhr Betty fort, „hat mir die Geige sehr geholfen. Ich war ziemlich fertig und konnte fast nichts mehr machen. Aber üben konnte ich auch im Rollstuhl. Das hab ich oft stundenlang getan. Die Musik war ganz wichtig für mich.“ Sie legte die Geige und den Bogen auf den Tisch, langte nach ihren Krücken, die am Stuhl lehnten, und stützte sich, um aufzustehen.

Sylvie griff ihr unter die Arme.

„Nein!“, rief Betty bestimmt. Ein energischer Zug war um ihren Mund.

Sylvie nahm sofort ihre Hände zurück.

„Ich will das allein schaffen“, erklärte Betty. Sie stemmte sich hoch, dann stand sie.

„Wodurch bist du so krank geworden?“

„Das weiß niemand genau. Es hatte sich eine Geschwulst in meinem Rücken gebildet, unter der Wirbelsäule. Sie war nicht bösartig, kein Krebs, aber sie drückte auf das Rückenmark und klemmte wichtige Nerven ein. Meine Beine waren gelähmt.“

„Das war bestimmt sehr schlimm!“, sagte Sylvie erschrocken.

„Es ist hart, wenn du keinen Schritt laufen kannst und immer im Rollstuhl sein musst. Die Geschwulst lag besonders kompliziert, die Operation war schwierig. Mein Vater hat nach den besten Spezialisten gesucht, schließlich bin ich in Amerika operiert worden.“ Unbefangen erzählte Betty von ihrer Krankheit.

„Und hinterher?“, fragte Sylvie.

„Jetzt müssen die Muskeln wieder aufgebaut werden. Zu Hause habe ich jeden Tag Massagen und mache Ergotherapie, also Gymnastik. Übrigens ist Schwimmen sehr gut. Da brauche ich diese blöden Krücken nicht. Zu Hause ist meine Therapeutin mit mir ins Hallenbad gegangen. Sie hat mich aus dem Rollstuhl gehoben und an den Beckenrand gesetzt, reingleiten ließ ich mich allein, und schwimmen konnte ich auch, obwohl meine Beinmuskeln schwach waren. Jetzt geht es schon viel besser. Hier will ich versuchen, ob ich ins Meer kann. Wenn ich einmal drin bin, ist alles gut, dann kann ich auch schwimmen, das weiß ich."

„Ich helfe dir! Der Weg zum Strand ist steil und sandig. Aber es gibt eine Treppe!", sagte Sylvie eifrig.

„Ich werde schon runterkommen. Außerdem will ich hier natürlich auch mit der Ponykutsche fahren, ich freu mich riesig darauf. Henry hat mir erzählt, dass er mir im vergangenen Jahr das Pony deines Vetters, Sternenauge, kaufen wollte und dass du jetzt ein anderes hast."

„Goldie, bei mir heißt sie Goldhaar."

„Lustig, dass unsere Ponys beide nach den Haaren oder dem Fell heißen! Weißt du, ich mag Ponys sehr. Sie sind die besten Freunde. Ich hab gestern Abend im Bett sogar ein Ponygedicht gemacht. Willst du es hören?"

Sylvie nickte. Klar, dass sie ein Ponygedicht hören wollte!

Betty holte ein Blatt aus ihrem Geigenkasten. Sie las mit heller Stimme.

Mein Pony

Hast du schon mal mein Pony gesehn?
Es hat einen edlen Kopf.
Und zwischen den spitzen Ohren
wächst ihm der Ponyschopf.
Seine Mähne ist wie aus Seide,
sein Fell ist weiß und zart.
Oft trabt es über die Weide
nach sanfter Ponyart.
Seine Hufe sind nicht aus Silber,
doch schimmern sie in der Nacht.
Und wenn ich mein Pony streichle
dann wiehert es leise und lacht.

Betty ließ das Blatt sinken. „Das ist natürlich nur ein kleiner Spaß“, sagte sie ein bisschen verlegen.

„Nein, nein!“ Sylvie schüttelte energisch den Kopf. „Es ist Klasse! Es gefällt mir sehr, wirklich. Schenkst du es mir? Ich meine natürlich eine Kopie. Su könnte es mir so umschreiben, dass es auch auf Goldhaar passt. Denn sie ist ja nicht weiß, sondern sandfarben, wie dunkler Sand.“

„Klar! Ich gebe es dir gern!“

„Bald kannst du sicher wieder richtig laufen?“

„Es dauert noch eine Weile. Henry ist so verdammt

vorsichtig. Aber sowie es geht, werfe ich die Krücken weg, das kannst du mir glauben. Dann kann ich endlich auch wieder zur Schule gehen, wie andere Kinder. Darauf bereitet mich der Doktor vor, ich soll möglichst kein Jahr verlieren und keine Klasse tiefer kommen. Wenn es mir richtig gut geht, darf ich vielleicht auch wieder reiten, darauf freue ich mich schon unheimlich!"

„Aber jetzt kannst du doch Kutsche fahren!"

„Ja, das ist auch schon was!" Betty schwieg und schaute zu Boden. Dann fragte sie: „Hast du diesen blonden Jungen mal gesehen?"

„Welchen Jungen?", fragte Sylvie, aber sie ahnte, wen Betty meinte.

„Na, den von der Anlegestelle."

„Ach den!" Das klang, als ob sich Sylvie sehr mühsam erinnern müsste. „Nein, keine Ahnung, hab ich nicht. Aber wenn du willst, kann ich ja Uwe fragen, sich nach ihm zu erkundigen. Uwe wohnt in Vitte."

„Nein, lass nur. Ist nicht so wichtig!"

Sylvie hatte nicht ganz die Wahrheit gesagt. Sie wusste zwar nicht, wo Jan wohnte, aber sie verschwieg Betty, dass sie an ihn gedacht, sogar nach ihm ausgeschaut hatte. Das musste ja keiner wissen.

Auch Betty schien nicht mehr von ihm reden zu wollen. Sie fragte unvermittelt: „Sag mal, wie gefällt dir mein Lehrer?"

„Dein Lehrer? Den hab ich erst einmal gesehen,

und da nur ganz schnell. Er ist dein Hauslehrer, oder?“

„Er ist einfach toll. Er sieht so unscheinbar aus, aber das täuscht, er weiß fast alles. Und er hat viel Geduld mit mir. Außerdem spielt er gut Klavier. Vielleicht kommt ihr zu unserem Konzert, dann hörst du ihn.“

„Bist du in ihn verknallt?“

„Quatsch!“ Betty lachte ein bisschen und schüttelte den Kopf, dass ihr Pferdeschwanz flog. „Du kommst doch?“, fragte sie noch einmal.

„Mal sehen!“ Das konnte alles heißen, „vielleicht“ oder auch „ja“ oder „nein“.

Betty sprach noch einmal von der Kutschfahrt. „Wäre schön, wenn du mal mitkommen würdest. Du reitest nebenher und zeigst mir die besten Wege. Willst du?“

„Klar!“ Sylvie nickte.

„Leider dürfen wir nicht allein fahren, Henry will, dass immer ein Erwachsener dabei ist, der Silberfell führt. Ich finde das blöd. Aber er ist nun mal so. Zu Hause macht es der Ewald Wagner, hier wird er wohl Herrn Deckert darum bitten.“

„Uwe könnte das auch machen!“, rief Sylvie eifrig. „Er würde das gern tun. Er mag nicht reiten, das ist einfach so bei ihm, er läuft lieber nebenher. Dabei erzählt er seine selbst erfundenen Märchen!“

„Ja, von mir aus schon, aber er ist noch nicht groß genug. Dass Fee nur von Uwe geführt wird, erlaubt

Henry nie. Er will ja auch, dass genau auf den Weg geachtet wird. Es darf nicht zu holprig sein."

„Ph!", machte Sylvie verächtlich und blies die Luft aus geblähten Backen. „Wie langweilig!"

„Na ja", milderte Betty ihre Worte ab. „Natürlich soll mir nichts passieren, das sehe ich ja ein. Deswegen wurde meine Ponykutsche auch extra für mich angefertigt. So eine gibt es sonst nirgends. Sie ist ganz besonders gut gefedert, und der Sitz wurde dick gepolstert, er stützt den Rücken. Henry will einfach nicht das geringste Risiko eingehen. Aber wenigstens ist er noch nicht auf den Gedanken gekommen, dass ich einen Sicherheitshelm tragen muss!" Sie lachte. „Obwohl der eigentlich dazugehört."

„Verstehe", murmelte Sylvie. Sie stellte sich Bettys Kutschfahrten nicht so lustig vor und ächzte in Gedanken. Immer aufpassen!

Sie verabredeten sich für den nächsten Nachmittag. Emil Deckert führte Silberfell mit der leeren Ponykutsche zur *Lietzenburg* hinauf, Sylvie ritt Goldie, und Uwe lief neben den beiden Ponys her.

Als Betty eingestiegen war, wobei ihr Emil Deckert half, führte er das weiße Pferdchen behutsam, zuerst auf den ebenen, ausgetretenen Wegen durch die Kiefernwälder, von denen die *Lietzenburg* umgeben war, dann in Richtung auf das tiefer liegende „Haus am

Meer“. Da kamen sie durch die niedrigen Kiefern auch an traumschönen Stellen ins Freie. Hier schweifte der Blick weit über das Meer, und der Steilhang, die Hucke, fiel senkrecht zur Küste ab.

Emil Deckert blieb stehen, schnäuzte sich. Die drei Kinder schauten, vor allem Betty, für die der Blick ganz neu war. „Das ist ja wirklich toll!“, rief sie.

Hinter ihnen duckten sich vom Wind zerzauste Nadelbäume, dazwischen blühten Buschwindröschen, und silbriger Sanddorn mit gelben Früchten zeigte seine Stacheln. Hier wuchsen Schwarzdorn und Holunder, kleine Rotbuchen, Eichen, immer wieder Birken, auch in Gruppen, Ebereschen, die rot blühten, Maulbeeren und natürlich Holunder und Weißdorn, Schlehen mit wohlschmeckenden orangeroten Früchten, rote Heckenkirschen und wilde Johannisbeeren.

Den beiden Ponys gefiel der Platz ebenfalls gut, wenn auch auf andere Weise. Goldie rupfte Gras, Silberfell scharrte mit einem Huf im Sand. Viele Vögel flatterten zwitschernd über die Büsche. Die Luft war erfüllt vom Lerchengesang. Er roch würzig, weit oben kreisten Vogelschwärme.

Betty schloss die Augen. Sie spürte die Sonne im Nacken. Sylvie saß neben ihr im Sattel, sie rührte sich nicht. Da streckte Betty in einem plötzlichen Gefühl eine Hand zu ihr hinüber. Sylvie beugte sich etwas vor und nahm sie. So, Hand in Hand, blieben sie, umgeben von Sommerduft, der aus dem dichten Gebüsch aufstieg.

Es war nicht nur die Sonne, die Sylvie wärmte, sie fühlte, wie ein neues Gefühl in ihr Herz einzog, eine seltsame Vertrautheit. Noch nie hatte sie eine ähnliche Empfindung mit einem anderen Menschen geteilt.

„Am schönsten ist das Meer“, rief Betty.

Der Blick ging bis an den Horizont. Die Ostsee war eine schimmernde Fläche, hellgrau gegen den blauen Himmel. Eilig zogen die Wolken, durch ihre Zwischenräume warf die Sonne Lichtflecke auf das Wasser, die lebendig darüber hintrieben.

„Du solltest das alles erst mal zum Sommerende erleben, wenn der Herbst kommt. Dann hörst du die Kraniche schreien. Sie fliegen ganz hoch oben nach Süden. Niemand kann ihr Rufen beschreiben, man muss es selbst hören, es kann dich ganz verrückt machen, so schön ist es!“

Uwe saß auf einer Erhebung aus Sand und trockenem Gras. Bisher war er stumm gewesen, aber jetzt sagte er plötzlich: „Nachts ruhen sich die Kraniche von ihrer weiten Reise auf Felsen im Wasser aus.“

„Quatsch! Du meinst die Schwäne in Andersens Märchen“, sagte Sylvie.

„Ist ja egal“, meinte er. „Schwan oder Kranich, Flügel haben beide, und beide ziehen weit weg, aus dem Norden in den Süden, weg von Eis und Schnee zu Palmen und Kamelen, wo Feen in Palästen aus Edelsteinen wohnen und Minarette, so dünn wie Bleistifte, über die Kuppeln der Moscheen in den Himmel ragen.“

„Eines der vielen Märchen von 1001 Uwe“, neckte ihn Emil Deckert gemütlich. Er wandte sich an die Mädchen, vor allem an Betty: „Hiddensee liegt wirklich im Schnittpunkt der großen Vogelzugwege, von Norden und Osten fliegen sie nach Süden. Hier rasten und sammeln sich Wildgänse und Wildenten, Höckerschwäne und Graugänse und viele, auch die Kraniche, kommen im Frühjahr auf ihrem Flug nach Norden hier wieder vorbei.“

„Was Sie alles wissen“, sagte Betty bewundernd.

„Das muss man doch, wenn man auf Hiddensee lebt“, erwiderte Emil Deckert. Später brachte er seine Schützlinge wohlbehalten in die *Lietzenburg* zurück.

„Das war ein schöner Tag, Henry“, berichtete Betty ihrem Vater am Abend. „Der Blick auf das Meer war wie eine Symphonie von Edward Grieg oder Jan Sibelius, oder von einem anderen, jedenfalls nordischen Komponisten!“

Er lächelte sie an, legte ihr eine Hand auf den Arm und fragte: „Also bereust du es nicht, dass du mit mir hierher gekommen bist?“

„Nein, es ist superschön hier.“

„Da bin ich froh“, sagte er leise. Dass seine geliebte Tochter ohne ihre Mutter aufwachsen musste, machte ihm immer wieder Kummer, und er fragte sich oft, wie viel Schuld er daran trug. Und ob er ihr die Mutter nicht ersetzen konnte. Er wollte nicht, dass Betty etwas entbehren musste.

Sie war mit ihren Gedanken ganz woanders. „Es ist

nett mit Emil Deckert“, begann sie. „Trotzdem, ich fühle mich irgendwie unfrei, als ob du kein Vertrauen zu mir hättest. Du kannst uns doch allein fahren lassen, Sylvie, Uwe und mich. Schau mal, hier gibt es keine Autos oder Motorräder – und die beiden passen bestimmt gut auf mich auf!“

Heräus kehrte aus seinem Grübeln in die Wirklichkeit zurück. Aber er gab nicht nach. „Vielleicht später einmal – wenn du hier alle Wege kennst, jedes Loch und jede Querrinne. Und wenn du von überall her wieder heimfindest.“

„Ach Gott“, sagte sie. „Ich bin doch nicht aus Zuckerguss!“

Die nächsten Kutschfahrten über den Ort Kloster nach Grieben waren sehr schön. Die Landschaft war zwar nicht zu vergleichen mit der über dem Meer, aber der sandige Weg war bequem, breit und ausgefahren. Ganz eben war er zwar nicht, es war keine Asphaltstraße, aber schön weich, und die trotzdem unvermeidlichen Stöße fingen die luftgefüllten Gummireifen, die Federn und Polster der Kutsche ab.

Dreimal führte Emil Deckert Silberfell, als aber alles gut ging, als auch Betty die Strecke vertraut war und sie wieder drängte, allein mit ihren neuen Freunden loszufahren, erlaubte Henry Heräus, dass Uwe in die Rolle Emil Deckerts schlüpfte. Er sollte Silberfell führen.

Da ging der blonde Struwwelkopf in seinen ausgebeulten Jeans eifrig neben Silberfells weißem, nickendem Kopf auf der Landstraße. Er achtete auf die Unebenheiten des Weges, warnte vor Dellen, Buckeln oder Löchern. Manchmal griff er Silberfell fröhlich in die Mähne oder streichelte schnell ihren Stirnschopf. Dabei träumte er vor sich hin. Das meiste verschwieg er den anderen beiden, denn er wollte sich nicht immer wieder auslachen lassen.

Einmal stellte er sich vor, dass er der Leibkutscher einer Königstochter sei, einer richtigen Prinzessin auf der Erbse, ein anderes Mal war er der Herold des Königs, ein Ritter oder Knappe. Er machte aus Betty eine schöne, vornehme Frau, die er in ein fernes Land zu begleiten hatte, es war eine gefahrvolle Reise, denn sie waren bedroht von Räuberbanden, Wegelagerern oder Raubrittern. In gewöhnlichen Saatkrähen sah Uwe die Kolkraben von Zauberern, gegen deren magische Kräfte nur sein starker Gegenzauber half.

Betty ahnte kaum etwas davon, sie hätte wohl über ihn gelacht. Sie saß in ihrem gepolsterten Sitz und freute sich am Wind, der in ihr Haar fuhr, an der Landschaft, an Goldrute, Habichtkraut und Glockenblumen – überhaupt daran, dass sie hier war. Manchmal sang sie leise vor sich hin, ein paar Takte aus der Violinsonate von Mozart, die sie gerade einstudierte. Es kam auch vor, dass sie die Lederleinen in der Hand hielt, sie wie einen Geigenhals mit ausgespannten Saiten behandelte und Fingersätze und Griffe darauf übte. Dazu summte sie leise die Melodie.

Einmal ritt Sylvie ein wenig voraus, sie lenkte Goldie auf die Wiese neben den Weg, sie wollte ein Stück den Hügel hinauf, zum Leuchtturm, nicht weit, nur mal ein bisschen schneller traben, vielleicht auch galoppieren. Sie trieb Goldie an, die Sylvies Vergnügen mitfühlte und darauf einging. Goldie kaute erwartungsvoll auf ihrem Gebiss und begann zu traben. Sylvie spürte, wie froh ihr Pony war, dass es wieder einmal richtig laufen konnte.

Sie ließ die Zügel locker, dann trieb sie Goldhaar an. Das Pony streckte sich und warf die Beine. Sylvie entlastete ihr Pony, und dann fiel Goldie in einen langsamen Galopp. Ein paar Grasbrocken flogen auf; Sylvie lachte, aber plötzlich fürchtete sie, dass Goldie zu schnell wurde und dass sie dann Mühe hatte, sie zu halten. Schon einmal war sie durchgegangen.

Sylvie nahm ihr Pony ein wenig zurück, sie bemühte sich, harmonisch mit Goldie mitzugehen und spürte, dass sie lockerer wurde. Endlich parierte sie sie zum Schritt durch und nahm die Zügel kürzer. Goldhaar schnaubte zufrieden, sie war mit ihrer Freundin Sylvie einig. Wieder sicher geworden, riskierte Sylvie noch einen kurzen Galopp; sie vergaß

Betty, schaute sich nicht einmal mehr um. Sie kam an einen schmalen Graben, der kaum einen halben Meter breit war. Für Goldie war das ein Kindersprung, ihre Ohren spielten aufmerksam. Sylvie feuerte sie an, nahm die Zügel etwas auf. „Spring! Komm, Goldhaar!“ Und Goldie streckte sich, zog die Vorderhand an und stieß sich kräftig mit der Hinterhand ab; sie war frei in der Luft, kam sicher auf, lief gleich weiter.

Dann brachte Sylvie ihr Pony zum Stehen und drehte sich im Sattel um. Hatten Betty und Uwe ihren tollen Sprung gesehen und sie bewundert? Da sah sie, dass Uwe versuchte, Silberfell zu halten, aber er stolperte über seine eigenen Füße und schlug hin.

Silberfell bog vom Weg ab und wollte hinter Goldie herstürmen, über die unebene Wiese.

Nein, fuhr es Sylvie durch den Kopf, nicht! Und nicht an den Graben! Bitte nicht, das darf nicht sein! Betty aber schien selbst übermütig geworden zu sein, sie vergaß jede Vorsicht, hielt sich lachend am Kutschenrahmen fest, sie wurde hochgestoßen und fiel wieder herab. Sie ahnte nichts von der größeren Gefahr, die durch die Bodenvertiefung vor ihnen drohte.

Da wendete Sylvie ihr Pony. Sie musste es schaffen! Fast aus dem Stand heraus nahm Goldie das Hindernis ein zweites Mal. Sylvie ritt der Kutsche entgegen; sie erreichte sie, wendete Goldie wieder und ritt neben der kleinen Kutsche.

Silberfell war schon weitergelaufen, aber Goldie war schneller als das Pony mit der Kutsche. Sylvie kam in die Höhe von Silberfells Kopf, sie beugte sich vor, da waren es nur noch wenige Meter bis zum Graben. Sylvie drängte Goldie nach rechts zur Seite, ihr Pony gehorchte und berührte Silberfell, da kriegte Sylvie das Halfter zu fassen, ihr Unterschenkel berührte Silberfell, sie versuchte sie zurückzuhalten. „Lass die Leinen los", schrie sie Betty zu, und die gehorchte verdutzt.

Dann folgte Silberfell dem Zug. Ganz kurz vor dem Graben gelang die Wendung, die Kutsche rumpelte hinter dem weißen Pony, nur das linke Rad geriet noch am oberen Rand hinein, rutschte aber nur ganz wenig ab – nun war die Kutsche gewendet, gestoppt, die Gefahr vorbei.

Sylvie klopfte Goldies Hals und sprang aus dem Sattel. Auch Silberfell stand jetzt, aber sie rollte erschrocken die Augen und zitterte. Beruhigend klopfte Sylvie ihren Hals, glättete den Stirnschopf und sprach mit ihr. Dann wandte sie sich zu Betty um. „Spinnst du total? Beinahe wärt ihr im Graben gelandet!"

„Nun mal moderato!", rief Betty. „Warum regst du dich so auf?"

„Der Graben!" Sylvie war atemlos. „Das war knapp! An dein Pony denkst du wohl nicht?"

Jetzt wurde Betty doch ein wenig blass. Sie versuchte aber gleich, die Gefahr herunterzuspielen. „Na ja", murmelte sie, „es ist ja nichts passiert. Vielen Dank, Sylvie, danke!" Sie sprach rasch von etwas anderem. „Ich hab gesehen, wie du gesprungen bist!

Es muss toll sein, wenn ich endlich selbst reiten darf, traben, galoppieren und springen. Ich freu mich wahnsinnig darauf!" Dann blickte sie schuldbewusst zu dem Graben und auf die Räder ihrer Ponykutsche. „Davon erzählen wir Henry besser nichts!", murmelte sie. „Du, ist Silberfell in Ordnung?"

„Ihr geht's gut", brummte Sylvie. „Mach das nicht noch mal mit ihr! Nicht nur du hättest dir wehtun können, sondern auch deine Fee!" Und das wär fast noch schlimmer gewesen, dachte sie und sah Uwe an. Der nickte heftig, das fand er auch. Hoffentlich werd ich zu Hause nicht gefragt, damit ich nicht schwindeln muss, dachte Sylvie.

Uwe verscheuchte eine Krähe. „Fort mit dir, Zauberknecht!" Er klatschte in die Hände. Der verschreckte Vogel flatterte und flog davon, er machte einen Bogen über den Kindern und den beiden Ponys und verschwand.

Sie drehten um. Der Schreck wirkte noch nach. Jetzt wollten sie nur noch heim. Vor der *Lietzenburg* halfen Uwe und Sylvie Betty aus der Kutsche. Uwe brachte ihr die beiden Krücken, die an der Außentreppe lehnten. Betty dankte ihm und stapfte ins Haus.

Emil Deckert kam, um Silberfell in Empfang zu nehmen. Uwe und Sylvie begleiteten ihn, als er das Pony und die Kutsche zum *Haus Schwalbennest* führte. Dort wurden die beiden Ponys abgeschirrt und auf die Wiese gelassen.

Emil Deckert verstaute die kleine Kutsche umständlich neben Goldies Stall.

Uwe radelte heim nach Vitte, Sylvie ging ins Haus.

Kaum eine halbe Stunde später war sie wieder in der *Lietzenburg*.

Sylvie fand Betty im Meerzimmer. Es hieß so, weil man von ihm aus den schönsten Blick über die Ostsee hatte. Auch waren alle Möbel, die Sessel, die Betten, die Tische meerblau gestrichen.

Betty hatte sich hingelegt, jetzt richtete sie sich auf. „Was machst du für ein Gesicht, Sylvie? Ist was los?"

Sylvie ließ sich neben sie auf den Bettrand fallen. Sie sah aus, wie wenn sie gleich in Tränen ausbrechen würde. Ihre Augen glänzten verräterisch, die Mundwinkel hingen herab. „Der Krugflechter war heute da", sagte sie zu Betty. „Als wir weg waren." Sie presste die Lippen zusammen.

„Wer ist der Krugflechter?"

„Na, Rainer Werner", sagte Sylvie.

„Meinst du den Filmregisseur Rainer Werner Krugflechter?"

Sylvie nickte und zuckte mit den Achseln. „Auf den könnt ich glatt verzichten. Kennst du ihn?"

„Klar. Denn wenn man so lange im Rollstuhl saß, so wie ich, dann mag man auch nicht immer nur lesen oder Geige üben. Da hab ich viel ferngesehen, und seine Filme haben mir gefallen. Die waren nicht so ’n Schrott wie die dauernden Krimis oder Sexfilme, die mich unheimlich anöden. Er zeigt richtige Probleme, Menschen, die erleben, was einen selbst angeht, Leute, die was zu sagen haben. Finde ich toll, dass er bei euch war.“

„Ich nicht! Auch seine Filme sind mir piepegal. Er soll bleiben, wo der Pfeffer wächst!“ Sylvie hieb mit der Faust in die Luft.

„Was hast du denn? Was ist los, Sylvie?“ Betty sah sie forschend an.

Sylvie nahm sich zusammen. „Er war im vorigen Jahr schon mal bei uns und wollte Su als Schauspielerin für einen Film haben, unbedingt Su und keine andere!“

„Aber das ist doch nicht schlimm. Wäre doch super gewesen?“

Sylvie schüttelte den Kopf. „Versteh doch! Dann wäre Su mit ihm nach Berlin gegangen und wir hätten sie monatelang, vielleicht sogar überhaupt nicht mehr wieder gesehen! Frido war jedenfalls auch sehr besorgt. Das hab ich genau gemerkt.“

„Verstehe! Eben erst hatte er sich in Su verliebt und kaum war sie zu euch gezogen, da sollte er sie wieder verlieren. Er war sicher auch eifersüchtig. Vielleicht dachte er, dass Rainer Werner die Su in Wirklichkeit gar nicht als Schauspielerin haben wollte, sondern vor allem als Frau!“

„Genau! Er war total in sie verknallt!“

„Kein Wunder, so wie sie aussieht, und so nett wie sie ist!"

„Aber Su gehört jetzt doch zu uns!", rief Sylvie laut.

„Sie gehört vielleicht zu euch, aber sie gehört euch nicht. Sie ist nicht euer Eigentum, denn eigentlich … eigentlich gehört kein Mensch einem anderen. Su und Frido sind ja noch nicht einmal verheiratet!"

„Stimmt! Das brauchen sie auch nicht. Sie wollten sich erst noch besser kennen lernen und sicher sein, dass sie zueinander passen. Auch wegen mir, weißt du. Aber trotzdem hatte Frido Angst, dass uns Su wieder verlassen könnte. Außerdem – das kann auch passieren, wenn man verheiratet ist!"

„Klar. Ich finde das sogar gut. Wär doch schlimm, wenn man immer mit jemandem zusammenleben müsste, den man nicht mehr mag."

„Trotzdem, Treue gehört auch zum Leben!" Und zur Liebe, dachte Sylvie. „Finde ich jedenfalls!"

„Was will Rainer Werner jetzt?"

„Voriges Jahr hat Su sein Angebot abgelehnt. Sie wollte überhaupt nicht mehr Theater spielen, hat sie gesagt, und filmen auch nicht. Sie wollte bei uns ihren ersten Roman schreiben und nur noch bei uns leben und immer nur Bücher schreiben und so was. Rainer Werner hat dann ja auch den Mario so toll gefunden und an ihrer Stelle mitgenommen."

„Mario? Wer ist das?"

„Das war der italienische Junge aus dem Zirkus, der Zirkus spielte damals in Bergen auf Rügen. Na, ist egal. Dem Mario gehörte vorher Goldie, meine Goldhaar, sie war ein Zirkuspony, Su und Frido haben sie Marios Eltern abgekauft. Damit war er zuerst nicht einverstanden, er wollte sie unbedingt wiederhaben. Das war ziemlich schlimm für mich, als Mario sagte, dass seine Eltern das Pony ohne seine Einwilligung überhaupt nicht verkaufen durften. Im Grunde hatte er Recht!", fügte sie hinzu.

„Aber Goldie ist doch noch da!"

„Ja, aber auch deshalb, weil Mario dem Rainer Werner so gut gefallen hat, dass er ihn zu Probeaufnahmen mitnehmen wollte. Da hat Mario auf Goldie verzichtet, und Rainer Werner hat auf Su verzichtet! Denn er brauchte gerade einen begabten Jungen für seinen Film."

„Okay!" Betty drehte sich zur Seite, sodass sie sich neben Sylvie auf den Bettrand setzen konnte. Sie griff nach ihrer Geige.

„Nichts ist okay!" Sylvie wurde wütend. „Jetzt ist er doch wieder hier, sogar mit einem Team von Mitarbeitern. Sie wohnen in Vitte, bei verschiedenen Leuten, Rainer Werner will einen Film drehen, der auf Hiddensee spielt."

„Klasse!"

„Aber nicht mit Su! Versteh doch, Betty! Er war schon bei uns und hat wieder an Su hingelabert, wie gut sie ist und so weiter. Frido ist ganz blass geworden. Der Rainer hat so eine Art, weißt du, schön ist der nicht, aber Frido sagt, er wirkt unheimlich auf Frauen, sie können ihm nicht widerstehen, das sei auch ein Teil seines Erfolges. Aber Frido und ich wollen nicht, dass Su weggeht. Auf keinen Fall! Rainer Werner sagt, der Film wird doch meist hier gedreht, sie muss gar nicht weg, höchstens mal für ein paar Szenen ins Atelier nach Berlin. Aber sie will hier ihren Roman fertig schreiben, sie hat einen festen Termin beim Verlag, und sie will es auch gut machen! Es ist ihr erstes Buch, und wenn sie Erfolg hat, dann kann sie sich leichter dazu entschließen, bei uns zu bleiben und ein neues Buch anzufangen. Sie sagt, ohne Arbeit kann sie nicht leben. Deshalb – wenn es mit ihren Büchern nicht klappt, dann geht sie vielleicht doch wieder ans Theater – kapierst du's jetzt endlich?"

„Ich verstehe schon lange!" Betty zupfte an den Saiten.

„Su darf nicht wieder weggehen, es wär schlimm für uns."

„Sie geht doch auch nicht, oder?"

„Gleich vielleicht noch nicht. Aber als Rainer Werner heute wegging, hat er richtig geheimnisvolle Sachen gesagt. Er wüsste schon, wie er sie noch umstimmen könnte. Er wartet nur noch eine Nachricht ab, und dann wird er ihr ein Angebot machen, das sie nicht ablehnen kann. Oder sie müsste völlig bekloppt sein. Das hat er gesagt."

„Paukendonner! Was kann er gemeint haben?"

„Ich weiß nicht. Es muss jedenfalls was ganz Tolles sein. Vielleicht kann es Su wirklich nicht ablehnen!"

„Das gibt's nicht. Ablehnen kann man alles!"
„Einen Sechser im Lotto auch?"
„Nein, den nicht. Aber was kannst du dagegen machen? Wenn sie's wirklich will?"
„Das ist es ja! Ich weiß es nicht. Vielleicht kann man überhaupt nichts machen. Nicht einmal Frido. Er sagt, er könnte Rainer Werner nicht das Haus verbieten, so was wäre lächerlich unter erwachsenen Menschen."
„Da hat er Recht. Überhaupt kann er vielleicht am allerwenigsten tun!"
„Genau das sagt Frido auch. Er sagt, Su ist ein freier Mensch ... Und was weiß ich noch ... Aber du solltest mal sehen, was er für ein Gesicht dabei macht! Er steht vor seiner Staffelei, aber er malt nicht, er starrt nur Löcher in die Leinwand. Er ist total fertig. Und er tut mir so Leid."
„Man müsste Rainer Werner auf andere Gedanken bringen, so wie damals bei Mario!"
„Leichter gesagt als getan! Das versuch mal! Wenn der Su haben will, dann bringt ihn kein Bagger von der Insel – ohne sie, meine ich."
„Ein Bagger vielleicht nicht", murmelte Betty. „Aber etwas, was mit seinem Beruf zu tun hat. Lass mich nachdenken. Vielleicht weiß Henry Rat. Außerdem gibt es ja unerwartete Dinge und große Zufälle. So wie in einem Film eben. Und ein bisschen Vertrauen in Su müsst ihr schon haben! Sie ist doch in Ordnung, oder?" Betty zog den Geigenbogen über die Saiten

und spielte ein paar fröhliche Takte. Die Finger ihrer linken Hand vibrierten auf dem Griffbrett.

Sylvie vergaß für einen Moment ihren Kummer. Sie schaute Betty an. Ihr Gesicht war schön, wie sie jetzt spielte, nur auf die Musik lauschend, die Augen halb geschlossen oder auf ihre linke Hand gerichtet. Das Geigenspiel ließ sie älter erscheinen, als sie war. Sie wirkte plötzlich nicht mehr wie ein Kind, fast schon wie eine junge Frau.

Sylvie strich Betty schnell mit den Fingerrücken über die Backe und verließ sie, ein wenig getröstet. Schön, dass sie mit jemandem reden konnte. Zwar hatte sie vor Su und Frido kaum Geheimnisse, aber es gab eben doch Sachen, die sie lieber mit einem anderen besprach, mit einem Gleichaltrigen und jemandem, der selbst nicht betroffen war. Dafür hat man eben Freunde. So eine Freundin wie Betty. Als Sylvie das bewusst wurde, lächelte sie. Sie hatte sich doch immer eine Freundin gewünscht!

Die Straße nach Süden war gut, breit und ausgefahren.

Eines Tages druckste Uwe herum: „Wir könnten doch mal nach Vitte fahren, oder?“

Betty war sofort dafür. „Worauf warten wir noch? Los, kommt! Uwe hat Recht. Ich will mal woanders hin. Immer nur durch Kloster und nach Grieben! Wenn ich in die Schule komme und erzähle, dass ich auf Hiddensee war, aber nicht in Vitte, lachen die mich aus!“

Uwe erklärte: „Mit den Leuten unterwegs werden wir schon fertig. Wenn die uns anquatschen und ausfragen wollen, sag ich einfach, dass sie uns gern haben können!“

Sylvie und Betty nickten. Das fanden sie auch.

Dann waren sie unterwegs, Sylvie in Goldies Sattel. Betty fuhr mit der Ponykutsche. Sie sah sehr hübsch aus in ihrer Leinenhose und dem blauen Baumwollhemd, mit dem blonden Haarschopf und der feuerroten Schleife.

Uwe war mit dem Fahrrad nach Kloster gekommen, er hatte es am *Haus Schwalbennest* gelassen. Er ging zwischen den beiden Mädchen. Manchmal musste er sich ganz schön beeilen, um mit den Ponys Schritt zu halten, vor allem, wenn die Mädchen sie traben ließen. Dann war er außer Atem. Sylvie ließ Goldie auf der trockenen Wiese neben dem Fahrweg gehen, da wuchsen Disteln mit purpurroten Köpfen. Betty fuhr auf dem Fahrweg. Die Gummireifen der Ponykutsche rollten knirschend durch den Sand. Das Trappeln von Silberfells Hufen war nur dumpf zu hören, wie wattiert.

Der Weg war fast menschenleer, sie begegneten nur wenigen Leuten. Der eine oder andere winkte ihnen zu, andere traten lächelnd zur Seite. Die Sonne begann sich gerade wieder tiefer aufs Meer zu senken, es war eine stille Stunde. Die meisten Sommergäste waren entweder schon wieder am Strand oder noch in ihren schattigen Zimmern, um nach dem Mittagessen ein Schläfchen zu machen. Sie hatten ja Ferien. Betty fand es schön, dass sie kaum Aufsehen erregte; sie dachte, nun könnte sie öfter nach Vitte fahren, auch allein.

Sylvie geriet mehr und mehr in ein träumerisches Dösen. Goldie ging gleichmäßig und unerschütterlich, Fee nickte mit ihrem schmalen Kopf, das Haar ihrer Silbermähne wippte im Takt auf und ab.

Betty sah auf den Ponyrücken, auf dem locker die Leinen lagen, und sie dachte: Silberfell, meine gute Fee! Wenn ich sie nicht hätte, würd ich das alles nicht schaffen; die Krankheit, die Schmerzen ... Aber wenn ich bei ihr bin, vergess ich das, dann sind nur sie und ich da.

Manchmal führte Uwe Silberfell am Halfter. Das Pony folgte unverdrossen dem Fahrweg. Autos oder Motorräder mussten sie hier nicht fürchten, Hiddensee war eine autofreie Insel, von ganz wenigen Ausnahmen abgesehen.

Der Sommerhimmel spannte sich hoch über den dreien; Wasservögel, besonders Seeschwalben und Möwen, kreischten und flogen in Zickzacklinien über ihnen. Auf ihrer linken Seite, gegen Osten, schimmerte das Licht auf dem ruhigen Wasser des Boddens, da lagen einige Fischerboote am Bollwerk von Kloster, die Rauchfahne eines Dampfers war wie eine lang gezogene, schwarze Wolke zu sehen, rechter Hand erstreckte sich das flache Heideland, dahinter verwehrten dichte, dunkle Büsche und Sanddünen den Blick auf die Ostsee. Man wusste aber, dass sie da war. Die Luft war erfüllt vom gleichmäßigen Rauschen der Brandung. Die weißen Häuschen von Vitte mit den Rieddächern standen niedrig und noch entfernt hinter der flachen Wiese.

„In fast jedem wohnen Sommergäste", murmelte Uwe, mehr zu sich als zu den beiden Mädchen. „Da sind auch ganz berühmte Leute darunter, die nicht erkannt werden wollen. Ein paar kommen immer wieder, vor allem Künstler."

Plötzlich war es aus mit der Ruhe. Hinter den Büschen stürmten Kinder hervor, Mädchen und Jungen, zehn, zwölf oder noch mehr. Sie umringten Betty, Sylvie und Uwe, kreischten und schrien durcheinander. Uwe hielt Silberfell und Goldie fest. Die Ponys blieben stehen, sie spielten nervös mit den Ohren.

Sylvie erschrak, sie war aber auch verblüfft. Wieso waren gerade jetzt so viele Kinder da hinter den Büschen gewesen? Waren die alle aus Vitte? Hatten sie sich abgesprochen und jetzt hier zusammengerottet?

Umdrehen und wegreiten? Das hätte Sylvie allein gekonnt. Wenn Goldie galoppierte, holte sie so leicht keiner ein. Aber das konnte sie jetzt nicht machen, wegen Betty in der Kutsche. Es hätte auch zu lange gedauert, bis sie gewendet hätte. Dazu war es bereits zu spät. Silberfell peitschte unruhig mit dem langen Schweif.

Uwe rührte sich nicht. Er schien aber auch nicht

überrascht, nur die Unterlippe schob er ein wenig vor.

Sylvie neigte sich im Sattel zu ihm hinüber. „Das hast du doch gewusst! Du hast uns verraten, oder?"

Uwe schüttelte den Kopf, aber er sagte nichts.

„Ach, gib's doch zu. Du warst es, der uns die Fahrt nach Vitte vorgeschlagen hat", fuhr sie ihn an. „Nun sag denen da mal, dass sie uns gern haben können und wieder verschwinden sollen! Das hast du ja so großartig versprochen!" Sie war wütend.

„Nur ruhig, keine Panik!", sagte er.

Da wusste Sylvie nicht, meinte er sie oder die Ponys?

Aber die Ponys waren gar nicht unruhig! Sicher, Silberfell war ein wenig nervöser als Goldie, sie war ja auch empfindlicher und nicht an so viele Menschen gewöhnt, während Goldie den Trubel im Zirkus und die Manege mit den Zuschauern gekannt hatte, den Beifall sogar gemocht hatte, denn sie wusste, dass sie dann immer belohnt worden war. Und die Besucher hatten ihr in der Pause oft Äpfel ins Stallzelt gebracht.

Noch einmal fauchte Sylvie Uwe an: „Du hast uns das eingebrockt!" Sie war sich ganz sicher.

Die Kinder wollten jetzt die Ponys streicheln, sie anfassen, füttern.

„He, lasst sie in Ruhe!", rief Sylvie erbost. Sie nahm die Zügel kürzer und richtete sich auf. Sie fürchtete auch, dass Silberfell doch die Nerven verlieren und durchgehen könnte. Sie trippelte bereits nervös auf der Stelle.

Und da sah sie Jan!

Plötzlich stand er da, mit seinen rotblonden Haaren, in Jeans und einem Hemd, dessen Ärmel er bis über die Ellbogen hochgeschoben hatte. Schlank war er, drahtig – und er lachte. Er schlenderte zu Betty hinüber. Die Hände in den Hosentaschen, den Kopf hoch erhoben, erklärte er: „Na, da haben wir euch ja! Ihr bleibt jetzt erst mal da!"

„Ph!", machte Sylvie, die sich ärgerte, dass er sie nicht beachtete. „Wenn ich will, reite ich einfach weg!"

„Und was wird aus deiner Freundin?", fragte Jan. „Sie ist ja deine Freundin, oder? Du kannst sie doch nicht im Stich lassen! Aber reit nur los, verschwinde ruhig. Du wirst hier sowieso nicht gebraucht!"

Das saß! Eine Unverschämtheit, dachte Sylvie. Natürlich war klar, dass sie jetzt blieb.

Kannte er Betty? Er schien sich nach ihr erkundigt zu haben, oder hatte Uwe es ihm gesagt?

Betty saß seltsam still da, als ginge sie das alles nichts an. Sie schaute Jan an und hatte keine Angst vor ihm. Eher schien sie sich zu freuen. Endlich fragte sie: „Was soll das werden? Was willst du?" Sie sprach nur zu ihm, ganz so, als ob niemand anderer da wäre. Sie griff sich mit beiden Händen in den Nacken. Dann drehte sie den Kopf mit einem Ruck zur Seite, dass ihr Pferdeschwanz nach vorn flog, eine dunkelblonde Flut. Die rote Haarschleife machte einen Bogen und fiel dicht vor Jan auf den Boden.

Er bückte sich sofort und hob die Schleife auf, dann

trat er nah an Betty heran und reichte sie ihr. Aber er sagte kein Wort.

Und Betty sagte auch nichts, nicht einmal danke.

Die beiden blickten einander an, und Sylvie spürte, dass da etwas war. Sie wusste nur nicht, was. Sie senkte den Kopf, ließ die beiden aber nicht aus den Augen.

Jan schwieg. Endlich sagte er: „Keine Angst! Die Kinder möchten nur mal reiten!"

„Nein!", rief Sylvie wie aus der Pistole geschossen. „Ihr spinnt wohl! Dies sind keine Mietponys!"

Jan kümmerte sich nicht um sie. Er fasste Silberfells Leine, nahe bei Bettys Hand. „Jeder eine Runde", sagte er sanft. „Ich passe auf, dass den Ponys nichts passiert."

„Nein!", rief Sylvie. „Warum denn? Wer ist der überhaupt, Betty?" Hilflos sah sie ihre neue Freundin an. Was ging da vor?

„Nun", erklärte Jan. „Mein Vater ist Herbert von Stolz, vielleicht hast du mal von ihm gehört. Er ist Olympiateilnehmer, wir haben selbst einen Reitstall. Ich bin mit Pferden aufgewachsen, bin's gewöhnt, mit ihnen umzugehen."

„Du kannst uns viel erzählen", erwiderte Betty. „Erklär mir doch mal, was ist Silberfell für ein Pony?"

Jan schaute die Stute nicht an. Kannte er sie? „Na ja! Sie könnte ein Connemarapony sein!" Er lächelte und klopfte Silberfells Hals. Ganz ruhig stand sie da. „Könnte, sagte ich. Aber in Wirklichkeit ist sie ein Shetty! Sie ist eben keines von den kleinen, stämmigen, sondern ein feingliedriges, größeres. Ich denke, sie hat Vollblutanteil von einem Vorfahr, wahrscheinlich kamen die früher mal aus Spanien nach England. Sie ist jedenfalls besonders schön mit ihrer dichten Mähne, dem langen seidigen Schweif, den schlanken Beinen und den runden kleinen Hufen. Das dunkle Horn glänzt und ist gut gepflegt!"

Betty lächelte, fast wider Willen. „Na, wenigstens das stimmt", sagte sie. „Trotzdem: Nein! Kein Kinderreiten."

„Wir wollen es ja nicht umsonst!", erklärte er.

„Ich nehme doch kein Geld!"

„Du nicht, aber wir spenden alle Einnahmen dem nächsten Tierheim oder für einen anderen guten Zweck. Das kannst du bestimmen. Es ist doch ein faires Angebot. Wir lassen euch jetzt weiterfahren, aber ihr versprecht, die Kinder aus Vitte mal reiten zu lassen!"

Sylvie überlegte. Eine Spende fürs Tierheim für die ausgesetzten und misshandelten Tiere dort? Nicht schlecht!

Auch Betty meinte: „Wir spenden das Geld? Das wär zu überlegen."

Da wandte sich Sylvie ihr zu: „Du hast gesagt, dass du Fee nicht von jedem reiten lässt."

„Richtig, ich hab gesagt, ich muss schon Vertrauen zu ihm haben. Und reiten können soll er natürlich auch."

Sylvie war empört. Sie verstand die Welt nicht mehr. „Und nun hast du Vertrauen zu so vielen Kindern? Jan mag ja ein toller Reiter sein und Pferdeverstand haben, aber die anderen doch nicht …" Dabei spürte sie, dass der Kampf schon verloren war. „Nein!", erklärte sie noch einmal bestimmt. „Ich lasse keinen anderen in Goldies Sattel! Auch nicht fürs Tierheim …" Jedenfalls wahrscheinlich nicht, dachte sie bei sich.

Jetzt erst nahm Jan Notiz von ihr. Er blieb ruhig und drehte ihr den Kopf zu. „Das wirst du wohl müssen, Kleine!"

Sylvie hätte ihm am liebsten eine runtergehauen.

Aber Jan lächelte sie ruhig an. „Ich schlage vor, dass wir einen Platz auf der Wiese vor Vitte abstecken, ich meine eine Runde, so wie in einem Zirkus. Goldie ist es ja gewöhnt, in der Manege zu gehen, oder? Sicher musste sie schon viele Kinder herumtragen und reiten lassen. Ist ja auch nichts Schlimmes. Wir sind doch dabei!"

Sylvie nickte, gegen ihren Willen. Jan hatte Recht. Und er war so selbstsicher! Er würde sicher mit auf die Ponys achten.

Jetzt klopfte er Goldies runden Hals. „Sie ist sehr hübsch, wirklich!", sagte er. „Ich meine es ernst." Dann wandte er sich wieder an Betty: „Für eine Runde auf Goldie nehmen wir fünfzig Pfennig, für Silberfell eine Mark. Wie findet ihr das?"

Sylvie war nachdenklich geworden. Das klang gar nicht so schlecht. Bewundernd sah sie Jan an. Toll sah er aus, so voller Schwung und Energie! Sie zupfte an dem Zöpfchen, das sie sich in ihre Locken geflochten hatte.

Betty beugte den Kopf herunter. Sie befestigte ihre Schleife wieder im Haar. Wenn sie ehrlich war, waren diese Kinder eigentlich ganz nett. Sie waren wohl aus Vitte, andere waren Feriengäste. Und wenn sie ihnen eine so große Freude machen konnte … Und eine Spende fürs Tierheim wäre auch gut. Die würde Vater Henry bestimmt noch aufrunden! Und außerdem – schließlich war Silberfell ja ein Reitpony, und Goldie war in der Zirkusmanege geritten worden. Sie winkte Sylvie.

Jan trat beiseite. Sylvie runzelte die Stirn, ritt aber näher.

Betty fragte leise: „Warum eigentlich nicht? Ich find das gar nicht schlecht. Ich war so lange allein, hab mir doch immer ganz viele Kinder um mich gewünscht. Natürlich muss noch jemand dabei sein, sonst erlaubt es auch Henry nicht. Aber wenn Emil Deckert …“

„Logo!“, rief Uwe, der zugehört hatte. „Emil macht das mit links. Der kennt die doch alle!“ Er zeigte zu den Kindern. „Und wir nehmen eine Mark pro Runde. Auch bei Goldie. Warum denn nicht? Sie arbeitet ja genauso!“

„Ist okay. Und wer mehr geben will, kann auch mehr spenden!“, erklärte Betty. Für sie schien es schon nicht mehr um Ja oder Nein zu gehen, sondern nur noch um das Wie. „Na, Sylvie? Gib dir einen Ruck!

Goldie passiert bestimmt nichts. Es macht ihr vielleicht sogar Spaß!"

„Wenn du meinst …", war die zögernde Antwort. „Wenn Henry und Frido es erlauben …" Sylvie nickte.

Die Kinder schrien vor Begeisterung.

Da spürte auch Sylvie so etwas wie Freude und Aufregung.

Jan gab Betty die Hand über den Kutschenrand hinweg.

Betty nahm sie schnell. Dann ließ sie die Leinen leicht auf Silberfells Kruppe fallen und wendete die Kutsche, sodass die am nächsten stehenden Kinder beiseite hüpften.

„Kommt!", rief Betty, an Sylvie und Uwe gewandt. Sie fuhr schon los. Die Kinder von Vitte gaben ihr noch ein Stück das Geleit. Sie redeten, lachten und schrien durcheinander. Sylvie folgte langsam, sie drehte sich im Sattel noch einmal um.

Jan stand ruhig auf der gleichen Stelle und schaute ihnen nach, die Hände wie immer in den Hosentaschen. Er lächelte.

Henry Heräus und Vater Frido sprachen miteinander bei einer Tasse Kaffee. Sie sahen kein Problem in der kleinen Veranstaltung. Ihr Vertrauen in Emil Deckert gab den Ausschlag. Dabei war Emil der Einzige, der grummelte: „Lieber würd ich einen Sack Flöhe hüten als diese Kinder. Die kenne ich!“ Er verlangte, dass auch eine der Mütter oder ein Vater dabei sein sollte. Allein wollte er die Verantwortung nicht übernehmen, vor allem für die Kleinen nicht. Schließlich sagte er zu.

Dann kam der große Tag. Es war sonnig, aber feine Schleierwolken dämpften die heißesten Strahlen. Die ausgesuchte Wiese lag vor Vitte. Schon früh fanden sich dort Kinder ein, viele mit ihren Eltern. Das waren nicht nur Sommergäste, sondern auch Bewohner von Hiddensee.

Uwe war vorher nach Kloster geradelt. Emil Deckert hatte Silberfell vor die Ponykutsche gespannt, der Weg wäre für Betty zu Fuß noch zu weit gewesen. Sylvie ritt Goldie.

Uwe und Emil Deckert gingen nebenher, beide schoben ihre Fahrräder. Emil Deckert transportierte auf seinem Rad den zweiten Sattel und das Reitzeug für Silberfell.

Mit Jubel wurden sie empfangen. Jungen und Mädchen liefen ihnen entgegen. Sie bildeten eine Gruppe um die Ponys, jeder wollte sie berühren, streicheln.

Heute ließen Betty und Sylvie sie gewähren.

An dem ausgewählten Platz versuchte Emil Deckert Ordnung und Ruhe in das Chaos zu bringen. Es war mühsam, gelang aber endlich mit Hilfe der Eltern. Betty ließ sich aus der Ponykutsche gleiten und nahm die Stützen. Sie hatte vorgehabt, sich an ihre Kutsche zu lehnen. Das wäre aber nicht so bequem gewesen, weil die ja nur zwei Räder hatte und – ohne Silberfell davor – unsicher und auch schräg stand. Sie schaute sich suchend um. Vielleicht fand sie etwas anderes. Vielleicht sah sie auch Jan – und da kam er schon. Er brachte einen zusammengeklappten Campingstuhl und stellte ihn neben ihr auf.

„Danke." Betty lächelte.

„Schon gut." Jan strich sich eine Strähne seines kurzen Haars aus der Stirn.

Emil Deckert schirrte Silberfell von der Kutsche ab und sattelte sie. Sylvie war aus Goldies Sattel gestiegen. Misstrauisch schaute sie sich um. Emil Deckert rief Uwe zu, Goldie zu führen, er selbst übernahm Silberfell. Die wartenden Kinder stellten sich in zwei Reihen auf, eine für Silberfell, eine für Goldhaar. Die Mütter und Väter organisierten das.

„Und du kassierst!", bat Emil Sylvie.

Sie war zunächst nicht begeistert davon.

Aber Jan hatte auch daran gedacht. Er hatte eine große Umhängetasche mitgebracht und sogar Wechselgeld. Außerdem bot er sich an, Sylvie zu helfen. Da lächelte sie, nun war sie einverstanden.

Sylvie fand es ganz richtig, dass der gleiche Preis für einen Ritt auf Silberfell und auf Goldie festgesetzt worden war. Als sie mit dem Kassieren begann, machte es ihr gleich Spaß. Sie war eifrig bei der Sache. Sie steckte die Münzen, sogar Scheine, in die Umhängetasche und gab Geld heraus. Wenn die Hektik zu groß wurde, sprang Jan ein, auch beim Rechnen. Er beobachtete alles.

Oft halfen ein Vater oder eine Mutter beim Aufsteigen, schoben ihre hilflos mit einem Bein über dem Sattel hängenden Sprößlinge hinauf. Manch einer rutschte auf der anderen Seite gleich wieder herunter. Dann lachten die anderen, der kleine Reiter aber durfte es noch einmal versuchen. Die Kleineren wurden von Jan mit einem sanften Schwung in den Sattel gesetzt. Umsichtig legte er die Hände der Kinder an den Haltegriff des Ponygeschirrs. „Still sitzen!", mahnte er besonders die Jungen. „Fangt bloß nicht an zu zappeln, das mögen die Ponys nicht!"

Seine ruhige besonnene Art gefiel Sylvie.

Emil führte Silberfell. Er ließ sie langsam gehen, sie ging willig am Halfter und machte ihrer guten Ausbildung Ehre.

Uwe folgte mit Goldie. Er erzählte seinen kleinen Reitgästen erfundene Geschichten von Prinzessinnen und Einhörnern. Die Kinder lachten und wollten etwas anderes hören.

Sylvie rief ihm im Vorbeigehen zu: „Ich glaub, du hast eine Mutter, die ist Märchentante!"

„Die wohnt in Stralsund", antwortete Uwe. Dabei wurde nicht klar, ob er seine Mutter oder eine Tante meinte.

„Wenn du mal eine Märchenstunde gibst, kannst du Eintritt verlangen!", setzte Sylvie nach.

Aber da war Uwe schon weitergewandert.

Manche Kinder saßen ängstlich im Sattel, vor allem die kleineren, sie hielten sich mit rundem Rücken am Sattelgriff fest. Mit der Zeit aber wurden sie mutiger, sie merkten, dass ihnen nichts passierte und sahen, wie gutmütig die Ponys waren und wie ruhig sie gingen. Da wollten sie gar nicht mehr aus dem Sattel, sondern noch eine zweite Runde reiten.

Es gab auch Kinder, die von Anfang an mutig, ja, richtig übermütig waren und die Ponys antreiben wollten. Bei Emil Deckert hatten sie damit kein Glück, aber Uwe hatte Mühe, sie zurückzuhalten. Nur am Ende einer Runde ließ Emil Silberfell etwas schneller gehen. Da musste er selber fast laufen, und auch Uwe kam außer Puste.

Das Ponyreiten wurde ein großer Erfolg. Es blieb den Kindern von Vitte lange in Erinnerung. Über eine Stunde gingen die Ponys um den Platz. Dann wurden sie müde. Und Emil Deckert und Uwe schwitzten.

Betty saß im Klappstuhl am Rand des Reitplatzes und schaute zu. Oft sah sie auch nur Jan an. Er tat, als merkte er es nicht.

Endlich begann Emil Deckert zu streiken. „Ein alter Mann ist doch kein Rennpferd“, murrte er, doch er lachte. „Jetzt ist Schluss! Die Ponys brauchen Ruhe. Und ich auch!“, erklärte er.

„Na, wie viel habt ihr eingenommen?“, fragte Betty.

Jan antwortete: „Ich hab zwar versucht mitzuzählen, bin dann aber rausgekommen. Wenn ich mich nicht gewaltig verrechnet habe, müssten es über hundert Mark sein. Manche Eltern haben ein bisschen mehr gegeben."

Sylvie freute sich. „Das macht für jedes Pony mindestens fünfzig!" Sie rechnete schnell. „Eine Runde gleich zwei Minuten, jede Runde eine Mark, das sind dann für Uwe und Emil je fünfzig Runden in einer Stunde. Plus Extrageld. Ganz schön stressig!"

Jan lachte. „Du kannst ja ziemlich gut rechnen!"

Sylvie wurde rot. Sie murmelte: „Ach, das kann doch jeder!"

„Aber nicht ohne Taschenrechner!", erwiderte er. Da brannten Sylvies Backen noch mehr. Sie ärgerte sich darüber und wurde noch röter. Sie drehte sich rasch um.

Jan lächelte.

Emil Deckert spannte Silberfell wieder vor die Ponykutsche. Als Betty einsteigen wollte, war Jan da, nahm ihr die Stützen ab und reichte ihr eine Hand, um ihr zu helfen. Sie stützte sich ab, stieg auf und setzte sich. Sie nahm die Leinen, wandte sich ihm zu und fragte: „Du kommst doch zu meinem Konzert?"

„Wenn ich kann", antwortete er. „Vielleicht!"

Betty trieb Silberfell an und fuhr langsam über den Rasen auf den Weg. Sylvie lief mit Goldie hinter ihr her. Sie führte ihr Pony jetzt, denn Goldie hatte genug gearbeitet. Sie ließen Emil Deckert und Uwe hinter sich, die mit ihren Fahrrädern und den Sätteln folgten.

Es war ein sonniger Tag. Betty zog einen schwarzen, einteiligen Badeanzug an, der ihre zierliche Figur betonte. Sie legte sich den weißen Bademantel aus Frottee über und nahm ihre Stützen. Sie sah Sylvie an. „Kommst du mit zum Strand? Auch wenn du nicht ins Wasser gehst, kannst du doch mitkommen. Allein macht es nicht so viel Spaß. Und auf der Treppe vom Steilhang kannst du mir helfen."

„Was sagt Henry dazu?", wollte Sylvie wissen.

„Es ist okay. Er will, dass ich schwimme, das tut mir gut. Nur die Treppe auf dem Steilhang ist kritisch. Aber wenn ich erst im Wasser bin, ist alles in Ordnung."

„Sei trotzdem vorsichtig, Betty!"

„Klar doch. Ich schwimme nur da, wo ich noch stehen kann."

Sylvie ließ sich gern überreden. Die *Lietzenburg* war still, die Gäste waren ausgeflogen. Auch Henry Heräus war nicht da, er hatte sich mit ein paar Leuten von der *Weißen Flotte*, der Dampfer-und-Motorbootgesellschaft, in der Kneipe am Bollwerk verabredet. Sie wollten mit ihm reden, hatten sie gesagt.

Sylvie trug Bermudas und Turnschuhe, aber die Turnschuhe zog sie aus und hängte sie mit den Schnürsenkeln über den Rücken, als sie mit Betty in den Kiefernwald einbog. Barfuß lief es sich gut im Sand, auch wenn die Kiefernnadeln stachen.

Betty ging mit ihren Stützen, wenn auch ungern.

Als sie den Schatten des Wäldchens verließen und aus der Dämmerung ins Freie traten, wo das Licht flutete, ging ihr Blick weit übers Meer. Sie standen zwischen Sanddornbüschen und Heckenrosen. Auf dem Steilhang wuchs Gestrüpp und hartes, niedriges Gras. Der Sand war warm von der Sonne.

Unter ihnen erstreckte sich der steinige Strand nach Süden, ein Strandkorb war neben dem anderen. Da lagen Menschen oder schwammen im Meer, Kinder bauten Sandburgen oder spielten mit Gummitieren und Ringen.

Jetzt war Betty doch froh über die Stützen. Der Abstieg über die im Sand eingelassenen Stufen war steil. Kleine Holzbretter befestigten den Sand, der trotzdem hinabrieselte. Das Laufen war mühsam, Betty musste aufpassen, dass sie nicht stürzte. Langsam, von Stufe zu Stufe, die abschüssig und ausgetreten waren, tastete sie sich hinab, jeweils die Stützen vorausstellend, auf die nächste tiefer liegende Stufe.

Endlich waren sie unten. Dicht neben der untersten Stufe fanden sie noch einen freien Strandkorb. Betty blieb kurz stehen; sie schloss die Augen und hielt ihr Gesicht in die Sonne.

„Schön!", rief sie. „Einfach Klasse! Ich fühl mich unheimlich gut! Es ist mindestens vier Jahre her, seit ich zum letzten Mal im Meer geschwommen bin. Das ist doch was anderes als im Hallenbad! Und allein reingehen!" Sie schaute sich um. „Schade, dass Jan in

Vitte wohnt und nicht hier in Kloster", fügte sie hinzu.

„Na ja", murmelte Sylvie. Aber sie fand es auch schade.

Betty setzte sich in den Strandkorb und zog den Bademantel aus. Sylvie warf ihre Turnschuhe in den Sand.

Dann wollte Betty ins Wasser. Sie ging auf Stützen bis zum Ufer, das war schwierig, denn die Stützen sanken ein. Sylvie ging neben ihr. Sie gingen langsam, vor allem mussten sie auf die Steine achten, die in Hiddensee in Mengen auf dem Strand lagen.

Aber der Übergang vom Strand zum Wasser war flach und freigespült, hier war der Sand fest und hart. Betty nahm die Stützen auch ins Wasser mit. „Aluminium rostet nicht!" Kleine Wellen umspülten ihre Füße. Schritt für Schritt tastete sie sich vor, Sylvie neben ihr, bis ihnen das Wasser bis zu den Knien reichte und kleine Wellen an ihren Schenkeln hinaufschwappten. Als Sylvies Bermudas nass wurden, drehte sich Betty um, schaute zum Land und stand mit dem Rücken zum offenen Meer. „Super!" rief sie, reichte Sylvie ihre Stützen und ließ sich nach hinten fallen. Das Wasser nahm sie auf. Sie lag auf dem Rücken, hob eine Hand und winkte Sylvie zu. „Ganz salzig! Es ist einfach toll!" Sie drehte sich wieder um und schwamm hinaus. Jetzt merkte man ihr die Behinderung nicht mehr an.

„Nicht zu weit!", rief Sylvie ihr nach.

„Was sagst du?“ Betty prustete. Sie stand auf, die Wellen überspülten ihre Brust und Schultern. Sie schwankte. „Siehst du, ich kann noch stehen!“, rief sie. Dann tauchte sie wieder ein und schwamm parallel zur Küste, hundert Meter nach Süden, drehte um und schwamm zurück nach Norden. Sie schwamm sicher, mit ruhigen Zügen.

Sylvie wartete auf sie an der Stelle, wo Betty sich ins Wasser fallen gelassen hatte. Sie hatte die Stützen unter die Arme geklemmt. Bei sich dachte sie, wie gut es war, dass sie keine brauchte.

Nach einiger Zeit wandte sich Betty wieder dem Ufer zu. Als sie sich aufrichtete, lief ihr das Wasser an Gesicht und Körper herab. Sie sah verändert aus mit den nass angeklebten Haaren. Sylvie reichte ihr die Stützen hinüber.

Da puffte sie Betty an und deutete zum Strand. „Da ist doch Jan!“, rief sie und winkte.

Der Junge, den sie meinte, winkte zurück und blieb stehen. Er schaute zu ihnen herüber, aber Sylvie meinte: „Das ist nicht Jan. Ich weiß nicht, wer das ist, ich kenne ihn nicht.“

Betty sagte nichts.

Der Junge wurde aus einem Strandkorb gerufen, langsam schlenderte er zurück.

Betty schaute auf den Grund, alle Steine schienen unter einem silbernen Schleier zu schwanken, wie aus Quecksilber. Als sie aufblickte, lächelte sie Sylvie zu. „Macht nichts!“

Den steilen Aufstieg zur *Lietzenburg* fand Betty dann ziemlich anstrengend. Der Sand unter ihren Füßen bot wenig Halt, er rutschte und rieselte. Die Stützen bohrten kleine Löcher und sanken ein. Aber sie spürte auch, dass sie jeden Tag kräftiger wurde. Die Freude über den wunderschönen Tag beschwingte sie und half ihr.

Uwe fuhr für ein paar Tage mit seiner Mutter nach Stralsund zu ihrer Schwester, seiner Tante. Da waren Sylvie und Betty allein unterwegs. Betty war so glücklich über alles, die Kutschfahrten, das Wetter, die wunderbare Landschaft, das Schwimmen, dass es ihr nicht gleich auffiel, dass Sylvie heute so still war und immer stiller wurde.

Wieder einmal waren sie über Grieben in die Dünenlandschaft des Enddorns gefahren und geritten. Sylvie aber ließ den Kopf hängen. Und plötzlich hielt sie Goldie an, beugte sich vor und fasste in den dichten Stirnschopf. Sie ließ den Kopf sinken und schluchzte.

Betty zog Silberfells Leinen an. „Weinst du?", fragte sie erschrocken.

Sylvie schniefte, sie suchte nach einem Taschentuch und schnäuzte sich heftig.

„Was ist denn? Was hast du, Sylvie?", fragte Betty.

„Ach, es ist nichts", war die Antwort.

„Man weint nicht nur so. Für nichts gibt es keinen solchen Ausbruch!“, erklärte Betty.

Da brach es aus Sylvie heraus: „Su ist weg! Es hängt mit Rainer Werner zusammen ... irgendwie“, sagte sie. „Ich hab dir ja von ihm erzählt. Im vorigen Jahr hat sie ihm abgesagt. Aber nun ist er doch wieder nach Hiddensee gekommen.“

„Das hast du mir erzählt. Er wohnt mit ein paar Leuten aus seinem Team in Vitte. Stimmt's?“

„Es hat gestimmt. Aber nun wohnt er nicht mehr da. Er ist wieder in Berlin ...“

„Und Su mit ihm?“

„Ja!“ Sylvie konnte es nicht verhindern, dass sie wieder aufschluchzte. Sie biss sich auf die Lippen.

„Aber warum denn?“, fragte Betty.

„Ich weiß es nicht. Das wissen wir beide nicht, Frido und ich. Er ist ganz blass und redet nicht mit mir. So direkt kann ich ihn auch nicht fragen ... ich meine, dass er mir nichts sagt, von sich aus ...“

„Aber Su kommt doch wieder?“, fragte Betty leise.

Sylvie schluchzte noch einmal laut auf. „Es wäre furchtbar ...“

„Nun mal der Reihe nach. Lass nichts aus, vielleicht ist alles nicht so schlimm!“

„Es war so: Zuerst kam Rainer Werner zum Kaffee. Aber ich merkte doch, wie nervös Frido wurde. Su war so anders ... ich glaube, Frido fand, dass sie zu nett zu Rainer Werner war.“

„Er ist eifersüchtig. Aber ich kann Su auch verstehen. Sie ist schließlich Schauspielerin, und Rainer Werner ist ein bekannter Regisseur. Bevor sie nach Hiddensee kam und deinen Vater kennen lernte, ist er doch ein sehr wichtiger Mann für sie gewesen, von dem viel für sie abhängen konnte. Vielleicht hatte sie schon lange davon geträumt, mal mit ihm zu spielen. Und nun kommt er nach Hiddensee und will sie engagieren, und sie lehnt das ab! Euretwegen! Ich meine, im vorigen Jahr. Vielleicht hat ihr das hinterher Leid getan!"

Sylvie stieg aus dem Sattel.

„Hilf mir mal", bat Betty.

Sylvie reichte ihr die Hand, und Betty ließ sich aus der Kutsche gleiten. Alles war still, nur der Wind blies leicht und ließ die Haare der Mädchen aufwehen. Die beiden setzten sich auf eine Erhebung aus Sand und dürrem Gras. Ein paar stachelige Disteln neben ihnen neigten ihre feuerroten Köpfe auf den Sand.

„Du hast mir noch nicht alles gesagt", begann Betty. „Über was hat Rainer Werner mit Su gesprochen?"

„Ach, über Film, Theater und Fernsehen und dass alles immer schlechter wird. Und dass es so schade ist, dass Su nicht mehr spielt. Sie hätte eine tolle Karriere machen können. Da hat sie von ihrem Roman erzählt, und er hat große Augen gemacht. Ich glaube, er hat sie um eine Kopie gebeten, und sie hat ihm einen Computerausdruck gemacht, den er mitgenommen hat. Das war mir ja egal, aber dann … dann sagt er so ganz nebenbei, dass er eine Inszenierung bei den Salzburger Festspielen machen wird, im nächsten Sommer ..."

„Toll!"

„Toll, hat auch Su gesagt, so wie du. Sie ist aufgesprungen und hin und her gelaufen. ‚Rainer Werner, ich gratuliere!', hat sie gerufen. Sie hat ihn auf beide Backen geküsst und er ... er hat sie wiedergeküsst!"

„Na ja, das macht man so beim Theater. Das ist doch ganz harmlos. Es bedeutet nichts. Deshalb ist Su bestimmt nicht weggegangen. Außerdem sind die Salzburger Festspiele Opern- und Musikfestspiele, Mozart und so, und Su ist doch keine Sängerin!"

„Nein, die spielen auch Stücke, Schauspiele, wie den Jedermann!", rief Sylvie.

„Stimmt. Von Hugo von Hofmannsthal. Es wird jedes Jahr vor dem Dom gespielt."

„Im Freien, ja, mit den besten Schauspielern. Im nächsten Jahr haben sie einen ganz bekannten Schauspieler für den Jedermann, einen ganz neuen, jungen, und Rainer Werner macht die Regie. Und jetzt kommt es! Er hat Su angeboten, dass sie die Frau oder Freundin vom Jedermann spielen soll!"

„Die Buhlschaft", murmelte Betty. „Ich war mal mit Henry da, bevor ich krank wurde. Ich war eigentlich noch zu klein, aber es hat mir trotzdem gefallen. Ich hab das Poster und das Programmheft aufgehoben. Henry sagt, die Salzburger Festspiele sind das Größte und das Sprungbrett für Schauspieler zu einer Weltkarriere. Ich werde den Jedermann nie vergessen, die seltsame altmodische Sprache, alles in Versen, wie alte Musik, und die farbigen Kostüme aus dem Mittelalter, dahinter der angestrahlte Dom … Kinder haben auch mitgespielt, das weiß ich noch!“

Sylvie streifte Betty mit einem vorwurfsvollen Blick. „Das fand Su wohl auch toll! Obwohl sie sagt, das ganze Tamtam ist ihr egal!“

„Aber warum macht sie's dann?“, fragte Betty.

„Sie sagt, sie interessiert sich nicht für den Ruhm und das alles, sondern nur für die Aufgabe, für ihre Leistung. Es ist eine große Herausforderung. Wenn sie es macht, will sie es besonders gut machen, sie will diese … diese …“

„Buhlschaft!“

„Meinetwegen! Sie will sie richtig gut spielen. Nicht nur die Zuschauer und die Presse, auch sie selber will zufrieden sein, mit sich. Das hat sie uns gesagt.“

„Das finde ich gut, und das verstehe ich. So muss man denken. Aber deswegen braucht sie euch doch nicht ganz zu verlassen. Sie kommt bestimmt zurück!“

„Vielleicht, vielleicht auch nicht. Frido ist jedenfalls aufgesprungen und in sein Atelier gesaust. Su hinterher. Da sind sie lange geblieben. Ich saß neben Rainer Werner und kam mir blöd vor, am liebsten hätte ich ihn getreten. Ich weiß nicht einmal mehr, ob er nicht sogar gegrinst hat. Nach kurzer Zeit ist er dann aber auch aufgestanden, hat mir über die Haare gestrichen und gesagt: ‚Also, dann geh ich jetzt auch, Kleine!‘ Ich hätt ihn umbringen können.“

„Direkt was Böses hat er ja nicht getan!“, murmelte Betty.

„Als Su und Frido wieder aus dem Atelier kamen, waren sie beide blass und ganz still, den ganzen Abend. Ich hab mich nicht getraut, sie so direkt zu fragen. Aber nach dem Abendbrot hat das Telefon geklingelt, und Su hat ewig lange telefoniert. Mindestens eine halbe Stunde, oder noch länger. Ich glaube, dann ist der Akku kaputtgegangen. Und heute morgen war Su weg.“

„Einfach weg?“ Betty sah sie verdutzt an.

„Ja, früh am Morgen, mit einem Wassertaxi, und mit Rainer Werner. Ich war noch nicht auf.“

„Und woher weißt du es?“

„Wie ich allein beim Frühstück sitze, kommt Frido und ich frage ihn, wo Su ist. Er sagt: Unterwegs nach Berlin. Mit einem ganz komischen Gesicht. Das war alles. Ich frage: Wieso? Er antwortet: Zu einer wichtigen Besprechung. Er brummt: Es muss ganz eilig etwas entschieden werden. Sie hat gesagt, wir sollen Vertrauen zu ihr haben und sie wird uns bald anrufen.“

„Na also, dann will sie euch überraschen!“, stellte Betty fest.

„Also, da könnte ich drauf verzichten.“

„Ja, aber ein Verbrechen ist es doch auch nicht. Manche Leute reden nicht gern vor einer wichtigen Entscheidung. Das ist so ein Aberglaube.“

„Kann schon sein, dass es so ist. Aber für uns ist es ziemlich schlimm.“

„Und nun müsst ihr auf ihren Anruf warten!"

„Unser Telefon geht ja nicht! Der Akku hat doch den Geist aufgegeben, wir brauchen einen neuen. Frido hat ihn schon bestellt, aber das ist so kompliziert mit diesen vielen Bestellnummern, es dauert ein paar Tage. Solange sind wir nicht zu erreichen, gerade jetzt. Und wir können sie auch nicht von einem anderen Apparat aus anrufen, weil wir ihre Nummer nicht haben."

„Das ist allerdings doppeltes Pech."

„Ich hab Frido gefragt: Aber sie kommt doch wieder? Da hat er geantwortet: Das hoffe ich doch! Er hat seine Serviette auf den Tisch geknallt und ist in sein Atelier gerannt. Nun weißt du, warum ich heule!"

„Klar", sagte Betty. „Da sind falsche Töne drin, das klingt nicht gut. Die Instrumente sind irgendwie verstimmt, würde ich sagen. Aber nur weil Su nach Berlin gefahren ist ..."

Ein heftiger Schluchzer unterbrach sie.

„Mein Gott, Sylvie, du musst ja nicht gleich das Schlimmste glauben!"

Sylvie schluchzte noch verzweifelter.

„Da, nimm das!" Betty reichte ihr ein frisches Taschentuch. „Und wechsle mal von Moll zu Dur."

Sylvie schniefte und wischte sich die Tränen von den Backen. „Was meinst du?"

„Dass du statt der traurigen eine fröhliche Tonart anstimmen solltest."

Beide schwiegen eine Weile. Endlich sagte Betty:

„Noch etwas, Sylvie. Wenn Su euch wirklich einmal verlassen sollte, dann wäre es eigentlich besser, es passierte jetzt, als erst in ein paar Jahren, vor allem, ehe Su und Frido verheiratet sind. Denn eine Trennung, so weh sie auch tut, ist immer noch tausendmal einfacher als eine Scheidung mit Streit um Geld und Kinder, mit Anwälten und Gericht. Ich weiß das ..."

„Ich will aber keine Trennung!"

„Ich ja auch nicht. Aber wenn schon Trennung, dann lieber gleich. Kurz und schmerzlos!"

„Schmerzlos? Von wegen!"

Betty legte Sylvie eine Hand auf den Unterarm und streichelte sie. Die Ponys hatten die Köpfe gesenkt und grasten. Die Sonne senkte sich auf den Hügel, der den Gästen, die in Grieben wohnten, den Ausblick auf das Meer versperrte, sie aber dafür mit seiner sanft gewellten Anhöhe entschädigte. Dann fand Betty, es wäre Zeit, umzukehren.

Sylvie nahm Goldhaar am Halfter. Langsam trottete Goldie neben Silberfell her, das sandfarbene neben dem weißen Shetlandpony.

Wie sie heimkamen, wussten sie selbst kaum. Goldie lauschte mit hellbraunen Ohren auf die Geräusche des Abends. In der Ferne bellten ein paar Hunde, keiften Gänse, vom Bollwerk klang eine Dampfersirene herüber; Krähen, Uferschwalben und Möwen zogen geschwungene Linien über den Himmel und krächzten, zwitscherten und kreischten. Schließlich begann die Glocke der alten Kirche vom Ort Kloster zu läuten. In der Luft hing der Geruch von Wiesenkräutern und Erde, vermischt mit dem Salzgeruch des Meeres.

Das alles war schön, es war friedlich. Sylvie beugte sich vor, sodass ihr Kopf dicht neben Goldhaars Kopf war, und strich über die raue Ponymähne. Goldie schnaubte leise, das war ihre Antwort. Da fühlte sich Sylvie ein wenig getröstet. Auch wenn Su nicht zurückkam, sie hatte wenigstens ihr Pony. Goldhaar würde sie nicht verlassen.

Sylvie hatte sich nicht getäuscht. Frido war am Abend zum Bollwerk gegangen, um bei der Ankunft des Dampfers aus Stralsund da zu sein. Dort kamen die Züge aus Berlin an und die kleineren, schnelleren Motorboote aus Schaprode. Er hatte zwar nicht wirklich geglaubt, dass Su mitkommen würde, aber eine winzige Hoffnung hatte er doch gehabt, und es hatte ihn nicht zu Hause gehalten. *Haus Schwalbennest* war im Augenblick eben kein Nest für ihn, keine Heimat. Er stand unter den Menschen, die ihre Freunde oder Verwandten erwarteten, begrüßte den einen oder anderen, aber seine Gedanken waren ganz woanders. Er blieb allein, eine Hand in der Hosentasche, mit der anderen seine Pfeife haltend. Wer genau hinschaute, konnte seine Einsamkeit spüren.

Sylvie hatte nicht den Mut gehabt, ihn zu begleiten.

Sie musste ja auch Goldie in den Stall bringen und versorgen. Das Pony ließ sich Sattel und Zaumzeug abnehmen und stand ganz still, als es geputzt wurde. Heute Abend ging das Putzen schnell. Goldie schüttelte endlich den Kopf – das hieß: Jetzt ist es genug! Sylvie lachte und legte ihr das Abendheu in die Krippe, dazu Karotten und fein geschnittene Äpfel. Es war jetzt sehr still. Nur das Holz der Stallwände knackte. Sylvie füllte den Wassereimer. Goldie trank fast geräuschlos.

Fliegen summten im letzten Abendlicht. Sylvie konnte die Sonne nicht mehr sehen, weil der Hügel und das Kiefernwäldchen vor ihr lagen, aber sie wusste, dass sie bald im Meer versank und dabei einen gewaltigen Feuerzauber ausstrahlte. Sie kauerte sich neben ihrem Pony nieder und sah zu, wie es Goldie schmeckte. Sie spürte, dass Tränen in ihre Augen stiegen, aber sie wollte nicht weinen. Sie versuchte an andere Dinge zu denken, daran, wie gut es war, dass sie nicht krank war oder gelähmt, so wie es Betty gewesen war, daran, wie schön es war, dass Betty mit Silberfell nach Hiddensee gekommen war und dass sie nun eine Freundin hatte. Und auch Goldie hatte ja eine Freundin bekommen.

Aber der Gedanke an Su ließ sich nicht vertreiben. Ein dicker Kloß saß in Sylvies Kehle.

Sie hörte Frido zurückkommen, der Schritt eines einzelnen Menschen, und er war nicht fröhlich und schnell, er ging so langsam, als ob er eine Last trüge.

Dann kam er zu ihr in den Stall. „Na, Spatz …“ Er strich ihr über die Haare.

Sie stand auf und lehnte sich an ihn. Sie fragte nicht, sie wusste auch so Bescheid.

„Gut, dass du dein Pony hast“, sagte Frido und strich Goldie über den Hals.

Dann kam der Abend von Bettys Konzert. Su war noch nicht zurück. Frido und Sylvie gingen allein zur *Lietzenburg* hinauf. Sie verabredeten miteinander, was sie sagen wollten, wenn man fragte, warum Su nicht mitgekommen sei. Sie wäre in Berlin, um ein paar dringende Dinge zu erledigen. Das war nicht einmal gelogen. Und sie käme gewiss bald wieder. Das wussten sie zwar nicht sicher, aber sie hofften es mit aller Kraft.

Das kleine Konzert sollte im Aufenthalts- und Lesezimmer mit den tiefen Ledersesseln stattfinden. Zusätzlich waren alle Stühle aus dem Speisesaal und aus den Gästezimmern im Halbkreis vor dem Klavier aufgestellt worden. Vor dem Klavier stand ein verstellbarer Hocker, daneben noch ein Stuhl. Als Frido und Sylvie hereinkamen, waren die meisten Gäste schon da. Sie standen herum und redeten miteinander. Ganz vorn unterhielt sich Henry Heräus mit einer grauhaarigen Dame, die das Ende einer langen Perlenkette vor ihrem Ausschnitt kreisen ließ. Als Henry

Frido und Sylvie sah, sagte er etwas zu ihr und kam zu ihnen. Da er von Betty die ganze Geschichte mit Su kannte, drückte er Frido nur stumm die Hand. Er konnte sich gut in seine Lage versetzen, hatte er es doch selbst erfahren, dass ihn eine Frau, Bettys Mutter, verlassen hatte. Dann wies er auf drei Stühle, die er für sie belegt hatte.

Nach und nach setzte man sich. Einige jüngere Gäste, die keinen Sitzplatz mehr bekommen hatten, lehnten sich an die Wand oder setzten sich im Hintergrund auf den Parkettboden.

Betty und der Doktor traten ein, es wurde geklatscht. Der kleine Lehrer schaute durch seine randlose Brille zum Klavier und ging rasch darauf zu. Er trug Bettys Geige und den Bogen, da sie die Hände für die Stützen brauchte. Betty ging ein bisschen verlegen durch den schmalen Gang, der freigehalten worden war. Dann setzte sie sich neben das Klavier. Die Stützen schob sie so unter ihren Stuhl, dass sie nicht störten. Der Doktor reichte ihr Geige und Bogen und setzte sich vors Klavier, mit dem Rücken zum Publikum, während Betty den Zuhörern ins Gesicht sah. Der Doktor stellte Noten vor sich auf. Betty hatte keinen Notenständer. Sie trug ein weich fallendes, graues Seidenkleid mit Goldfäden, die von der Schulter zum unteren Saum liefen. Sylvie fand, dass sie toll aussah, aber auch sehr zart und zerbrechlich. In ihrem Nacken fasste heute eine schwarze Samtschleife das dunkelblonde Haar zusammen.

Betty kannte fast alle Leute. Sylvie und Frido lächelte sie an, ihrem Vater nickte sie zu. Dann wanderten ihre Augen über diejenigen, die an der Wand lehnten, und ein Ausdruck der Enttäuschung trat in ihr Gesicht.

Also, dachte Sylvie, sie sucht Jan und hat ihn nicht gefunden.

In diesem Augenblick schob er sich durch die Tür, murmelte „Entschuldigung", weil er zu spät kam, und stellte sich zu den anderen an der Wand. Er hob den Kopf und nickte Betty zu, da ging ein Strahlen über ihr Gesicht.

Sylvie sah es genau. Bettys Augen wurden für einen Moment dunkler und größer. Dann blickte sie rasch an Jan vorbei.

„Sie meint Jan", flüsterte Sylvie ihrem Vater zu.

„Ja?" Frido hatte in das Programm geschaut und nicht auf Jans Eintreten geachtet. Er drehte sich um. „Wo ist er?"

„Nicht so auffällig!", zischte Sylvie.

Jan hatte sie aber bemerkt. Er nickte ihr zu. Seine blauen Augen leuchteten in dem schmalen, von Sonne und Wind gebräunten Gesicht. Er trug heute eine graue lange Hose und eine Segeltuchjacke, die lässig über seine Schultern hing. Eine kleine blonde Strähne fiel ihm in die Stirn. Er schnippte sie nach oben.

„Ein netter Junge", murmelte Frido. „Ein sehr hübscher Kerl! Ich glaube, er mag Betty und sie ihn. Was meinst du?"

Sylvie spürte, dass Frido sie so anders ansah, irgendwie forschend, und sie ärgerte sich darüber. Sie kniff die Lippen zusammen. „Weiß nicht", stieß sie hervor. „Ist mir auch egal!"

Frido legte die linke Hand auf die Rechte seiner Tochter. „Es tut dir doch nicht weh, Spatz?"

„Ach, wieso denn!" Sylvie schüttelte den Kopf, wohl etwas zu heftig.

„Na, du hast doch noch Zeit!", flüsterte ihr Frido tröstend zu.

Sie wurden abgelenkt.

Der Doktor schlug das „A" an. Betty hielt ihre Geige ans Ohr, zupfte an den Saiten, lauschte den Tönen, drehte an den Wirbeln, um nachzustimmen. Dann nickte sie dem Lehrer zu. Er nickte auch, mit einer gleichzeitigen Bewegung begannen sie zu spielen. Es war eine Sonate von Mozart. Bettys Töne kamen klar und rein, ihre linke Hand vibrierte wie ein Schmetterlingsflügel. Dann wieder wanderten die Finger auf dem Griffbrett wie rasche Insektenbeine. Die Zuhörer waren still, einmal hustete jemand.

Nach dem ersten Satz setzte Betty die Geige ab, Sylvie hob schon die Hände, um zu klatschen, da hielt Frido sie fest. „Noch nicht, erst ganz zum Schluss!"

Sylvie war das peinlich, sie spähte nach hinten, ob Jan es bemerkt hatte. Aber er hatte nur Augen für Betty.

Das Spiel ging gleich weiter. Der zweite und danach der letzte Satz kamen. Die Melodie wurde lebhafter, fröhlicher. Betty hatte ein einziges Mal eine kleine Pause, die nutzte sie – und stand auf. Es ging wie ein Ruck durch sie – Betty stand frei und ohne Stützen und spielte gleich weiter, stürmischer, fröhlicher. Ihr Oberkörper bewegte sich im Rhythmus der Bogenführung. Da stand sie – eine schöne junge Geigerin auf dem Konzertpodium.

Henry Heräus, neben Frido, zuckte zusammen. Er wollte aufspringen, öffnete schon den Mund, um seiner Tochter zuzurufen, sie solle sich wieder setzen. Aber Frido hielt ihn am Arm fest und raunte: „Betty weiß schon, was sie tut!“ Da fügte sich Vater Henry. Gebannt schaute er auf seine Tochter. Er spürte ihre Freude, ihre neue Sicherheit. Und er wusste, dass die quälende Zeit von Bettys schwerer Krankheit nun vorüber war, endgültig vorbei.

Die Zuhörer empfanden das Besondere des Augenblicks. Und als das Finale verklungen war und Betty die Geige absetzte und sich verneigte, sodass ihr Pferdeschwanz über ihren Kopf nach vorn herabfiel, da klatschten sie lange und begeistert.

Sylvie schämte sich nicht, dass sie feuchte Augen bekam. Sie war stolz auf Betty. Henry Heräus nahm sein Taschentuch und schnäuzte sich mehrmals kräftig.

Der Doktor stand auf. Auch Henry Heräus sprang auf, es drängte ihn zu Betty. Vielleicht wollte er ihr die Geige abnehmen, ihr mit den Stützen helfen. Aber sie behielt die Geige in der Linken, den Bogen in der rechten Hand und bedankte sich für den Applaus. „Keine Krücken mehr“, sagte sie bestimmt. Sie drehte sich dem Doktor zu und reichte ihm die Hand. „Ihnen verdanke ich diesen Abend ...“, sie schwieg und setzte dann leise hinzu: „... und viel, viel mehr.“

„Ach, nicht doch, das verdankst du alles dir selbst.“ Er nahm die Noten und machte den Klavierdeckel zu. Einige Gäste hatten Blumen mitgebracht, die sie Betty jetzt reichten.

Auch Jan löste sich von der Wand. „Kompliment“, murmelte er. „Schade, dass ich nicht Klavier spielen kann. Ich würde dich gern begleiten.“

„Ja, schade!“, antwortete sie.

„Aber vielleicht werd ich dich trotzdem mal in Hamburg besuchen. Wir sind öfter da!“

Betty nickte. Dann schaute sie zu Boden und er zur Seite.

Sylvie trat zu ihnen. „Dass du alles auswendig spielen kannst! So viele Noten!“ Es fiel ihr nichts anderes ein.

„Das ist nichts Besonderes“, antwortete Betty. „Wenn du ein Stück übst, dann prägt sich dir die Melodie ein, und beim Vortrag singst du innerlich mit. Dann geht das wie von selbst. Das ist das ganze Geheimnis!“

Es gab Sekt, pur oder gemischt mit Orangensaft, oder nur Orangensaft. Betty bewegte sich zwischen den Gästen, sie sprach mit dem, lachte mit jenem. Die Stützen lagen ungenutzt unter dem Stuhl.

Henry Heräus nahm Frido beiseite. „Noch keine Nachricht von Su?“

Frido schüttelte den Kopf. Er sah niedergeschlagen in sein Glas, in dem der Sekt perlte.

„Trotzdem“, meinte Henry Heräus gedehnt. „Irgendwie hab ich doch ein gutes Gefühl. Rainer Werner Krugflechter mag ja ein bekannter Regisseur sein, er ist aber bestimmt nicht der richtige Mann für Su.“

„Das sagen Sie und das sage ich“, antwortete Frido. „Aber der einzige Mensch, auf den es dabei ankommt, ist nun einmal Su.“

Henry Heräus nickte und trank aus seinem Glas.

In diesem Augenblick wurde Frido ans Telefon der *Lietzenburg* gerufen.

Es war ein Tag, wie er schöner nicht erdacht werden konnte. Sonne, die alles überflutete, Häuser und Wiesen, leichter Wind, der die Haare verwirbelte und an Kiefern und Holunderbüschen zauste, kleine Wellen, die mit silberweißen Schaumkronen auf die Insel zurollten und im Sandstrand versickerten.

Auch vor der Inselkirche im Ort Kloster ließen Bäume und Holunderbüsche den Wind mit ihren Blättern spielen. Sie rauschten. Im Inneren der Kirche aber herrschten Ruhe und Stille, da war das Licht mild, und das bunte Deckengewölbe breitete über alles seine liebevoll gemalte Dekoration.

Sylvie und Betty saßen in der zweiten Reihe der weißen Holzbänke, sie schauten auf den kleinen, weißen Altar, über dem ein schwebendes Lüsterweibchen hing, ein fliegender Engel, ähnlich dem in der *Lietzenburg*. Viele Kerzen flackerten. Alles war weiß und hell in dieser Inselkirche, aber am schönsten für Sylvie war, dass Frido und Su vorn am Altar standen und eben dem Pastor auf seine Frage, ob er sie zur Frau und sie ihn zum Mann nehmen wolle, mit deutlichem Ja antworteten.

Da liefen Sylvie ein paar Tränen die Wangen hinunter, dieses Mal aber waren es Freudentränen. Betty lächelte sie an und reichte ihr ein frisches Taschentuch. Es war nicht das erste Taschentuch, das sie Sylvie gab, aber sicher das, welches Sylvie am liebsten nahm.

Musik erklang von der Empore. Su und Frido drehten sich um, lächelten Sylvie zu und setzten sich in die erste Bank. Während des Choralvorspiels von Bach beugte sich Betty ganz nah zu Sylvie und fragte leise flüsternd: „Nun red schon endlich! Aber bitte pianissimo, ganz leise, du hast es mir versprochen. Wie war es denn nun, wie ist alles gekommen?"

Sylvie strahlte, als sie ebenso geheimnisvoll antwortete: „Natürlich war alles nur ein Missverständnis zwischen Frido und Su. Als Su damals nach Berlin fuhr, war sie schon ziemlich entschlossen, das Angebot für die Salzburger Festspiele nicht anzunehmen. Aber sie wollte Frido noch nichts sagen, weil sie hoffte, ihn mit einer anderen guten Nachricht zu überraschen, vor allem weil auch viel Geld dabei im Spiel war, und das können wir gut gebrauchen."

„Und was war das für eine Überraschung?", fragte Betty.

„Ich hab dir doch erzählt, dass Rainer Werner einen Film drehen will, der auf Hiddensee spielt."

Betty nickte.

„Na", wisperte Sylvie, „und Su hat einen Roman geschrieben, eine Liebesgeschichte, auch auf Hiddensee!"

„Mir dämmert etwas ..."

„Genau! Su hat Rainer Werner die Geschichte zu lesen gegeben, und er hat gesagt, nach so etwas hätte er immer gesucht. Mit ein paar kleinen Änderungen, aber das ist immer so. Er will das Drehbuch zusammen mit ihr schreiben."

„Ja, aber warum musste Su dann nach Berlin, warum hat Rainer Werner das nicht gleich hier gemacht?"

„Weil er selbst keinen Vertrag machen kann, er ist ja auch nur engagiert. Den Vertrag muss der Produzent in Berlin abschließen, und weil Rainer Werner gleich Nägel mit Köpfen machen wollte, also gleich einen Vertrag mit Su, hat er sie einfach mitgenommen und ist mit ihr nach Berlin gefahren. Da hat der Produzent das Buch gelesen und Ja gesagt. Das ist eigentlich alles. Su konnte es uns nur nicht gleich sagen, weil doch unser Telefon kaputt war. Sie hat versucht, Uwe in Vitte zu erreichen und wollte ihn bitten, zu uns zu radeln, aber Uwe war da dummerweise gerade in Stralsund. Na, sie hat erst gedacht, Schicksal, da kann man nichts machen, sie ahnte ja auch nicht, dass Frido sich so aufgeregt hatte. Aber dann kam ihr die Idee, in der *Lietzenburg* anzurufen. Sie wusste ja, wann dein Konzert war und dass wir oben sein würden."

Die Musik verklang, die Menschen standen auf. Su und Frido gingen Hand in Hand, wie zwei Kinder. Die anderen folgten ihnen, zuerst Sylvie und Betty, die keine Stützen mehr benutzte, aber einen feinen Spazierstock mit silbernem Griff. Henry Heräus, Bettys Lehrer, und viele andere, auch Emil Deckert, waren gekommen.

Su und Frido hatten die Kirchentür noch nicht erreicht, aber sie war schon für sie geöffnet worden, da fiel ein langer Schatten auf den Kirchenboden. Wie ein Scherenschnitt stand die Silhouette eines Mannes in der Tür, gegen das Tageslicht. Er trat etwas vor, da verlor sich die Blendung, und Sylvie erkannte ihn.

„Rainer Werner", flüsterte sie. Und sie seufzte: „Gott sei Dank, dass Su und Frido schon verheiratet sind."

Sylvies Sorge war unbegründet. Rainer Werner Krugflechter trug einen Rosenstrauß, der so groß war wie ein Storchennest. Den reichte er Su und sagte: „Ich wünsche dir alles Glück der Welt, Mädchen!"

Su nahm den Strauß und senkte ihren Kopf auf die Rosenpracht.

Rainer Werner umarmte Frido, und diesmal, in

seiner Freude, ließ es sich Frido nicht nur gefallen, er erwiderte den Druck, seine Hände auf Rainer Werners Rücken.

„Wenn das kein guter Abschluss ist", sagte nun Henry Heräus dröhnend.

Da ließ sich sogar Sylvie von Rainer Werner in den Arm nehmen und hatte nichts mehr dagegen.

Sie traten ins Freie, in die Sonne. Da stand Uwe, er hielt Goldie, die heute besonders hübsch aussah, denn sie war glänzend gebürstet und geputzt. Die helle Mähne und der dichte lange Schweif fielen seidig herab, das Stirnhaar, ebenfalls gebürstet, zeichnete sich auf dem sandfarbenen, ein wenig dunkleren Fell ab. Sie sah Sylvie mit ihren runden Augen an, wandte ihr den Kopf mit dem hellen Stirnschopf und der rauen sandfarbenen Mähne zu. Am Halfter steckte ein Blumensträußchen, aufmerksam spielte sie mit den kleinen Ohren. Goldie stand fest auf ihren kurzen Beinchen mit den festen kleinen Hufen. Ihr langer Schweif schwang hin und her, wie im Spiel, um die Fliegen zu vertreiben.

Neben ihr hielt Jan die edle Silberfell, auch sie mit bunten Blumen am Halfter. Ihr silberweißes glattes Fell schimmerte, ihre Beine und Fesseln waren zart, als hätte sie ein Bildhauer modelliert, ein Kenner sah, dass wohl ein edles Vollblut unter ihren Vorfahren gewesen war. Das feine Ledergeschirr für die Ponykutsche stand ihr besonders gut. Da stand sie mit ihrer feinen Mähne und dem seidigen Schweif und sah sich alles aufmerksam an. Betty stand dicht neben ihrem Pony, sie streichelte den schlanken Hals und wusste, wie sehr sie Silberfell liebte.

Sylvie wollte heute nicht reiten, und das lag daran, dass sie ihr bestes Kleid anhatte und keine Reithosen trug. Und sie führte Goldhaar eigentlich genau so gern, wie sie sie ritt. Oder fast so gern.

Die Erwachsenen gingen voraus. Betty stieg in die kleine Kutsche, Jan führte Silberfell.

Sylvie nahm Goldie mit der rechten Hand am Halfter, auf Goldies anderer Seite marschierte Uwe.

Sylvie sah zu Jan und Silberfell hinüber, die Betty in der kleinen Kutsche zog, auf Jans hellem kurzem Haar leuchtete die Sonne. Da empfand Sylvie ein Glücksgefühl, dass ihr Herz heftig klopfte. Sie rief: „Uwe! Jetzt sehe ich es auch!"

„Was siehst du?" Er sah sie über Goldies Kopf hinweg an.

„Silberfells Einhorn!"

Vier
halten zusammen
Sarah Bosse
Schneider Buch